博弈利润区

李嘉和 著

中国海洋大学出版社
·青岛·

图书在版编目（CIP）数据

博弈利润区 / 李嘉和著 . —青岛：中国海洋大学出
版社，2022.5

ISBN 978-7-5670-3150-0

Ⅰ . ①博…　Ⅱ . ①李…　Ⅲ . ①企业利润—研究
Ⅳ . ① F275.4

中国版本图书馆 CIP 数据核字（2022）第 077697 号

博弈利润区　BOYI LIRUNQU

出版发行	中国海洋大学出版社
社　　址	青岛市香港东路 23 号　　　**邮政编码**　266071
网　　址	http://pub.ouc.edu.cn
出 版 人	杨立敏
责任编辑	赵孟欣
电　　话	0532-85901092
电子信箱	2627654282@qq.com
印　　制	青岛国彩印刷股份有限公司
版　　次	2022 年 5 月第 1 版
印　　次	2022 年 5 月第 1 次印刷
成品尺寸	170 mm × 240 mm
印　　张	14
字　　数	226 千
印　　数	1~1500
定　　价	58.00 元
订购电话	0532-82032573（传真）

发现印装质量问题，请致电 0532-58700166，由印刷厂负责调换。

序言

　　人类正在面临着新冠肺炎疫情带来的前所未有的挑战,疫情改变了很多企业的生存发展模式,促使一些商业精英开始从过往的历史经验中觉醒,人们也在思考什么样的模式更适合自己当下和未来生存。经营企业无疑要践行长期主义,而企业在目标考核方面过分追逐年度短期效益与股东价值最大化,忽视了企业长远发展的生态环境培育问题,从而导致整个企业的未来商业生态系统被破坏,我们可以把这一切描述为企业正在吞噬自己的生命根基。

　　作者在实体企业和咨询行业有着丰富的职业阅历,近20年来有幸与800多位高端人才和董事长深入沟通企业经营发展问题,发现企业之间的博弈是全方位的,无论是有形资源还是无形资源乃至企业的作战统帅,都是企业之间博弈胜负的制约因素。本书是作者经过身体力行而形成的实践思考,用全新视角去挖掘和解决企业市场利润区博弈问题,希望给读者提供一个不同于以往的营销范式解读。本书用经营的思维去看营销,用营销的策略去检讨经营行为,从而让经营与营销合而为一。

本书不仅具备实践指导作用，同时兼顾了创新理论特点，通过对企业生命周期内经营特征进行分析研究，更深层次发现和揭示了企业的生存本质——企业的成败都与产品利润区的得失息息相关。所以，博弈利润区是企业的生存常态，每个企业如同一个棋手在复杂的环境里与竞争对手在博弈。对弈赢，则存活；对弈输，则败亡。因此，企业在培养和选拔作战统帅、倒逼作战策略、争夺供应链资源，以及博弈利润区等方面实施了必要的作战行动，从而发现企业"成也利润区，败也利润区"的关键症结所在。企业有必要在打造利润区以及建立攻守平衡型供应链上进行深度思考，将供应链关联资源作为整体进行"合纵联盟"规划，从而打造企业的利润区护城河，使得企业在竞争博弈过程中处于有利地位。

同时，本书最大特色是作者比较娴熟地运用了古典文化以及兵书战策，将古圣贤治国治军克己的方法与企业的经营管理进行了有机的融合，并且通过一系列有价值意义的初创理论描述，希望对读者和企业中高层干部在经营企业方面有所启发。下面从五个方面对本书的部分观点进行提炼介绍。

1. 营销的根本就是攻击和守护利润区，企业要打造攻守平衡型供应链

人类的进化史就是一部攻击与被攻击的历史，也是先进文化持续地迭代腐朽文化的历史。本书中的"攻击营销"理念指出了企业的市场营销就是攻击作战，营销的根本目的就是攻击和守护利润区。我们发现，只要能用钱买的东西千百年来一直存在着竞争，总是存在着被淘汰和竞争迭代的问题。尽管企业的优先使命就是追求利润，但是，有利润的地方就有竞争和攻击行为，所以，企业要打造攻守平衡型供应链，借鉴苏秦"合纵抗秦"策略建设供应链资源作战联盟，从而步调一致，对竞争对手形成作战合力，具备优于竞争对手的作战实力。

2. 流程是企业利润的公路，企业要给每个流程设定流程长

如果产品是企业市场攻击作战的士兵，那么产品价格就是一线市场的作战策略，而顾客需求则是企业流程设计的源头，这是企业市场战略倒逼的思维能力。一般来说，规范化的企业按照流程办事，如果内部经营工作需要协调，说明要么流程不合时宜了，要么流程出现了人为的障碍因素。如果企业流程长期不顺畅，如同河道被淤泥堵塞一般，企业的洪灾危害就即将到来。所以，企业要重视流程内容的科学设计与及时升级，并且要给每个流程设定

一个流程长，由流程长负责维护和保养升级流程。流程长要用投资者思维去挖掘企业流程存在的问题。每个投资者都是极其挑剔和专业的，对企业的考量因素也是综合的，会毫不留情地将制约流程顺利进行的负面清单列出来并加以改善。流程就是企业利润的公路，流程顺则企业顺。

3. 企业要打造"治未病"的能力

《黄帝内经》中说："圣人不治已病治未病，不治已乱治未乱，此之谓也。夫病已成而后药之，乱已成而后治之，譬犹渴而穿井，斗而铸锥，不亦晚乎！"中医所说的"治未病"就是提前采取相应的预防措施，防止疾病的发生发展，也就是未病先防和既病防变的治疗策略。企业自始至终都在和两个对手战斗，一个是企业自己，另外一个就是竞争对手。智慧的企业经营者明白胜人者必先胜己，而胜己的关键就是自我变革创新。因此，企业首先要寻找到自己可能被竞争对手攻击的漏洞，要对自己存在的"疾病问题"精准地预防治疗，这是企业治疗自身"未病"的能力，企业自己的"病"绝对不能交给竞争对手治疗。

4. 企业是一个利益金字塔，董事长要经营好"四颗心"

企业是一个利益金字塔，企业金字塔按次序排列依次是股东、高层、中层和基层员工，企业与员工之间就是生意关系，董事长在经营企业过程中要经营好"四颗心"：要用顾客之心来满足顾客的需求；要用经销商之心来设计经销商的梦想；要用员工之心来成就员工的价值诉求；要用股东之心来安排股东的利益追求。这"四颗心"是企业发展的核心枢纽，董事长要按照轻重缓急次序经营好每一颗"心"，经营成功的关键就是企业要具备利他机制。因此，企业要聚焦资源伙伴的价值利益诉求，让企业能够从更高的愿景出发，从而实现更为卓越的企业长期财务贡献，而没有受限于短期的年度利益诉求。企业要用激励措施驱动利益伙伴的积极性，要建设适合利益攸关方的利益分享模式，这就是本书提出的企业打造均衡供应链利润的经营思考。

5. 经营企业的过程也是一种"修行"

经营企业和营销产品如同僧侣修行一样，往往那些产品品质安全可靠的企业能够泽被后代，而那些缺失良知、失信于消费者的企业最终是自取灭亡。企业董事长和职业经理人也要做到内外兼修，提升个人层次，而且世间每个人内心深处都有一个自己信奉的正念原则，这也是每个人行为处事的律己灯塔。正如王阳明先生所说的"擒山中贼易，擒心中贼难"，修身克己将会面临着各种诱惑挑战，企业与众生的生存过程何尝不是另外一种修行？唐朝虞世南说"不读《周易》难为将帅"，这不仅仅是历史文化沉淀的观点，而是研读《周易》的人对因果轮回有所畏惧，《周易》会促使人们努力为善而不敢去做坏事，于是我感悟收获了一句话叫作"半本《周易》可治己"。

这些年我经常给企业的中高层和研究生上课，在与学员的互动沟通中，明显感受到了他们对于优化提升知识技能的迫切渴望。有不少学员希望我课后能够将课堂里所讲的课程内容梳理出来，我便从自己原创课件里寻找素材，诸如战略与能力倒逼、辅佐董事长、攻击营销策略、构建战略落地的绩效管理模式、企业作战统帅的技能素养、古典文化与企业经营突围等。我将这些原创课程进行了系统的整合思考后撰写了本书。

希望本书给读者提供一种解决企业博弈利润瓶颈的思路框架。企业在不同的发展阶段都有不同的利润区，利润区的获得是一个博弈的结果。因此，博弈利润区贯穿了企业的所有生命周期。企业经营者要思考当今的利润区何在，明天和未来的利润区将转移到何处。经营者要清楚昨天的利润区正在与竞争对手的博弈中变成今天的无利润区，因此，要对利润区进行动态的分析控制。市场游戏永远都不会结束，结束的仅仅是某些博弈规则，公司的所有资源旨在撬动社会资源，为企业博弈利润区提供支持。尽管市场上的各种博弈无所不在，当我们研究那些存在百年以上企业的"长寿"秘诀时，我们发现它们有几个共同的特性，那就是悠久的、让人赞叹的价值文化传承历史，一丝不苟的工匠精神以及持续的创新适应能力，这些让企业"长生不老"的能力正是值得我们学习的地方。每一家企业都有其独特的生存法则和运作规律，企业经营者一旦掌握了这些规律，就具备了掌控企业内外部不确定性的能力。

由于本人能力所限，本书内容难免有疏漏之处，期待读者朋友们给予帮助指正。

李嘉和
2022年3月于青岛

目录

第一章

作战统帅的七项技能

　　企业因为利润而存在，能给企业带来利润的则是利润区市场。那么，什么是企业利润区？顾名思义，企业利润区就是企业产品的主导市场，能给企业带来利润的市场主体或者网络边界空间。在利润区市场，企业的产品往往占据着主导地位，也有着相对忠诚的顾客群体。每个行业每天都有利润在产生，因为利润的驱动，所以很多产品不断地诞生，丰富着人类的生活世界。同样地，我们发现，人类历史也是一个价值不断产生和创造的进化史，或者说价值在不断产生和转移着，且往往是从失败者的手里转移到了胜利者的手里，价值的总和基本保持不变。

　　每个企业都在追求利润，但是，很多企业没有打造出自己的利润区。打造利润区需要一个较长时间的过程，尤其需要一个具备统帅能力的人来设计产品机制并打造企业的利润区。本章围绕着打造利润区统帅应该具备的技能来展开描述。能帮助企业董事长打造利润区的人才，往往其能力和知识是非常卓越的。我们发现越强大的人越谦虚稳重，因为他深知山外有山，人外有人；通常无知的人才会骄横无礼。所谓初生牛犊不怕虎，说明它对世界一无所知，初生牛犊去找老虎那就是去送死，因为彼此的实力对比决定了结果。谦虚稳重是职业人的第一必备。要清楚自己应该具备什么样的素养技能，才能配得上自己的职业和野心。企业打造利润区的作战统帅，如同在古代带兵打仗的元帅和将军，他们的使命就是为企业攻城略地贡献利润，要创造并守卫好企业利润区。所以，作战统帅要具备专业的能力，否则在两军对垒时难以战胜竞争对手。

1

古语云，千军易得，一将难求，而集知识、品德和能力于一身的帅才更是可遇而不可求。无论是古代的周文王求贤姜太公，还是今天的企业求才，无不体现着顶级人才对国家和企业的重要性。《三国演义》里有一句话，"得诸葛卧龙者得天下"，历史验证了刘备的精准识才和诸葛亮的智慧韬略。而项羽和刘邦的天下争夺战，无处不体现着双方顶级人才智慧与韬略的交锋，从鸿门宴项庄舞剑到十面埋伏的战争惨烈，乃至项羽被困垓下拔剑自刎，时时较量着的是项羽和刘邦识人用人的胸怀胆识，而历史机遇也最终选择了善用人才的刘邦。得奇才给其位，用平台收其志，是古代帝王用人的不二法门。

企业利润区的将帅人才有两个来源：企业内部培养和外部高端人才的引进。引进外部顶级人才能解决一时之需，更长远的人才战略促使企业更愿意自己培养人才，打造企业自己的人才培养平台，创建自己的领导人才梯队。企业里一线市场带兵打仗的"将军"们都精通市场操作之道，可谓是术业有专攻，在自己熟悉的营销领域里为公司攻城拔寨，挑战强大的竞争对手；而作为企业掌舵人的统帅，不仅要掌握产业、战略、营销、管理和财务等多个领域的专业知识，更要具备运筹帷幄、高瞻远瞩的胸怀格局。如果企业想让更多的将帅人才脱颖而出，就需要在企业内部设立轮岗和培训制度来培养人才，通过轮岗制度使得将帅人才可以突破知识技能边界瓶颈，在不断学习和试错中实现综合能力的优化升级。企业内部轮岗的价值作用可以帮助企业进一步完成从做事用人到用人做事的模式转变。有条件的企业可以组建自己的内部商学院培养各级梯队人才，只有提升中高级人才的系统作战能力，真正培养出一大批既有产业深度又有全局高度的经营管理者，才能开疆扩土，战无不胜。否则，犹如三国时的蜀国，在后诸葛亮时代，连年讨伐魏国，致使国家经济紧张、国库空虚，加之后继人才梯队缺乏，导致很快亡国。

一、定位的能力

给企业和产品做定位，是企业利润区作战统帅要具备的能力。定位是解决企业早期自我认知的问题，是结合企业实际资源能力、科技能力以及企业的产品力，帮企业找到属于自己的利润区。定位是让企业知道自己究竟是什么，以及自己究竟有什么、能干什么。作战统帅要帮助企业洞悉自己，深刻地剖析竞争对手，努力做到精准地预测企业内、外部环境的变化，并为此制定应对策略。在给企业塑造和设计利润区的过程中，作战统帅要能够有效地掌握不确定性因素。同时，作战统帅要对自己有一个清晰的定位，那就是带兵打仗对外攻城略地的人。利润区市场就是作战统帅和将士们的阵地，这也是企业高管和营销将士们的责任担当。

1. 定位是定方向

世间万物都有各自的物理位置，也都有其合适的价值位置。每个事物在世间都有自己的角色，大到国家、军队，小到企业、产品乃至个人，都要清晰地知道自己有什么、自己能干什么、自己究竟是什么。

定位是系统的规划建设问题，是一个对各种因素以及外部环境综合考证的结果。可以说定位是一个科学的论证。定位首先要定方向，即聚焦方向，定了方向后紧接着就是能力和资源聚焦，坚定地走向自己的经营目标。定位对于职业经理人来说就是自我能力的认知，明确自己未来的职业方向，知道自己在未来的人生位置。因此，也可以说定位就是聚焦自己的能力方向、学习方向和工作方向。定位从情感上来说是专一的、始终不渝的，有时甚至是极为苛刻的、排他性的。世界上那些著名的科学家就是如此的专一定位，他们终其一生只做一件事，因此取得了伟大的科学成就。有时我们会说，定位就是给自己画一幅职业人生的地图，沿着这幅地图探索成长的过程，就是打造和升级自己专业能力的过程，让自己清晰地认识到该如何成为某个领域的专家。

每个企业都有自己的定位，都在竭尽所能满足顾客需求，也在引导和追随消费趋势的变化。华为集团的定位是构建万物互联的智能世界，海尔集团当下的定位是从家电品牌转型为生态品牌，布衣宰相猎头的定位是为企业董事长设计高端人才解决方案。定位能力体现在车辆导航上就是方向定位能力。当企业将某个市场定位为利润区的时候，企业就要打造自己的经营导航系统，在企业的经营计划和作战计划中，要提前设定并且引导作战团队通过战斗到达利润区目的地。因此，企业在发展成长的过程中，要建立自己的经营导航系统，要对前往利润区的道路进行预测分析和判断，有选择性地避开那些没必要的竞争拥挤路段和干扰因素。例如，海尔卡萨帝产品高端利润区市场定位做得很好。海尔集团清晰地看到整个电器行业处在一片红海竞争的市场，彼此都在低价竞争，整个行业没有多少利润，长期低价竞争下去没有出路，唯有另辟蹊径跳出红海恶战环境，才有生存下去的可能。因此，海尔组建了卡萨帝高端产品团队，规划设计了走向蓝海利润区市场的导航图，开创了短期内无人争抢的市场空间，超越了原来的低价竞争思想范围，挖掘并创造了顾客需求升级的高端产品市场，经由价值创新获得了高端利润区空间。本书第五章将会分析海尔卡萨帝高端产品的成功案例。

2. 定位是一种假设

企业利润区的定位是一个长期的目标，定位目标的实现需要很长的时间，有的甚至需要很多年。而在实现这个定位目标的过程中，企业内外部的环境都存在着不确定性。因此，定位一般都有一个假设前提，就是假设企业在实现利润区定位目标的过程中，内外部的环境因素是可控的。如同用汽车定位导航到达某个目的地，我们会事先假设路途中间没有障碍，车辆可以畅通无阻，而事实上在开车行驶过程中，我们对前面道路安全情况是一无所知的，所以说定位具备一定的假设前提。任何成功的定位都对内外部环境有着通透的研究和预判，要有一种"足未出户而知晓天下事"的洞察能力。春秋战国时的管仲在给齐桓公做定位的时候，准确分析预测了周王朝治下的政治环境，他为齐桓公找到了称霸诸侯的先决条件和要努力的方向。由于管仲对当时各诸侯国的地位处境和各种不确定因素有了精准的判断，他准确地为齐桓公做了一个诸侯霸主的定位，最终使得齐桓公成为春秋诸侯国的首霸，开创了"尊周天子而霸天下"的事业。东汉末年诸葛亮通过"隆中对"给刘备所做的三分天下的帝国定位就是准确的，因为诸葛亮通过"高端朋友圈"的情报来源，掌握了当时董卓统治天下的混乱格局信息和各种矛盾因素，以及各路英雄人物的力量能力对比，所以他准确地给刘备将来的蜀国霸业找到了定位，对当时汉末战乱格局的预测非常精准。

企业利润区的定位要求定位者要具备通透的全局掌控能力，要具备所在行业资深专家的履历和专业能力。如果没法洞察定位实施过程中各种假设条件的不确定性，那么所做的定位往往都是虚的，飘在空中没法落地。定位的精妙之处在于给未来画一个"大饼"，这个"大饼"的美味牵引着奋斗者去流汗。然而，在通向利润区定位的过程中，企业有时也会因为外部干扰或困境而放弃了原来的定位方向，有的企业会及时修正和完善定位，有的则是筋疲力尽，致使前功尽弃。

企业利润区定位目标是基于自己实力的，实现的关键就是产品的综合能力。定位也是企业的一个核心战略目标，定位实施的过程对应的预算策略也同步实施着。企业预算目标的达成也同样面临着诸多的不确定性。企业的预算是以假设未来环境不变为前提的，一般是年度预算。企业在预算执行过程中会发现与实际设想存在着偏差，为了适应企业内外部环境的变化，企业就会对前期设定的预算目标进行适度的修正。好的预算方案能让企业利润区定位事半功倍。定位需要一定的修正能力，而修正的目的就是让定位变得更准确、更务实，能够让定位目标更快捷地实现。企业定位的核心就是利润区的确定，实现企业定位取决于企业高管对未来各种因素的预测管控能力。

3. 定位具有一定的攻击性

企业定位有时像人的梦想一样。梦想具有一定的攻击性，因为在这个世界上每个人的梦想都不是独立存在的，都会或多或少地干涉或者侵犯到其他梦想的边界。企业利润区的定位会带来一些冲突与挑战，因为利润区定位具有一定的攻击性，会影响到其他企业的市场边界。

对于定位而言，说白了就是在合适的空间里给自己找到一个想要的位置，这个位置是用实力拿下来的，甚至是要用枪杆子打下来的。一个事物的定位必然会影响到另外一个事物的边界，因为空间是有限性的，各种事物在争夺空间优越位置的时候会产生拥挤，或者会发生激烈的竞争，有时甚至引发一场战争。而国与国之间的定位往往会爆发一些摩擦冲突，因为国家之间的定位往往会涉及一些资源和边界的矛盾，或者是外交利益和经济利益的争夺。就像上文提到的，梦想与梦想之间也是有竞争的，因为每个梦想都有它的"梦想边界"，职业经理人之间的梦想就是岗位的争夺；而同行业企业之间的定位往往会带有一定的冲突，每个企业的定位有意无意地带有一定的攻击性，会侵犯到其他同类企业的势力边界，影响到它们的切身利益和生存环境。有的西方国家定位甚至带有一定的恶意计划，带有明显的攻击性和侵略性，在它们的定位里不会把其他小国放在眼里，也不会在乎其他大国的利益和民众的生存环境。这对于这些国家当政者来说可能是"不错的梦想"，但是对于其他国家和民众可能就是一场噩梦。

历史经验告诉我们，无论是国家、企业还是个人，唯有厚德，方可载物，天下唯有德者方可居之。一个仅仅考虑自己利益而置他人利益于不顾，甚至粗暴践踏他人的自由与财富的定位，是难以长久的。

定位具有一定的攻击性，攻击性也是企业利润区定位的天然属性。尽管在市场竞争中有时存在着零和博弈的局势，但智慧的企业家往往会与竞争对手共生存，与竞争对手创造一种竞合的关系。因此，当一个成熟而又智慧的经营者在做企业定位的时候，往往会控制自己企业定位的攻击边界范围，释放并展示了企业家的战略高度与胸怀格局。

4. 定位是双向的，有时会被反定位

任何一个企业都处在一个万物互联的生态系统里，虽然它定位了自己的势力范围，却也由于竞争的原因，被竞争对手当作定位制约因素，会对其综合能力进行对抗分析，我们称之为反定位，或者叫作被定位。我们发现，一个企业在其价值链和供应链的定位以及在生态系统里的定位，实质都是双向的，也就是说，只要存在着行业竞争和竞争对手，那么任何一个定位都至少对应着一个反定位。如同一个职业经理人用自己能力定位即将入职的企业岗位，岗位也对人才的胜任力有着清晰的定位要求，因为各个岗位是用来解决企业的定向问题的。

定位有时会被反定位，这里的反定位一般是针对一个企业或者是一个国家而言的，因为国家和企业是有外部竞争对手的。比方说，如果一个国家把自己定位为某个高科技领域的技术型国家，那么对你怀有戒心且一直在压制你的某个西方霸权国家不会在乎你是否是为了解决本国民生的发展问题，而会千方百计地对你的定位进行反定位破坏：它会在你实现定位的过程中设置各种障碍；它会破坏你的价值链和供应链，甚至会切断你的原材料供应链；它也会想办法控制你的研发平台和信息平台，甚至会对你的科学技术人才进行围追堵截和各种打压，其手段是无所不用。比如，华为5G技术对美国原来的科技霸权形成了冲击，美国政府采取了各种手段对华为集团进行围追堵截。定位有时会被反定位，甚至会面临着恶意攻击。中国企业在高科技发展过程中，总能看到敌对势力的"獠牙"。

企业与企业之间的定位竞争也是如此。企业在实现定位的过程中，有时会对一个产业形成关乎未来命运的技术颠覆。比如苹果公司平板产品的定

位，它所产生的影响力是如此巨大，以至于它让曾经的手机霸主诺基亚破产，也因此创建了一个智能手机产业。这样的定位不仅仅创造了苹果企业的辉煌，也对关联的行业产生了深远的影响。所以说定位有时意味着一种颠覆性的技术创新，一种新兴力量对另外一种既得利益力量的攻击挑战。

5. 定位有时需要韬光养晦

企业在定位的时候需要适度地运用一些黄老之术，用一种看似无为的策略去实施自己的利润区定位，就是用一种隐晦的策略去实施自己的定位。如同春天一样，悄无声息地用东风吹拂着万物，觉醒着万物，当你无意中发现的时候已经是满山的绿意了，到那个时候谁还有能力阻止春天的到来呢？尤其是当一个新生力量如同一棵幼苗即将破土而出的时候，尽量不要去招惹那些能毁掉幼苗的势力。因此定位有时需要韬光养晦，在定位的时候不一定昭告天下，而是悄无声息地行动，学习韩信明修栈道、暗度陈仓的策略，当项羽发现的时候，韩信的大军已经占领了三秦大地。因此，不需要高调地去触碰竞争对手的神经，更无须广告全世界你的利润区定位，否则会让所有的同行业对手都盯着你，会让自己成为一个四面树敌的标靶。我们发现任何一个卓越的企业定位往往都是光彩耀人，有时甚至是全身带刺儿的。这种锋芒外露的定位会让那些与之有关联的利益集团心生戒备，他们为了守住自己的利益，会千方百计地对其定位进行各种干扰，动用一切力量去阻挠和破坏。所以定位需要适度的韬光养晦，不是害怕谁、畏惧谁，而是让自己的定位能够更好地实现，可以避开那些不必要的障碍和陷阱，我把它称之为定位的阳谋策略。

总之，企业定位是个系统的工程，企业的利润区定位更是一个牵一线而动全身的战斗任务，是一个智勇双全的设计规划，是企业野心与梦想的灯塔。要知道，企业的竞争对手也在做着同样的野心定位，企业之间必然面临着一场冲突，或者说是一种生死存亡的较量。诗云：

江山社稷等闲观，

谁人霸主谁人奸？

韬光养晦成伟业，

腹藏惊雷身如山。

二、战略倒逼能力

《孟子·告子下》里说到，舜从田地中被任用，傅说从筑墙的泥水匠中被选拔，胶鬲从鱼盐贩中被选拔，管夷吾从狱官手中释放出来进而被任用，孙叔敖从隐居的海边被任用，百里奚从市井之间被赎出而被任用。孟子所说的这些先贤都是经历过各种苦难、有着丰富基层阅历的人，他们在基层感受到了底层民众的疾苦，积累了丰富的治国理政经验和知识能力，尤其是练就了强大的内心，这在他们经营国家的工作中起到了非常重要的作用。

万丈高楼平地起，关键要看地基稳不稳。企业作战统帅的能力地基就是基层经验，没有基层经验的知识和技能都是空中楼阁。很多成功的企业家都有基层摸爬滚打的履历，基层工作可以阅尽人世间的各种人和事，最了解竞争对手彼此之间"你死我活"的决战。当我深入沟通过200多位企业董事长以后，发现很多事业成功的人，在创业之前做过一线市场的销售工作，他们有的人几乎每天都要步行十几公里去拜访和开发各种各样的终端，以便销售自己企业的产品。一线市场工作经历帮助他们积累了丰富的市场知识，为他们后续的创业打下了坚实的阅历根基。基层工作不仅能够磨砺职业经理人的心性，还可以积累丰富的终端知识和体验，让他们在今后的职业发展中如虎添翼，尤其是在制定总部战略决策和指挥一线作战时游刃有余。所以，有时我会说基层阅历如同一本厚厚的兵书战策，让很多没有学历的创业者们也能够韬略满腹，事业成功。在我所了解的很多知名企业家里，有很多人没有上过学，也有很多人没有经历过正规的大学教育，但是他们的个人品格修为很高，事业依然很成功，就是因为他们有过丰富的基层人生磨砺。他们都非常虚心向人请教，他们行万里路阅人读事，读万本书让自己积累了智慧韬略。

1. 一线市场作战经历

中国古代帝王如汉高祖刘邦、唐太宗李世民、成吉思汗、明太祖朱元璋等之所以杰出，不仅仅因为他们智慧卓越和善于用人，在其任期内做出了巨大的贡献，最重要的是他们都有过基层的工作经历，是从基层开始发展的。他们深知赏识和任用如韩信这类关键人才的重要性，而且他们都曾带兵打仗，用马蹄和双脚丈量了他们打下的山河大地。他们在各种战斗和工作经历中，感受到了各个阶层民众对生存的渴望和追求，也深深地理解了民众内心的梦想诉求。所以，他们当了帝王以后不仅敬畏民心、民意，深知水能载舟亦能覆舟的道理，而且了解老百姓的疾苦，也了解各个层次臣子们的工作方法和技巧手段。因此，他们在经营天下的过程中技能娴熟而又心怀敬畏，不敢有丝毫懈怠。

古代很多著名的功勋宰相也是从基层干起来的，比如来自基层的战国时期秦国的改革家商鞅。商鞅最能理解基层民众的生存渴望，他理解人性深处最根本的追求。商鞅意识到秦国各个阶层的矛盾核心所在：皇亲贵族们攫取了国家的核心资源，控制了国家的核心岗位，贵族们阻碍了国家的资源分配和普通民众的上升渠道。于是，商鞅在秦孝公的全力支持下，为秦国设计了全面的政治经济变革方案，唤醒了秦国民众人性深处的梦想追求，打破了垄断阶层的特殊利益权利。商鞅变法规定，秦人可以通过所获军功和农业种植的功劳来获得奖励，并且规定王子犯法与民同罪。于是，商鞅变法使秦国得以大治，为最终灭亡其他六个诸侯国，成就统一的伟业奠定了基础。来自基层的还有明末功勋宰相张居正，他平民出身，考取进士后在朝廷各个岗位都有过工作经历，一步步升迁至首辅宰相。张居正在明朝晚期所主持的一条鞭法变革，获得了巨大成功，极大地丰富了明朝晚期国库，延迟了明朝覆灭的时间。

基层经验是变革创新的始发地，是培养高端人才战略倒逼能力的沃土，是企业利润河流的源头，是企业大厦的塔基。在企业里一线作战人员就是基层，他们处于竞争最前沿。每天面对着战斗，他们都有足够多的终端和生产车间体验经历，而终端是所有产品的终极战场。所以，企业总部统帅将军们，只有亲自参与到"炮火连天"的一线市场战斗中，才能亲身体验到战场的惨烈，也才能感受到竞争对手的凶狠。通过分析竞争对手所投入的财力兵力以及计谋战术等资源，可以清楚地看到总部制定的战略战术是否得当，提升自身对事物的判断力和决策能力。因此，一个作战统帅和企业接班人，只有经历足够多的一线战场厮杀，才能意识到企业是以产品为生存根本的，而产品只有符合顾客需求，得到顾客真正认可才是好产品。当企业产品失去了生命力，企业必将一切归零。每当我带领的学生或合作企业的中高层走进终端去调研，在终端亲眼看到了自己产品与竞争对手产品的空间争夺战的时候，这种激烈的战斗都会让他们从此心生敬畏，让他们认识到了企业经营的根在哪里。终端为王，智胜终端。终端是产品的舞台，是距离最终用户最近的地方，也是企业生存的根据地。

因此，一个想成就一番事业的职业经理人，只有认真地积累自己的基层知识并不断优化自己的技能，才可能成长为企业总部作战统帅。尤为关键的是，企业要制定一系列奖惩制度，要加强干部的提拔与任用管理，甚至要严格规定企业所提拔的中高层干部必须拥有一线市场的工作经验，没有基层工作经验的，一律不得提拔和重用。企业的总部人员要定期到市场上实践，亲自参与一线市场作战，积累丰富的一线市场经验，否则很难制定出符合战场实际需要的策略。那些没有一线市场工作经历的人，有不少人可能听不懂市场作战语言，没法与一线作战将军们深入沟通，也就谈不上主动配合，更别说提前预判与竞争对手的战争局势了。每当民营企业董事长找我咨询沟通时，我会告诉董事长，对于没有一线市场实践经验的总部干部，有条件的话要让他们到基层一线市场挂职锻炼，要对一线作战有深刻的理解和认知。如果后勤人员没有到一线市场去锻炼，本人也没有主动提出这样的锻炼要求，可以考虑给其换岗。同时，企业要对去一线市场锻炼的中高层领导，制定一个清晰的考核达标要求，否则不允许回到总部。

所以，企业在用人方面要以之为鉴，要牢记古人的选才策略，那就是"宰相必起于州郡，猛将必发于卒伍"，可以把它作为企业提拔和任用干部的一个标准。

2. 工业企业工作经历

有一句俗语叫作"三百六十行，行行出状元"。地产行业抢的是速度，因为地产是用巨额资金堆起来的大厦，很多资金都来源于金融机构，每拖延一天都会有巨额的成本。地产行业的项目管理，其本质在于快、准、稳，用最快的速度将房子建起来实现货币回收。金融行业吃的是利润快餐，是一种用钱来赚钱的业务。银行对待盈利极好的企业往往会去锦上添花，而很少去做雪中送炭的事。每个行业都可以培养高端人才，每个行业都是社会不可分割的一部分。但是相对于人才的塑造过程以及培养人才的功能和特点来说，很多企业选用人才偏爱具备工业企业阅历的人。工业企业的经营过程是扎扎实实地依靠一件、一箱、一瓶来赚取利润。在工业企业工作的经历，能给企业未来总经理或接班人培养细节管理能力、脚踏实地做事的责任。一个职业经理人的经营管理思维，除了来自家族的基因遗传，更多的是来自职业经历的磨砺。很多集团挑选总裁候选人时希望有工业实体的经历。有些民企集团董事长也会特意安排接班人到实体企业基层去历练，要有3年甚至更多年的工作体验，能够把自己的个性打造成实体企业那样的沉稳扎实。在工业企业工作就会深刻感触到钉是钉、铆是铆的扎实作风，企业战略是从顾客需求端开始设计，继而原材料采购，研发生产与计划统筹安排，供应链环节服务配送，到达最终用户那里完成产品的价值变现，环环相扣，如同蜘蛛织网一般衔接得天衣无缝，是一个完美的闭环。这种流程运转对每个员工都有质量责任要求，每道工序都要对上下游的工序负责。当产品进入一线市场，每个作战将士都视产品市场如战场，整个营销过程就是一部产品的战史演义，参与其中的每个人都会从中感悟人生岁月的拼搏精进。面对挑剔苛刻的最终用户，产品质量没人敢丝毫马虎，这种敬业精神与求实品质，展现在每个人面前都是工匠精神，每一道工序来不得半点虚假，产品质量要经得起推敲。做事如工匠，做人如工匠，实体企业给每个人带来的规矩智慧是其他行业所不能给的。我们经常评价某一个高管或者某个领袖人物非常沉稳干练，我想他一定有过一段非常扎实的工作经历。只要认真去钻研学习，工业企业就能把一个人打造成自己想要的样子、社会需要的样子。诗云：

　　　　工匠钉铆钉，磨砺千般辛。

　　　　挥汗如春雨，练就泰山稳。

3. 培养战略倒逼能力

　　企业高管要有战略倒逼能力，要具备从后往前看的能力和品质。而一般中高层干部只会从前往后看，没有形成一个系统的闭环能力，有时在经营企业资源方面难免会瞻前顾后、把握不准从而导致资源浪费。从后往前看是一种战略结果导向思维，也可以说是对顾客需求倒逼的能力，这对高管的综合技能有着更高的要求。作战统帅要用高的标准要求自己，不断地优化和提升自己的知识、素养、技能，只有这样才能对外部市场和企业环境的不确定性有较为客观的洞察与掌控。

　　企业成功的战略是倒逼回来的，是自下而上，也是自外而内的，灵感来自市场一线作战机构带回来的顾客需求。只有到一线战场，对企业战略内容的客观性才会有真切的感知认识，只有在与竞争对手零距离的地方，制定企业的战略思路才更清晰。很多企业的战略重点放在长期利益上，因此在战略制定和战略选择时，有时会在财务上进行一系列的战略性亏损安排。企业总部是战略制定的唯一中枢机构，制定战略是企业作战统帅和董事长的神圣职责。《孙子兵法》说："将在外，君命有所不受。"这句话意思是将军在外带兵打仗，君王在朝廷里的指示可以不遵守，将军可以结合实际敌情作战。而在职场中也会遇到战略内容与战场实际存在着偏差的问题，战略制定的假设前提条件不是一成不变的，静止的战略往往会与现实环境变化有些出入，所以无论多么好的战略计划，在由作战部门执行过程中都要经得起战场环境的验证推敲。因此，作战部门在作战的过程中可以协调总部的资源，可以对总部的一些战略内容进行适当的完善修改，以适应已经变化了的前线作战环境。总部机构必须要用专业能力来协助作战部门设计规划战役，并制定战术，否则总部机构就是不称职的。

企业要用战略倒逼的思维模式来装备作战部队，要打造一个结果制胜的总部作战决策平台，要求总部机构具备一线作战快速响应能力。财务预算也要配合战略结果进行倒逼思考，进行一系列的预算目标与稽核机制的设计。企业是以一线作战部队的利润来源作为预算依据的，也是以一线作战需求来配置财务资源的。离开了市场一线作战思维，企业的所有预算都是空中楼阁、纸上谈兵，没法落地，唯有从一线作战要求倒逼回来的预算才能助推企业的战略成功。因此，产品价格的制定往往就是一个完整的作战预算方案。

基于战略倒逼能力的要求，总部每个部门都有责任、义务给一线作战机构提供各自的"产品和服务"。总部部门的"产品"有谋略、专利、人才、服务、财务、管理、监督等等，而这些"产品"是否与一线作战需求相匹配，就成了考验总部机构领导的职业能力和专业能力的标准，甚至成了提拔与任用职能部门领导的否决项指标。比方说，公司可以规定将总部的每个部门每年提供给一线作战机构的"产品"不低于8个，而且要与一线作战机构需求相匹配作为考核标准，这就倒逼总部机构去了解和研究一线作战的真实需求，主动地为满足一线作战机构的需求去努力工作。只有这样，总部与一线作战机构才能完美地融为一体。只有总部各级干部真正了解了一线作战部队的真实需求，亲自深入一线战场去了解作战部队的真实环境，并且与作战将士们深入沟通，研究并制定应对竞争对手的策略，总部机构才有资格配得上作战部队"参谋"两个字，才能给一线作战部队提供货真价实的谋略支持。

培养企业干部战略倒逼能力不仅仅是思维，更在于落地的能力，其成功的关键在于董事长和总裁的坚定实施决心，更确切地说，与战略有关的举措都属于一把手关注工程。

三、读懂终端的能力

唐朝的虞世南说不读《周易》难为将帅，而对于今天的企业统帅和一线作战将军而言，我们也可以说不识终端难为将帅，作战统帅要具备读懂终端的能力。终端就是企业的产品终极阵地，是企业利润区里"下蛋的母鸡"，是与竞争对手和顾客距离最近的地方，是验证企业的战略正确与否的终极考场。体验和认知终端的能力，是作战统帅职业经历中必备的。

有的高管们整天蜗居企业总部，尽管他们善于揣摩董事会人员的心思，也能够看各种报表，但他们看到的报表仅仅是一堆静态的数字。蜗居总部的高管们如果利用这些僵化的数字去制定战略和营销策略的话，那么就有可能成为新时代"纸上谈兵"的赵括。以董事长为首的企业高管们，一定要走到市场上去，体验和感受一线战场的炮火硝烟，了解一下自己产品在终端的生存现状、存在的问题及其优劣势，从而找到与竞争对手作战的应对之策，将市场需求与企业内外部的资源整合成一个整体，做到企业资源全局一盘棋，将各种框架性作战思路了然于胸，形成一幅打造企业利润区的作战地图。

不识终端难为将帅。什么是终端？终端一般是指产品最终的销售场所或网络展示界面，也是企业产品价值最终得以变现的场所，是企业产品被最终用户完成购买的场所。产品的终端一般包括大小卖场、4S店、售楼处、电商平台、酒店等可以展示产品的场所，或者某个互联网界面以及各种应用场景。终端里的产品，是最终用户需求问题的解决方案，企业就是最终用户需求问题的解决方案提供者。我们也可以把终端比喻成一本书和企业的战场阵地，也是企业输送血液营养的血管，更是企业的核心资产之一。终端写满了产业的兴衰史。

1. 终端是一本书

终端如同一本书，一本各类产品的春秋战国史。当我们打开终端这本书，里边写满了各个企业、各类产品的争斗拼杀，殊死搏斗的场景犹在眼前。终端这本书，所有的企业都要打开它去认真品味，每个企业都要在终端这本书里叙述自己的故事。可惜的是，不同企业终端历史不一样，有的3年，有的5年，而有的则是百年甚至更长时间。终端这本书也是产业的兴衰史，这里不断崛起新的王者，也有衰落的末日诸侯。当我们仔细去研究终端，我们能看到很多企业在这里出现过，有可歌可泣的传奇传说，也有悲恨项羽的十面埋伏，成者王侯败者寇。在终端这个舞台上，所有征伐都必将止于智慧和产品能力，而企业则要去捕捉最终用户最真实的需求，把它当作必须攻克的课题，并且制定出切实可行的解决执行方案。

我们也可以把终端比作一面镜子，所有企业的产品都在这里留过影像，有鲜艳的、潇洒的，也有悲伤的、丑陋的，但这面镜子所映衬的产业兴衰史唯有真正的企业家能读懂。所以企业董事长一定要经常到终端看一看，亲自来听一听这里的炮火声，亲自在终端与产品最终用户进行深入的沟通。阅读终端，问道终端，每个企业人在终端都会学到谦虚，所有的企业人来终端都要俯下身子，去聆听终端喜悦或叹息的声音，认识到终端才是企业修行的真正道场，企业人唯有在终端才能有一颗虔诚的心，在这里忏悔自己的既往经营过错。终端又如一把尺子，它能丈量出企业过往战略与经营策略的偏差失误，失之毫厘，谬之千里。终端虽小，但在方寸终端里孕育着企业的利润区，塑造着作战统帅的十八般武艺。

企业统帅必须有终端阅历，终端体现了企业战略的综合意图，终端也是企业中高端人才成长的摇篮。一位作战统帅如果没有足够多的终端体验，那么对一线战场可能就没有很好的认知感触，也很难领导好作战队伍。一个经验丰富的作战将军，能够从竞争对手的终端读懂对手的产品作战策略，通过研究竞争对手终端产品布局找到攻击对手的有效方法。有人做过统计，一位世界级的围棋冠军在成为冠军之前，最少要研究1万个围棋棋谱，这样在他的大脑里就存储了1万多个围棋战例，所以他可以判断出对手下一步可能落子的地方，提前做好应对策略，甚至可以说提前布好口袋阵让对手钻进去。中国俗语说得好，"读万卷书行万里路"，只有见多识广才能成为真正的行业专家，而只有成为专家才能在博弈中立于不败之地。有一次一位学员问我：

一个成功的作战统帅要亲自体验多少个终端？这个数字不能一概而论，最基本的要求就是作战统帅要对一线战场了然于胸，对目标战役市场竞争对手的终端特点、产品价格以及作战策略有客观的认知理解，对竞争对手与我方的实力差距、竞争对手的优势以及竞争对手最脆弱的、可以攻击的地方都要有清醒的认知。作战统帅要把很多时间放在一线战场尤其是终端的体验学习上，翻阅终端这本书，读懂终端，知己知彼，才能百战不殆。诗云：

参天巨树靠根基，

燕雀莫怪屋檐低。

深耕终端成统帅，

疆场驰骋任东西。

2. 终端是企业觅食的最终场所

终端是企业的饭碗，只有终端才能让企业的产品做到价值变现。终端的重要性每个企业都知道，但是并不是每个企业都把终端放到战略高度来思考。当我在工作中亲自体验沟通了5 586个各类终端以后，我发现终端是如此的可爱、可敬和可畏，我对终端有了一个新的定义：终端是企业觅食的最终场所。可以说所有企业的经营活动，乃至对外的作战方略，都是企业自身的一种"觅食"行为。此后，我对终端的理解与认知发生了彻底的变化，我仿佛觉得终端是我的朋友、我的老师，仿佛终端能够知道和深刻理解企业人的苦楚和期盼。

我认为企业要把终端当作一个核心员工去培养塑造，要有意识地培养它。有的终端可能刚开始起步，还没有给合作企业贡献预期的效益，但在这个时候企业不要小瞧这个终端。佛经里说的好，每个小沙弥都可能成为一个佛陀，所以我们每个人都不能小瞧一个小沙弥。而那些刚刚起步、具有潜在价值的终端，就像刚参加工作的应届学生一样，企业要有耐心地培养它们，还要给它们支持，它们有的最终会成长为企业的重要合作伙伴。当然，一线作战人员要对终端的投入、产出有一个基本的判断，企业要对所合作的终端有一个甄选标准。企业可以立足产品终端营销策略倒推制定企业的经营战略，甚至可以跟杰出的终端形成一个合资型的企业，组建合资终端。在合资终端，企业不一定用真正的现金投入，可以把这个终端类比于独家经营的形式专卖企业的产品。只有企业高管深入一线并且把工作下沉到终端去，企业产品的未来才有希望，企业才能用终端的需求来倒逼制定战略。

终端是企业不可丢掉的战场。我一直告诫营销工作者，尤其是一线作战将军们，终端就是营销战士的阵地，要有一种"人在阵地在"的气魄。作战将士们要用营销智慧来占领终端阵地，要用产品的使用价值来吸引最终用户。终端是企业觅食的最终场所，是企业人才的试金石，是骡子是马拉去终端练一练就知分晓了。

3. 企业的有效终端

（1）有效终端的概念

有效终端是个相对的概念，是指企业产品的终端里那些具有高效产出的终端，是能够真正给企业销售产品的终端。相对于其他产出不高的终端，这类终端的销售量占据了企业产品绝大多数销售量。不同行业有效终端的产出不一样，这里有效终端的研究范围来源于对快消品行业的考察总结。

开发终端和走访终端是我在老东家青岛啤酒集团养成的习惯，后续无论是做布衣宰相猎头，或者是管理咨询，以及参与给企业做投融资方案，我们都会到合作企业的终端去走一走，去调研一番。我相信终端能够证明企业产品的现状，在终端能够解读企业融资方案的真实性，因为终端不会骗人。我们可以在终端看到企业的业绩表现，甚至能在终端感受到董事会的工作态度，也能在终端看出企业的问题。有的企业有许许多多的终端，但是很多终端就像企业养的公鸡一样，是从来不下蛋的。而且这类没有产出的终端占用了企业太多资源，甚至是浪费了企业太多资源。于是我想，企业有必要来盘点一下它的终端，研究一下企业的终端里哪些有贡献，哪些没有贡献，哪些在消耗着企业的资源。我把那些给企业高效产出的终端定义为"有效终端"。就像古人说的，兵不在多而在精，将不在众而在勇。终端也是如此。对于企业而言，绝对不要那些滥竽充数的终端，企业要做到让每一个终端都有产出。可以给终端做个更清晰的管理策略，把所有的终端都盘点一下，按照销售能力把终端分成A、B、C三类：A类终端是企业产品销售最好的；B类终端是企业产品销售比较好的，居于不好不坏的那种态势；C类终端则是企业产品销售最差的，几乎要被大卖场撤柜了。A类终端是能够给企业产品做出最大贡献的，是企业利润区的有效终端。企业可以制定终端营销升级进化策略，使B类终端努力向A类终端进化，将C类终端销量努力提升，起码要能保住企业在终端的投入费用，达到盈亏平衡，起到挤占竞争对手营销空间的作用。

（2）有效终端的六个要素

在不同行业里有效终端的关键要素会有不同。下面的要素来源于对快销品行业的考察总结，有六条：

a. 本企业产品给终端贡献的效益最大，这是终端店主最看重的；

b. 本企业产品陈列总在终端最前边，终端销售推荐总是第一个；

c. 本企业产品有着长期稳定的忠实用户群体；

d. 本企业产品销货量连续占到同类产品销售总量的30%以上；

e. 终端店主视企业营销人员为最佳顾问，具有良好的业情关系；

f. 给企业贡献的利润较大，且具有良好的继续上升空间。

（3）有效终端的启示

企业董事长和总裁体验的终端越多，越能感受到终端的重要性，尤其董事长才能真正意识到终端是企业生存发展的根本。当我们对企业终端进行综合诊断的时候，往往会发现这样一个问题：那就是企业有成百上千甚至上万个销售终端，而真正起产出贡献的却很少。因此，我就会问企业董事长其产品战场阵地里有多少有效终端？是否关注过有效终端这个问题？企业是否将终端进行盘点和归类建档管理？是否思考过改善那些贡献不大的终端并将它们转化为有效终端？以及有效终端究竟该如何经营可以更好？同样地，企业有许多的员工，有许多的制度和机制，这些都是企业的资源。我们就会想到这些问题：企业所拥有的这些资源，究竟有多少是有效资源？有多少资源真正的能给企业贡献正效益，又有多少资源是滥竽充数？是不是有很多的企业制度和机制模式已经严重过时了？这应该是企业总裁和董事长关注的重点。企业不应该把精力浪费在无用的资源上，要聚焦有效资源，有效资源才能给企业带来有价值的产出和回报。企业不仅要聚焦现有的有效终端，更要去经营和创造更多的有效终端。企业董事长要把有效终端战略放在营销首位来思考，并且要制定有效终端的各项制度和激励机制模式，确保一线市场作战将军具有有效产出观念。而且，企业总部的各个部门要对有效终端的产出贡献才智和资源支持，并且用目标绩效考核来落实有效终端的作战行动。更为重要的是企业要盘点资源，发现有产出贡献的有效资源，必要时剔除那些无效资源，撤销无效的岗位和过时的制度模式，优化提升制度和机制的时效性与有效性，寻找更多的有效资源为企业的发展做贡献。

企业产品的有效终端是兵家必争之地，不仅仅是本企业的利润源泉，也是竞争对手的利润追逐目标，是企业价值变现的风水宝地。所有企业都会争夺有效终端，而且有效终端也是企业利润区的核心构成要素。因此企业要围绕着自己的有效终端制定一系列的护城河策略，要将有效终端打造成一个固若金汤的利润根据地，开发经营和巩固有效终端是企业战略的顶层设计内容。那些为企业打造和培养"有效终端"的作战将军们，最有资格成为企业作战统帅的优先人选。

4. 总部中高层要认领产品终端

企业要用数字结果来评价员工的成功，所有单位的经营成果都可以用数字来衡量，终端是企业产品销售数字的终极考场。对于企业来说，成也终端，败也终端。企业的成功离不开终端，尤其在企业高管的年度目标绩效考核内容方面，企业可以给总部中高层加上终端经营管理数字，比方说让每个总部中高层干部认领企业产品一线市场终端30~50个，要求亲自去现场体验终端并拜访终端老板，并且每个终端要有年度投入产出指标要求，作为考核中高层的一个年终奖指标。同样地，让企业总部里的每个普通员工认领10个终端指标，让他们都来关心所认领终端的发展经营情况，而且把每个人认领的终端经营业绩作为一个奖金考核指标。企业里所有员工都要抽时间去各自认领的终端体验。只有这样，企业总部人员和一线作战人员才能达成共识，让员工都把心思聚焦在一线战场上，都能真切地领会终端的"你死我活"的竞争，都明白终端就是企业产品的最终战场，终端是企业的利润区"下蛋的母鸡"，离开了终端企业是没有出路的，支持一线作战就是爱护自己手中的饭碗。当企业把战略前期设计和最终落脚点放在终端，企业就能真正地把最终顾客需求放在首位，每个人都可以明白一个道理：终端的问题不仅仅是一线作战人员的问题，终端问题也是总部所有人的问题。优质终端是兵家必争之地，因此企业要在一定程度上锁定终端，并制定盈利终端的策略，企业要建立终端运行机制。"宰相必起于州郡，猛将必发于卒伍"，这句话出自东周战国时期《韩非子·显学》，是韩非子选拔官员的名言。韩非子强调国家挑选文臣武将，特别是选拔高层官员和将领，一定要从有基层实际工作经验的人中选拔，否则处理国家政务、领兵作战就可能是纸上谈兵，耽误国家大事。

企业要求总部中高层要认领产品终端，认领终端的过程实质就是培养一线战场作战意识，拉近了总部职能部门领导与一线战场的距离，填平了总部与一线作战人员的沟通鸿沟，让企业的中高层能够将自己工作定位在市场上。因此，可以说无终端不成战略，不识终端难为帅，就是要求企业高管必须要有在一线市场工作的经历。

5. 终端十问

企业总部中高层都要认领一定数量的产品终端，尤其是董事长和总裁更要以身作则来认领终端。认领终端只是开始，培养总部员工一线战场作战意识和责任能力以及获得良好的终端经营结果才是目的。每个企业员工都要思考与终端有关的10个问题，我把它总结为"终端十问"：

a. 我认领的终端都有哪些本企业的产品？

b. 关于终端的日销量谁来告诉我？

c. 关于终端的日销量有无制度和机制保障？

d. 我认领的终端竞争对手的产品是如何开展营销工作的？

e. 我该为一线将士做些什么？

f. 企业总部应该制定怎样的顾客战略？

g. 我认领的终端能够升级为有效终端吗？

h. 终端的营销费用有效到位了吗？

i. 认领终端让我认识到了自己哪些知识技能需要改善？

j. 认领并体验终端让我认识到总部的哪些不足？

古语说得好：上下同欲者胜。当企业从董事长、总裁一直到每个员工，都能把思想触角与终端去对接，都能把思维与一线作战人员去对接，最终每个人都能够具备一线市场作战思维，都具备为最终顾客思考的能力，那么企业的战略将因为追求满足最终顾客的需求而做得更加贴近市场、更加务实。现在市场上几乎每个行业的企业都数量众多，同类产品会有许多企业在生产，而最终用户也变得更加挑剔和理性，这就迫使企业高管层要把更多的时间放在一线战场上，要把工作重心更加贴近于终端，要把更多的时间放在终端与最终用户沟通上，去请教和聆听最终用户的真知灼见，从而为自己制定战略和营销对策获得新的灵感。企业经常用的表格可以用计算机系统来实现，要努力节省市场一线作战人员的作战时间，废除浪费一线作战人员时间的表格填写要求。企业的中高层干部要思考"终端十问"的课题，要明白企业战略来自市场一线的作战倒逼思维，而终端思维则要求员工必须要亲身走进终端，用真心去体验和认知终端。

不识终端难为帅，这句话不能成为一句空话，"终端十问"要付诸行动。只有企业高管具备终端顾客需求倒逼思维，企业才能跟得上时代变化的步伐，并且有可能引导市场消费，领先于竞争对手。诗云：

> 高祖征战斩白蟒，
> 翼王兵败陷大江。
> 不识终端难为帅，
> 勤耕归来冬梅香。

四、借鉴历史的能力

无论是企业中高层干部还是企业接班人，都应该研究历史，熟读并能借鉴历史，深入了解各个朝代的得失成败。所有朝代的成功点都有一个共性，那就是他们的创业帝王一路艰辛取得了天下，开明而且善用人才，屈尊纳谏，尊重人才，在位时兢兢业业，体恤民情；而很多败亡的帝国，大多都是帝王的独断专行，荒淫无道，堵塞了言路谏路，肆意妄为，最终导致了灭亡！因此，作为一个职业经理人或者一个企业接班人，不仅仅要熟读历史，更重要的是要从历史中帝王朝代的得失来思考，来汲取治理企业的营养，要看到各个朝代英明帝王的治国艰辛。而治理企业亦是如此，唯有反思求教，敬业精进，才可以让企业得以持续存在。读一书，悟一理，得一字，便是大得。经济乱世，杀声阵阵，企业"帝王"不易。

1. 读历史怀敬畏

当我们研究历代王朝的兴盛覆灭之路，就会发现王朝的兴亡道路如出一辙，基本都有这样一个规律：当新一代王朝取代落后的旧王朝时，一开始是励精图治的，创始帝王面南背北登上龙座，开始分封功臣疆土，或者"杯酒释兵权"巩固王权，都是为了王朝的长治久安。新建王朝里高级管理人员较少，加之创业帝王励精图治，立志要在经营国家政绩上超越前朝，严格约束各级官吏，帝国中高层管理者还没机会进行贪腐，帝王的国家经营成本是相对低的。新建王朝一定要做出与前朝不同的伟大事业，官吏们也是个个抖擞精神，如唐朝魏徵那样秉公执法顶撞皇帝王权，唐太宗因为智慧开明所以出现了"贞观盛世"。但是，随着王朝的不断延续发展，王朝皇帝生养很多的皇子皇孙，也就伴随着出现了众多的皇亲贵族，加上部分文武大臣逐渐进入权力食腐状态，有的大臣会依附于帝王家族，我们简称其为帝二代或帝三代的利益同盟，这些依附的家族也会出现互相依附的王侯大臣，以此类推。斗转星移，权臣们不断扩展同盟军，终于形成了新一轮的庞大的食利族群，这个食利族群高度垄断了整个国家的核心资源，最终会让国家的制度失去效力。于是政府的各种苛捐杂税随之而来，民众被逼得不得不造反，导致"陈胜吴广"们开始呐喊"王侯将相，宁有种乎？"于是，这个腐朽的朝代又被推翻了，一个新的朝代粉墨登场。过了若干年，登基的新政权腐败根坏，被残酷压迫的"陈胜吴广"们又开始夜半高喊，于是刀兵四起，狼烟滚滚，在此起彼伏的叫喊声中朝代不断在更迭和前进，这就是各个朝代的衰亡故事。你方唱罢我登场，各个朝代轮流坐庄，悠悠三千年，瞬间到眼前。我们对各个朝代兴亡进行研究，就会发现所有衰亡的朝代都有一个共同点，那就是帝王的贪欲。帝王一旦出现了不可自控的贪欲，整天围绕在他身边的臣子们就会跟着向皇帝学习，正所谓上梁不正下梁歪，于是自上而下形成了一个金字塔式的腐败帝国这也是失去民心的根源。

历史是面镜子，每个人对历史都要有敬畏感，探寻每个王朝的兴起、衰落以及灭亡的真实原因。企业所有者要了解唐太宗李世民所说的"水可载舟，亦可覆舟"的根本所在，企业作战统帅更要深刻思考借鉴。企业的兴盛与衰退就像王朝兴亡，一旦陷入内部的纠缠混乱，帮派山头林立，利益纠缠，领导者失去自律，不能自查自省，必将走上破产的道路。

万物的衰落之路如出一理，万事万物都有其兴旺和衰败的原理，如同小树一样在寒风中挣扎，在阳光明媚的春风里去努力生长，最终茁壮成长，可以抵抗风雨。其实，一个企业或个人的发展历程也大体如此。企业的兴衰之路、领袖人物的衰落之路都如朝代的更迭一般，皆因卸下了头上的自律紧箍咒，忘却了出发前的初心。读历史怀敬畏，企业经营者唯有时刻跟随顾客的脚步，经营维护好企业的"民心"，才能让自己的企业持续生存下去。

2. 商鞅变法与企业变革

商鞅变法所取得成就用任何华丽的词语来评价都不为过。商鞅变法不仅强大了秦朝，成就了秦王霸业，也丰富并且成就了中国历史。有句话说得好，"万世皆秦法"，就是说中国历史从秦朝以后的各个朝代几乎都借鉴了商鞅变法，甚至有的内容一直沿用至今，可见商鞅对中国历史的卓越贡献。商鞅的变法是一个成功的变法，商鞅变法之所以能够取得成功，有以下几个关键原因。

其一，商鞅赢得了秦孝公的终生支持。秦孝公能够排除异议，尤其是抵抗住了贵族既得利益集团对变法的反对，义无反顾地站在商鞅的一边，支持商鞅开始变革并且完成了变革。

其二，商鞅变法做到了取信于民，有坚定的民意基础。商鞅把变法内容设计成了底层国民改变生存状态的机遇，底层民众只要努力拼搏达到了变法规定的要求，就可以获得财富奖励，还有可能成为贵族。商鞅变法因此取得了全国普通民众的支持。变法之初，商鞅为了取信于民，采取了"徙木立信"的广告宣传策略：把一根木头立于南门，然后宣布谁如果能将此木移动到北门就奖励10金。搬动区区一根木头居然如此重赏，民众当然不相信商鞅的话，因此他又将赏金加至50金，于是有人将信将疑地把木头扛到北门，商鞅马上给他兑现奖励50金，以示诚信不欺。商鞅因此在民众心目中树立了令出必行、法出必达的形象。

其三，商鞅推行变法采取的一个重要措施就是强化法治。商鞅用法律巩固其变革成果，把变法中行之有效的内容用法律形式固定下来，并且在全国强制施行。同时，商鞅通过制定新的法律，彻底改变旧有规章制度和贵族阶层的特权，保证变法有效地实施，因此巩固了变法所取得的成果。

职业经理人尤其是企业的作战统帅或者是接班人，要从商鞅变法学习和感悟到一个变革者所面对的艰辛、阻力和挑战，要明白变革的实质就是改变旧的制度和旧的利益分配模式，创立和实施新的利益分配机制，也就意味着挑战各种旧的势力。各种既得利益集团会为了其利益跳出来撕咬反抗，因此变革要成功就要得到企业董事长的强大支持。企业董事长的持续支持至关重要，否则任何好的变革主张都是一个传说，没法落地。因此企业变革者在变革之初，就要对变革的各种困难有清晰的分析判断，要对变革内容的科学合理性有着清醒的认知，要清楚变革的对象。如果得不到真正当权者的竭力支持，那么最终的结果就像维新变法里"戊戌六君子"那般悲壮！所以既然变革，就要打有准备的仗，还要以极大的勇气推行下去，不畏各种新老权贵的干涉阻挠，要在变革的关键节点上与董事长和其他关键人物进行有效的沟通，得到他们的理解和支持至关重要，做到不达目的誓不罢休。所以说，每项变革都是有很大风险的，变革者需要有足够的智慧经验和胆识魄力。否则，别去触碰变革，它可能会让变革者"粉身碎骨"。诗云：

千载历史满征尘，

名利成败风雨行。

商鞅成就秦王事，

变革成败论英雄。

3. 战国七雄与民营企业人才机制

春秋战国时代的战国七雄就像是七家大型民营集团。七国集团之间竞争异常激烈，彼此伺机占领着对方的领土，他们的君王在各自的疆土领地里认真经营，都提防着其他国家的侵略，也都设法阻止着其他国家的强盛崛起，尤其是对各自的邻国更是高度戒备。七国之间的争斗持续不断，七国之间的国力强盛之势也是经常转换。在战国七雄的僵持阶段，出现了许多杰出人才，人才在各国之间的自由流动也助长了七国的强盛与衰弱。秦国之所以能够最终并吞六国，是因为秦国能够在选拔和任用人才上采取唯才是用，给人才高薪，甚至用分封疆土方式在"全球"聘请杰出人才，不搞宗亲宗派，摒弃只在家族内部提拔用人的策略。纵观各个朝代的进程演变，其实质都是各国之间人才的竞争，谁能请到并且重用人才，谁就给自己国家打下了强盛的根基。宋朝洪迈在《容斋随笔》中谈到春秋战国君主们如何延揽人才的问题。他指出：七国虎争天下，莫不招致四方游士。然六国所用相，皆其宗族及国人，如齐之田忌、田婴、田文，韩之公仲、公叔，赵之奉阳、平原君，魏王至以太子为相。独秦不然，其始与之谋国以开霸业者，魏人公孙鞅也。其他若楼缓赵人，张仪、魏冉、范雎皆魏人，蔡泽燕人，吕不韦韩人，李斯楚人。皆委国而听之不疑，卒之所以兼天下者，诸人之力也。

从洪迈的《容斋随笔》叙述里，我们看到了秦国强大和其他六国被灭亡的根本原因。秦国是七雄中成立国家最晚的一个，也是始终有危机感的一个。由于秦国成立晚，地处西北偏远加之气候恶劣，其国力弱小，经常被强大的邻国蚕食欺负，所以秦孝公强烈渴望秦国马上强大起来。于是秦孝公颁布了招贤令招聘天下顶级人才，终于请来了商鞅等人才，开启了秦国的变法强国之路。而其他六国君主则是仅长期从其宗族或者国人的范围里选拔人才，很少像秦国那样大胆引进客卿并且重用。因为重用人才，秦国甚至中了韩国的水利专家修筑郑国渠的"疲秦计谋"，花费了多年时间动用大批士兵大兴水利发展农业，好多年都停止了对外的战争扩张。韩国则是弄巧成拙，本来想实施一个杰出的"筑渠疲秦"战略，让秦国动用能打仗的精壮力量去修建水利工程，没有兵士对韩国发动侵略攻击战争，能够让韩国得以存活下去，没想到秦国虽然中计了，但是修好了郑国渠极大地提高了农业种植的灌溉能力，强大了秦国的农业经济，为秦国后续的侵略扩张提供了强大的财政实力和源源不断的粮草。

历史是一面镜子，战国七雄都已经成为历史，而秦时的明月依然在高空闪耀，不仅照亮了历史，也照亮着当代精英们的思虑。我们反思战国七雄对各自国家人才的任用策略，也要思考今天的民营集团该如何用人。秦王朝的成功是基于强大的人才战略，今天的民营集团在其发展的进程中，尤其是在接班人的培养上，重点不仅在于如何选择一个接班人，而且在于塑造和打造一个接班人平台。一个杰出的人才可以成就一时的事业，一个优秀的接班人也只能在一个阶段内将家族的事业达到一个巅峰状态，而一个优秀的接班人平台则可以在企业内部打造人才培养机制，不仅仅使得接班人变得优秀，重要的是与接班人为伍的核心岗位人才都同样变得优秀，这样的企业才让任何竞争对手望而生畏。民营企业在人才机制模式的设计上，可以从战国时期六国被灭亡的根源上，寻找其失败的主要原因。选才、用才和留才不仅仅是国家的人才战略，也是企业发展核心瓶颈所在。有一次一家集团公司的董事长问我：选才和留才哪个更重要？我说留才比选才更重要。即使刘邦发现了韩信，如果他没有给韩信施展才华的平台，刘邦也不会有后来的汉高祖霸业的。所以企业在留才方面是一个大文章，这是企业董事长和总裁们要思考的一个课题。如何把关键人才和杰出的人才留下来，给他们一个真正施展才华的舞台，让他们得到个人心仪的价值变现，给人才的报酬能够留住他们的野心，这才是至关重要的。很多企业往往想用一个虚构的饼留住顶级人才，最终留下来的可能是几个庸才，而不是顶级人才。企业需要商鞅这样的人才，但更需要像秦孝公这样的董事长，一如刘备与诸葛亮那样的三顾茅庐传奇故事，那种如鱼得水般的上下级关系，彼此肝胆相照，彼此相助成就一番历史伟业，也成就了君臣历史佳话。读经典古籍有感，诗云：

> 典籍如父母，字字暖我身。
>
> 历朝均过往，秦月未蒙尘。
>
> 尧舜禹汤周，孔老孟阳明。
>
> 先圣卷有益，句句醒后人。
>
> 帷幄有良相，存续靠明君。
>
> 生子盼仲谋，尚父钓太平。
>
> 而今读帝范，拳拳先皇心。
>
> 出世须智慧，皓月万里行。

五、加工知识的能力

职场人的知识技能来自两个方面：首先就是在学生阶段的读书学习，是从老师和书本那里汲取营养，这个时期的学习称之为学校阶段，贯穿了一个人从咿呀学语、徒步学林到离开学校进入社会的那一段时光；其次就是每个人从学校走入社会，无论是去企业还是到政府部门任职，都找到了适合自己的岗位，把自己融进了工作环境里，开始经营岗位，也开始了经营自己，积累知识和优化提升自己的技能，这个时期的学习称为岗位阶段。学校阶段和岗位阶段有各自的功能，塑造着每个人的知识技能和人格品德。有的人认为自己是个人才，在企业里做出了很大的成绩，给企业带来了无上的光荣和足够多的效益。当他满怀信心地离开了企业以后，突然发现自己什么都不适应，陷入了深深的苦恼中。我不是反对人才跳槽，而是说要谋定而后动，尤其要对自己的能力有一个清醒的认知。自己在企业里的成功究竟是企业平台给了你成功，还是因为你的卓越才能帮助企业取得了成功，要把二者区分开来，这对职业经理人后续的职业规划很重要。很多企业高管都在不断地面试着各式各样的人才，可是平心而论，高管们何时又真正地"面试"过自己呢？如果把面试别人时的苛刻挑剔放在自己身上，会不会也能镇定适应从而做到侃侃而谈？所以"怀才不遇"这个词语有时最能害人，总是在不断地吸引着那些有野心抱负的人，让他们为了自己的梦想离开原来的单位，有的人因此走上了阳光大道，成了张良和王猛，而有的人则陷入泥潭跳来跳去，一事无成。成也野心，败也野心。职业经理人要明白，积蓄能力如水库蓄水，在积蓄能力的过程中要耐得住寂寞，需要成年累月地去学习、去沉淀，水库需要收集来自四面八方的雨水，方可在缺水时成就千亩良田。

顶级人才可以设计平台，好的平台可以磨砺人才，平台与人才之间是相辅相成、互相成就的关系。平台如磨刀石一般让宝剑锋利无比，挥洒自如劈砍出江山天下！

1. 空降高管在试用期的存活策略

企业外聘的高管之所以能到新的公司出任CEO，因为他有这家公司所需的行业经验和对应岗位的技能，他来这里是来解题的，或者说是帮企业重新建造利润区的，而不是来摘果子吃的。但是新岗位存在着一个磨合问题，衔接不好的话，企业里的元老们有可能会对他的到来采取封杀抵制措施，而且董事长也会用一种挑剔的眼光、非常期待的心情来等待他尽快出成绩。所以，新入职的CEO一定会面对好几个棘手问题。在正式开展工作前，首先要对新入职公司的历史有一个全盘的认知。历史是这个企业取得过往成就的根本原因，企业的历史同样会积累许多复杂的因素，可能会存在着一定的利益纠葛，甚至是导致企业停止前进的障碍瓶颈。只有了解了它的历史以及成功的原因，才能找到制约企业发展的瓶颈。其次，在与董事长的沟通中，不要急于求成，更不能急于表现自己，切记一个原则：对董事长说到的就要做到。要按照问题的难易缓急制订稳健的工作推进计划，先集中资源解决眼前制约企业的核心问题，要和董事长做好沟通工作，确保当天的问题当天沟通。要吸取"一千零一夜"故事的精华，向那位智慧的姑娘学习。如果没有连续的故事，而且故事没有吸引力，那位姑娘的结局是悲哀的，但是她却用连续不断的精美故事将情节继续下去了，这就是生存智慧本领！当然，董事长不是那个残暴的君王，但是新入职的CEO一定要有解决问题的智慧本领，尤其在入职前就做好各种准备，要制定好解决企业核心问题的策略方案。新入职的CEO一定要牢记，董事长给你指出的企业问题未必就是企业的真正问题，如果你仅仅按照董事长指出的问题去解决的话，那么你就可能重复走董事长的老路，你的格局和视野就可能被董事长的思维困住。因此，你可能要另辟蹊径，用你的经验和智慧去寻找企业现阶段和将来的制约问题，这样才能体现你的专业能力。但是，董事长和其他高管对新入职的CEO并不了解，因此在与董事长的工作沟通中，新入职CEO要把企业问题分解成三份或者四份，先选择最重要的两份与董事长进行工作沟通，先解决紧迫又紧急的任务，紧迫的任务也一定是董事长心里最大的瓶颈问题。当解决了关键问题以后，工作就取得了开门红，紧接着在第二个周或者第三个周，按照自己所储备的资源和知识有节奏、有计划地推进工作，而不是眉毛胡子一把抓。

新入职CEO的知识技能是有局限性的，个人所积累的知识技能在新入职的企业里很快就会用完，因此要稳健地推进工作。不仅要赢得董事长的支持，取得下属的支持也至关重要。在约定入职试用期的三个月内，如果你每周都会提出新的建议方案，董事长就会不断地感受到给他带来的惊喜。科学的工作方法能够给新入职CEO留出时间来学习新的知识和优化技能，新入职CEO也就可以成功地渡过新工作瓶颈期。新入职CEO的简历几乎是完美的，但是董事长期待的还是解决问题的方案。因此，量体裁衣是猎头公司帮助企业寻找CEO的唯一标准，而对症下药则是CEO解决企业问题的最佳妙方。

2. 向大自然学习经营

《尚书》里写到，帝尧名叫放勋。他敬事节俭，明照四方，善天地，道德纯备，温和宽容。他忠实不懈，又能让贤。他能团结所有族群，又能积极协调好万邦诸侯，使得天下民众友好和睦起来。为了发现四时的规律，帝尧派人去东西南北四个位置观察太阳升起和落下，推算日月星辰运行的规律，制定出了历法。帝尧根据气候的变化分别确定了仲春、仲夏、仲秋和仲冬时节。最后帝尧敬慎地把天时节令告诉人们，一周年是三百六十六天，要用加闰月的办法确定春夏秋冬四季而成一岁，并且由此规定百官的事务，由此来安排国家和社会的许多事务。

古人没有精密的仪器，而用敬慎和谨慎的心去研究大自然的规律，那种执着与智慧如同神算一般准确。尤其是帝尧的爱民精神，包括帝尧让位的帝舜，都展现了完美的人格品德。帝尧和帝舜用无为而治达到了治理国家的目的，普天下的人民爱戴尧、舜如同爱自己的父母，整个国家路无拾遗，夜不闭户。帝尧甚至没有自己的办公场所，他四处流动办公，把民众需要的地方作为自己办公的地方。我们不禁要问：何为帝尧权力？何为帝尧梦想？为民所想，为民所思，为民办事，扎根于民，服务于民，这才是帝尧的梦想，这才是民众认可的最好的权力。

古人那种发自内心敬畏大自然的礼仪，是对大自然力量的臣服与尊重，在蛮荒时代所开展的各种研究居然找出了科学的规律，开启了华夏民族5 000多年的灿烂文明历史，那种不屈不挠的意志品质令人捧书敬仰。

大自然最理解中庸之道，擅长搞平衡和均衡，大自然也理解无为而治，总是用惊喜和灾难提示并警醒着人类。大自然制造了温差，生产了风；制造了水位差，有了滋生万物的流水。大自然用四季轮回给人类的各个行业制造了需求，天地万物因此有了自己的位置和空间。大自然用无形的大手拨弄着人们的欢喜与痛苦，奖励着勤劳的人，也惩罚着懒惰的人。大自然用善良与无情告诉世间的人们，职业人生的春夏秋冬应该如何度过。唯有敬畏大自然，向大自然学习经营，尊重和识得大自然的规律，人类与自然和谐统一，才能风调雨顺、五谷丰登。而世间的凡人往往有太多的野心和贪欲，总是在挑战着大自然的法则，往往最终会输得一无所有，甚至是粉身碎骨。

无论经营国家还是经营企业，乃至经营自己，所有的经营法则都跳不出大自然的规律，尤其作为打造企业利润区的作战统帅或者接班人，要去发掘和认识大自然的规律，遵循并借鉴大自然规则，研究探寻企业的经营规律，从而按照企业的生存需求来培养能力。

万事万物都有其规律，即使是一粒沙子、一片叶子、一颗种子。要保有一颗敬慎的心，去聆听大自然的心跳韵律，去探究顾客的真实需求，去寻找经营企业的真谛。崇尚自然，莫欺，莫骗。

3. 高管加工知识的能力

职场人的能力发展有四个阶段，能力的起始阶段在学校，尤其是在大学阶段。随着时代的发展，大学是所谓象牙塔的称谓已经不合时宜了。现在的大学生就业竞争激烈，就业单位是人才的买方市场，大学已经成了大学生进入职场的练兵场了。按照人才在职业周期内积累知识技能的特点，我把职场人才的职业周期划分为四个阶段。

第一阶段，求学的"被喂阶段"。这个阶段是职场人全力学习书本知识的阶段，都是在老师的教授下，每天不断地吃进很多知识，有很多知识是囫囵吞枣咽下去的。我把这个阶段称之为求学"被喂阶段"，可以说知识是被老师喂进去的，对知识的有用与否，大多数学生没有什么辨别选择的能力。

第二个阶段，求学的怀疑阶段。这个阶段很多大学生已经离开学校进入了职场，并且有了一定的知识积累和社会阅历，对课本知识的客观性开始有所怀疑了，对职场中的机制模式除了适应，还有了一些疑惑，希望从科学与公平性方面找到更好的解决办法。对一些书里的内容以及对外部专家讲授知识的客观性开始挑剔，就是所谓的将信将疑，带着疑问，希望在实践中和书本里找到真正的答案。这是职场人自我认知和求学的怀疑阶段。

第三阶段，知识的混沌阶段。这个阶段的职场人不断地积累知识和社会实践经验，开始认识到知识是可以自己创造的。这个阶段是非常宝贵的，如同黑夜里东方日出的最后那一刻，是职业人吸收消化知识、职业技能优化升级的分水岭。这个阶段的职场人尝试着将自己以前阅读过的大量书籍以及实践活动的心得体会用文字总结提炼出来。我把职场人士的这个阶段称之为知识混沌阶段。知识混沌阶段是美好的，如同土壤下面的种子开始发育，即将破土而出，对所怀疑的问题和知识尝试找到另外一种解释。读书与思考是这个阶段的显著特征，个人的职场业绩大多也是非常优秀。

第四阶段，加工知识阶段。这个阶段的职场人有了足够的职业经历，有的是企业的中高层，或者是MBA在读生。我在这里特别强调的是已经工作的社会人才，这些人才都有着丰富的实践阅历，很多都具备加工知识的能力。什么是加工知识？通俗地说就是将积累的人生经验、职场实践感受和读过的书籍，以及自己在职场中的成功和失败的经历，通过消化、总结、提炼，用文字表述出来，成为具有独特自主知识特点的理论模式。加工知识如同生产车间用原材料经过各种程序加工产品的过程，我将人才归纳提炼和生产知识的这个过程叫作加工知识。这类人才的年薪都很高，有的企业会给其配有一定数量的原始股，或者他们自己就是企业老板。这类人才具备加工知识的能力，他们将自己多年的职业经验，并借鉴行业内标杆企业的经营管理实践，通过总结提炼成为企业的经营管理模式，为企业创造更多的效益。他们也能够通过不断读书积累，将书本里的理论挖掘吸收、归纳消化变成自己的理论。总之，能将实践变为理论，具有加工知识的能力和拥有自己的理论模型，已经成了一个顶级人才的标配。我将这类人才称为"理论型专家"人才。这类人才无论在理论界还是在经营界都是受欢迎的，是企业的核心人才，也是各个行业的领军人才。

　　企业作战统帅已经有了足够的职业经历，到了实践出真知的时候了，或者说已经具备加工知识的能力，要在企业里建立具有自己企业特色的经营模式和激励机制，并在企业内部营造一种加工知识的氛围环境。在学习知识方面，不少企业热衷于学习经营业绩好的企业经营模式，有的甚至是生搬硬套。社会上很多企业都在学习优秀的企业经营模式，先后掀起了好几次学习热潮：20世纪80年代学邯钢的成本倒逼法，90年代学海尔的OEC管理法、TCL的经营法、波导手机的营销策略、通用电气杰克韦尔奇的经营方法、日本京瓷的阿米巴；进入21世纪，很多企业开始学习阿里巴巴的淘宝电商模式，学小米模式学华为的股权激励，等等。国内企业先后学了30多年先进企业的成功模式，学成功的企业有多少呢？可能有个别学成功的案例，但是也有很多学成了四不像，而且那些曾经被模仿学习的世界500强企业很多都破产了。因此，个人和企业的成功需要天时、地利、人和三者兼备，企业如同职场经理人一样，也需要经历几个发展阶段，企业加工知识阶段至关重要，每个企业都有自己独特的基因，都应该提炼自己独特的经营模式。对于先进企业的经营经验可以借鉴，但是生搬硬套那就麻烦了。每个企业董事长的成长阅历和资源不同，加上企业的产业机遇以及产品阶段不同，都制约了企业借鉴先进模式的效果。所以，与其拿来其他企业的模式，不如自己总结创新。

　　有一次我告诉MBA学员们，我说大家读的书都是作者的读书所得和实践思考，每个作者都有不同的职业实践经历，让自己变成一个知识加工厂，把实践和理论进行有机的整合加工。因此，企业中高层不断积累加工知识所需要的原材料，提高自己加工知识的能力，才有机会向更高的层次发展。诗云：

　　　　　　　　碧空万里若黛烟，
　　　　　　　　汉瓦秦砖梦阑珊。
　　　　　　　　张良宽袖九州舞，
　　　　　　　　范蠡逍遥赛神仙。
　　　　　　　　学子寒窗寄明月，
　　　　　　　　追日赤兔似有缘。
　　　　　　　　手捧兵策唤项羽，
　　　　　　　　原来心在楚汉间。

六、自我控制的能力

张英是清朝康熙皇帝时候的宰相，做官清廉，为人谦和豁达，他退休后总结了自己为官处世的经验，写成《聪训斋语》留给后代子嗣学习。其中，有一段他对自己内心的管控方法，他说："凡喜怒哀乐、劳苦恐惧之事，只以五官四肢应之，中间有方寸之地，常时空空洞洞、朗朗惺惺，决不令之入，所以此地常觉宽绰洁净。予制为一城，将城门紧闭，时加防守，惟恐此数者阑入。"[①]就是说他能够经常管控自己内心，如同在自己内心设置了一个城门，喜怒哀乐和贪欲都能挡在外面，使得自己安心为官做事，因此做事沉稳老练，深得康熙信任。

企业的作战统帅要做好自我管理，高管出色的情绪自控能力往往给人一种稳健如山的感觉。有人将高端人才自我控制的能力比喻为有城府。我认为每一个统帅人才在其职业生涯中都有过沉浮的经历，因为沉浮所以成就了城府。高端人才具备了城府和稳健，看起来更加自信和成熟，可以让人放心地与他合作。我记得有一次参加一个私董会，一家公司的董事长问我："能给企业打造利润区的统帅人才有哪些显著特点？"我说统帅人才最显著的特点其中就有一个"稳"字，统帅人才"稳"的功夫如同一座山的势一样，令人敬仰而不敢躁动，身上没有尘世的喧嚣和轻浮，给人一种静默的力量。作战统帅不仅仅是外部看到的一个表象的稳，其内在有着丰富的知识和阅历以及很多素养力量支撑着。我们看到一个人感觉很稳，而他内在的品质和意志力需要我们在深入交往后才能感受到。我发现，当一个顶级人才出现在某个会场的时候，全场气氛相当好，他拥有的强大磁场让全场的人都能感受到他的能量，他身上所蕴含的那种超脱和爱的力量，给整个会场增加了一种祥和的正能量，如同一座山一样，可以为人们抵抗风雨和外部的攻击。

1. 舍弃能力

诺基亚集团和柯达集团曾经是世界上著名的两大财团，控制着手机和胶

---

① （清）张英，《父子宰相家训》，新星出版社2015年版，第40页。

卷市场，是各自行业的巨无霸，一度引领着所在行业的产业方向。但是随着科技的进步和产业的发展，这两个大集团最终都被时代抛弃了，它们的技术创新没有跟得上时代的要求，都被技术领先的产品打败了。这些巨头倒下的根本原因是产品技术落后，主观原因则是舍不得放弃老旧技术所获得的既得利益。既得利益如同温水煮青蛙一般，蒙蔽了某些企业创新变革的双眼，让企业直到濒临破产倒闭还是很舒服。企业董事长和高管层的创新变革能力受限于既得利益，他们会担心创新变革影响现在已经到手的利益。所以说守旧守成者大多也是既得利益者，没有勇气革自己的命。而要在当今快速进化的产业中生存，所有的企业都只有一条路，那就要不断创新，要先于竞争对手否定自己。很多世界500强企业破产倒闭，其中一个原因就是没有看透潜在的危机，或者说即使看到了行业的危机，也舍不得放弃已经得到的利益。既得利益严重束缚了企业所有者的视野和胸怀。在这种情况下，大集团公司固有的优势反而成了它们脚上沉重的镣铐，严重制约了它们的变革思维和变革力量。这就是舍不得放弃既得利益，最后丢了江山。

春秋战国时期赵武灵王即位的时候，赵国正处在国势衰落时期，就连中山国那样的邻界小国也经常来侵扰抢劫。赵武灵王看到胡人与赵国作战时骑兵穿胡服、用弓箭，几乎每次都能打败赵军。为了守卫国土，抵抗外敌，赵武灵王提出"着胡服，习骑射"的主张，决心取胡人之长、补赵军之短。结果赵武灵王的主张遭到了许多皇亲贵族反对，他们反对的理由是"祖先之制不可废，易古之道，逆人之心"，拒绝接受变法。赵武灵王顶住压力毅然发布了"胡服骑射"的政令，号令全国着胡服、习骑射，并且对将士们胡服骑射的训练做了严格管理。在赵武灵王实施"胡服骑射"的第二年，赵国不但消灭并且吞并了经常侵扰赵国的中山国，而且向北方开辟了上千里的疆域。梁启超认为赵武灵王是自商、周以来4 000余年中的第一伟人，他与秦始皇、汉武帝以及南北朝的宋武帝刘裕一样，是中国历史上4位取得对北方游牧民族战争胜利的人之一，而且是最值得后代子孙骄傲的一位。

赵武灵王的"胡服骑射"是国家军队变革行为，他舍弃了中原人的宽衣博带长袖的穿着习惯，建立起了以骑兵为主体的军队，让赵国成了战国七雄之一。对于经营企业而言有时舍弃意味着重生，也意味着发现了新的经济增长点，给企业贡献更加卓越的效益。据了解，当杰克·韦尔奇成为美国电气公司CEO之后，他知道自己接手的是一个烂摊子，他明白唯有变革才能让企业活下去。经过了详细的调查研究，韦尔奇制定了整合公司的标准要求，那就是集团所有事业部都要在其所处行业居于第一或者第二位，否则就要重整、关闭或出售。于是，很多人对通用集团舍弃盈利颇佳的项目可惜，甚至难以理解，觉得韦尔奇不懂经营管理。韦尔奇坚持舍弃战略，整合了公司的经营管理资源，经过多年发展后，通用电气成了美国最受尊敬的公司，韦尔奇也成了当时世界最佳CEO，他整合集团企业的策略成为很多企业学习的标杆。

当下所有企业可以说都是全球化的企业，都在参与着全球化的竞争，面对未来的不确定性，任何战略和主张都有风险，而要放弃眼前的巨大利益，就需要一种勇气和胸怀。舍弃是痛苦的，它需要卓越的智慧和预见能力。但是如果不舍弃，则可能意味着失去未来博弈的机会。其实，舍弃不仅仅对于企业有用，对于国家和个人同样有用。舍弃需要大智慧，需要那种穿透暗夜迷雾看到对岸风景的能力。

2. 妥协能力

妥协往往被认为就是投降，是一种实力不如人家的表现。而实际上妥协与放弃无关，妥协是为了更好地获取，或者说妥协是为了双赢，甚至是为了更长远、更稳定的利益。古往今来，很多国与国之间的外交都是如此，没有妥协的精神能力，国家之间可能会长久敌对仇恨下去，最终伤害的是政权稳定和民众福祉。新中国成立后我国的外交工作举步维艰，国际上的敌对势力不愿意善罢甘休，封锁我国的经济和外交发展空间。老一辈领导人审时度势，毅然决定与美国建交，可以说这是中国外交史上的成功案例，中美两国都拿出诚意，彼此都做了外交妥协，从此开启了中国的发展盛世。

在国家的经济发展上，我国加入世界贸易组织也可以说是一个谈判妥协的伟大胜利。我国从1986年申请加入世界贸易组织，经过了艰苦的谈判，终于在2001年正式加入世界贸易组织，为中国产品走出国门搭建了一座桥梁。而在当时的艰难谈判中，我们有选择性地做出了一定的妥协让步，这可以说是有智慧的适当妥协，最终取得胜利。

所以，政治家的智慧妥协胸怀值得敬佩，为了国家利益和民众福祉能够放下内心的纠结，做出了放眼未来的政治决策。事实证明，很多政治与经济谈判的妥协都是伟大的，甚至是不世的功劳。因此，企业家要向政治家学习妥协，尤其要学习其政治妥协智慧。妥协是智慧的精髓，妥协不是放弃，更不是投降，妥协是真正强者的意志表达形式。在一个国家里有着不同的民族，不同的文化要达成共识，还有不同的声音和反对意见，治理国家如果没有妥协的能力，仅仅靠国家武力机器那是不可能长久的，甚至可以说没有妥协几乎是不可想象的。当然，妥协有时难免会带有无奈和苦涩，但是无论治理国家还是经营企业都是要算政治账和经济账的，尤其需要一种长远的战略眼光，如同黑夜中大海里遥远处那个灯塔，照亮了内心纠结的出口。更如陶渊明先生探寻世外桃源的那一叶小舟，唯有穿过那个小而昏暗的洞口，才能进入美丽的世外桃源世界，这就是妥协的魅力所在。

未来比过去重要得多，企业界精英要向政治家学习，要像杰出的政治家一样具有伟大的抱负和宽广的胸怀，能够容忍各种压力，能够包容各种谩骂指责，能够理解过去，把过去的历史包袱放下。智慧者明白办成小事靠武力就可以，而要成就一番大的事业，必须具备妥协的能力。真正的智者都是善用妥协能力之人。

妥协是一种心理成熟，是一种实力体现；妥协是钢的坚韧，虽百折而不挠，在一次次烈火淬炼中成就锋芒；妥协是阅尽千帆归来的沧桑，是隐于海水下面的冰山；妥协又如同水一般的存在，柔软的是流水，坚硬的却是冰凌，滴水穿石，无所不能。我在给企业中高层授课时多次强调，企业家高超的战略智慧往往不是表现在强硬手段上，而是表现在需要妥协时的那种自然洒脱。诗云：

智慧无声又无形，
谦卑忍让照古今。
执念顽固如锁链，
顿悟捧起菩提心。
意随潮汐云深处，
梦锁飞羽翼无声。
此身久立尘雾里，
超脱入世若归隐。

3. 职场礼仪能力

职场人几乎都知道职场礼仪的重要性，但是对职场礼仪的理解偏差较大。很多人会认为职场礼仪仅仅是开门揖客、端茶倒水、长者优先、正襟危坐等礼仪形式。有的大学也不重视培养学生的职场礼仪。殊不知职场礼仪是一种关键能力，更是职场情商的关键一环。职业人士在各个场合都要注意礼节，对上下级要把握好分寸，与人相处的礼节是处世成功的主要因素之一。很多人也把职场礼仪能力称为领导力或者素质软实力。我们经常参加一些饭局或者商务活动，一场饭局下来，一个人的职业素养和家教熏陶暴露无遗，那些醉话连篇、贪杯酗酒的人让人生厌恐惧，堵住了后续交往的道路。

职业人士要牢记，职场礼仪无小事，往往体现出一个人的视野格局与家国情怀。春秋战国蔺相如的故事脍炙人口，当秦王在宴席上戏耍赵王的时候，蔺相如当面斥责秦王不守外交礼仪，迫使秦王用国家礼仪接待赵王。蔺相如用胆识捍卫了赵国君王的礼仪尊严，用品格能力塑造了一个职场上的卓越礼仪形象，他不仅用刚毅果敢维护了赵国的外交尊严，又用忍让的态度让桀骜不驯的廉颇负荆请罪。蔺相如在职场礼仪的应用上灵活有度，他坚守的根基就是以国家的利益为重，是国家利益至上的礼仪观，他是职场精英要学习的典范。

黄石公在《三略》里提到了古代君王对民众的礼节，指出世上的君主能够祭祀其祖先，却很少能体恤民众。尊敬祖先是为亲之道，体恤民众是为君之道。体恤民众，就是重视农桑，不耽误农时；减轻赋税，不让民众财物缺乏；减少徭役，不让民众劳困；那么就会使得国家富裕家庭安乐，然后选择贤士加以治理。《三略》里的观点要求关爱民众，要对民众有礼节礼仪，治理国家不影响民众的农务作业。强调只有君王把民众的事情放在心上，民众才能把君王放在心上，也才能爱护自己的国家。古代圣贤要求治国者对民众尊敬，要体恤民众的疾苦。在《帝范·庭训格言》里，康熙皇帝告诉其子孙后代，清朝先祖灭了明朝后，清朝皇帝亲自祭奠了明朝十三陵帝王，对前朝的已故帝王们用最高的礼仪做了祭祀，这不仅仅是对往历史的敬重，也是对明朝天下臣民百姓的一种尊重。清朝帝王如此行事，最大限度地安抚了明朝的文武百官和老百姓。古代帝王也是一种职业，其经营的就是天下，其民众就是帝国的最终顾客，得民心者天下安稳。无论黄石公笔下的君王，还是清朝的开国皇帝，都能善用道德礼仪。清朝帝王能够亲自遵守礼节，对明朝帝王陵寝之地行使礼仪，对于其后续治理国家，教化天下百姓，能起到很好的示范效用。

对于企业而言，要爱护员工，关心员工的疾苦，与员工分享财富则是对员工最好的物质礼仪。同时，企业更要关注最终顾客的需求问题，为顾客提供最好的产品使用价值，解决顾客的迫切需求，这样，企业才能昌盛下去。这是企业对最终顾客的礼节礼仪。

对于企业作战统帅来说，要牢记上梁不正下梁歪，所有员工都在效仿着最高领导者的言行，企业礼仪是企业文化的关键构成要素。企业不仅仅要培养员工的对外职业礼仪，更重要的是企业要塑造企业自身的礼仪文化。职业礼仪不是一句空话，要身体力行，是职场人士需要长期打造的一种习惯！

4. 向唐太宗学沟通

有人做过分析，据说职场成功因素80%来自沟通能力，来自上下左右的沟通认可与支持。当然，如果没有硬实力，仅仅通过沟通是没法达到目标的，沟通可以让个人的硬实力功效达到最大化。沟通可以使得上下级之间没有问题盲区，平级之间没有工作误会。一个人如果用四面围墙把自己封闭起来，谁都看不到他的内心，谁也没法知道他真实的想法，这样做几乎与世界隔开，他就很难开展工作。沟通的方法有很多种，我们找出具有代表性的四种沟通方式，分别是：

a. 唐太宗李世民治理国家的沟通方式；

b. 企业董事长治理企业的沟通方式；

c. 职业经理人做事成长的沟通方式；

d. 每个人和自己的沟通方式。

可以这样说，历史上盛世朝代的国家君王都是比较称职的，无论文治还是武功都是可圈可点的，具有代表性的帝王就是唐太宗李世民。唐太宗不仅开启了唐朝贞观盛世，也成为后代帝王们争相学习模仿的标杆榜样。唐太宗李世民有一个宽阔的胸怀，他能容得下魏徵等大臣们的不同意见，有的意见甚至很尖锐，很没有礼貌，唐太宗都能用平静的心与他们坦率地沟通，征求他们的意见。唐太宗有句著名的论断就是"镜子学说"，他说，以铜为镜，可以正衣冠；以史为镜，可以知兴替；以人为镜，可以知得失。唐太宗这个镜子其实质就是有效沟通，或者说是唐太宗与核心大臣无盲区的沟通。这种君臣之间的有效沟通关键在君王要主动，君王如果没有宽阔包容的胸怀，大臣们不敢触碰敏感议题，这也是关乎国家大是大非的核心问题。其次君王还要具有对大臣们所提意见的落地能力，如果仅仅是沟通而不去实施，同样会冷却了大臣们热切的报国心。唐太宗与大臣们的沟通就是双向的，君臣之间因为沟通赢得了信任，因为沟通把唐朝天下经营成了贞观盛世。

很多企业之所以经营得好，就是因为董事长与总裁沟通到位，而总裁与中高层们也能沟通到位。通过良好的沟通，董事长可以把自己的战略意图准确地与总裁进行沟通，使得集团的高管层能够达成一致的意见，并且能够形成一致的行动。而且，企业总部与一线市场作战机构能够沟通到位，企业与最终顾客也能沟通到位。企业战略从提出到成功落地实施，是战略关联参与方完美的闭环沟通过程，中间参与的每个环节，包括供应链和价值链的各个节点、渠道商等参与的资源都形成了完美的沟通配合，达到彼此信任，互相支持，企业因此做到了长足发展。企业要建立一个良好的沟通机制模式，确保供应链的每个环节做到沟通无死角，齐心协力击败竞争对手。

我记得有一次在授课时有个学员问我，什么是企业战略的出发点？我的回答是企业战略出发点就是最终顾客需求。企业要把握好战略就要与顾客沟通，找到顾客的需求，解决顾客的问题。企业只有得到了顾客的认可，与顾客沟通发现需求并且形成一个闭环实施方案，企业的战略才能够真正落地。

一个杰出的职业经理人之所以发展得好，是因为他与上下左右合作伙伴沟通顺畅，沟通到位了，能够将企业的战略和机制有效地传达下去。职业经理人通过主动与上级沟通，让上级明了他的想法并且给出了支持；沟通可以让下级知道他的计划，下级同样给予了坚定的落地执行。一个善于沟通的领导，能把他的思想和计划打算，与他所分管的主管员工坦率地沟通，并且用阳光的胸怀去接受上级的指导和下级的批评。因为善于沟通人们都喜欢他，都愿意在关键的时候投他一票，他总能把工作做得最快最好，他的年薪也拿得最高，他的上级和下级都为他的事业成功开心，这大概就是阳光沟通的结果吧。

历史上著名的沟通领袖当属战国时代的纵横家苏秦和张仪，他们两个都是著名的纵横家鬼谷子的学生，凭借一张嘴沟通遍了战国七雄里所有帝王。苏秦提倡六国合纵，佩戴六国相印，合六国之力对抗秦国获得成功；张仪实施连横策略，帮助秦国远交近攻，逐渐蚕食着邻国的疆土。苏秦和张仪都在不同的阶段达到了各自人生的职业顶峰，也把他们老师鬼谷子的纵横学发挥到了极致。鬼谷子老先生曾经告诉他的两位学生，与诸侯王和臣子们的沟通内容出发点是不一样的，与君王沟通必言天下战略格局和领导四海的野心，要将君王的国家安危放在首位；而与权臣们沟通，首先要谈私，顾及他个人的利益和个人的发展，然后以此为突破口探讨精忠报国的计划。苏秦和张仪都按照老师的指导要求，准确地去沟通了各自的对象，并且取得了扬名青史的战绩。而孔夫子当年随从众多，周游列国与诸侯王沟通却鲜有成功，不是他的沟通能力不行，而是由于当时的春秋乱局复杂，各诸侯国当时主要心思是保护疆土不被侵略，设法巩固自己的统治王权，将更多的希望寄托在军事力量的强大上，他们没有心思用儒家之道来治理国家。加之孔夫子带领着一群满腹经纶的学生到一个小诸侯国，这个国家的君王和主事大臣们都是顾虑重重，孔夫子如此豪华的顶级人才队伍，小小的诸侯国谁敢用呢？诸侯王们内心有自己的小算盘，用了孔夫子担心尾大不掉，会影响到自己的统治安危；而诸侯国的当权大臣们则顾虑到自己职位的安危。所以满腹锦绣华章擅长沟通的孔夫子周游列国，而每每无所收获，不是因为孔夫子沟通得不好，而是孔夫子所面对的诸侯国君臣们需求不一样。因此，纵使有让枯木发芽的沟通技巧，也要准确找到沟通对象的真实需要。

人在职场，我们更多关注的是和别人的沟通，而往往忽视了和自己的沟通。每个人和自己的沟通方式尤为重要，一个人最难理解的也许就是自己，最难放过的也是自己，经常与自己战斗，经常伤害和抑郁着自己。一个人与自己沟通是非常重要的，儒家叫作入世释怀，佛家叫作出世解脱，心理学叫作自我认知，管理学则认为是自我经营。没有谁比自己更了解自己，治疗自己的药方需要自己来配药，自己的人生短板也由自己来拉长，一切都依靠自我的沟通改善，自我的支持与自我的否定，夜深人静唯有心灵自我的对白也许才最彻底。我们每个人的躯体都是自己灵魂的客栈，在人世间入住的每一天都计入每个人的寿命。每天奔波努力与社会上的人沟通，夜晚回家卸下所有的装束，在夜里开始与自己的对话的经历你有过吗？能否放过自己？原谅自己流泪流汗却事业无成？这就需要自我释怀的能力，也是自我经营的能力，而关键就是与自己沟通。但是唯有具备干净的灵魂，无愧于天地父母，内心和善，才可以做到与自己坦率沟通，读书与思考是自我沟通的良策。在书里与古代圣贤对话，处事量力而行，不虚不假，不争不嗔，放下虚荣，回归真我。

沟通也存在着四个障碍问题：上级与下级的沟通要放下架子问题，平级之间的沟通要放下面子问题，下级与上级的沟通要放下畏惧问题，自己和自己沟通要明了舍得问题。做该做之事，言该言之言。诗云：

　　　　心是一堵墙，真我里边藏。

　　　　误会千千结，沟通解无常。

5. 向齐桓公和曼德拉学包容

战国时代的齐桓公，在即位前与其兄公子纠争夺王位，争夺期间齐桓公差点被公子纠辅臣管仲的冷箭射死，如果不是腰上带钩挡住箭头，齐桓公几乎性命不保。当齐桓公赢得王位后，鲍叔牙给齐桓公推荐了管仲做宰相，齐桓公当时恨不得马上逮住管仲杀了他，所以他对鲍叔牙的推荐有些犹疑。鲍叔牙坦诚地对齐桓公说道："臣所不若管仲者有五，宽柔惠民，弗若也；治国家，不失其柄，弗若也；忠信可结于百姓，弗若也；制礼义可施于四方，弗若也；鼓立于军门，使百姓敢战无退，弗若也。"齐桓公最终接受了鲍叔牙的建议，决定聘请管仲出任宰相。齐桓公重用管仲，举国听之，开启了齐国的春秋霸业。齐桓公的胸怀宽广，能够包容一个曾经不共戴天的仇人出任宰相，而且把整个齐国都交给了管仲来经营管理，这种重视人才不避仇的包容能力是真正的王者胸怀。

还有南非著名政治家已故前总统曼德拉，因为领导反对白人种族隔离运动而被捕入狱，白人统治者把他关押在罗本岛上整整27年，而且关押监狱的三个狱警经常虐待他，让他吃泔水泡的饭，惩罚他干重体力活，并且寻找各种理由虐待他。令这些狱警没想到的是，曼德拉出狱后居然当选了总统，而且在就职典礼上邀请了他们三位狱警参加，三个狱警胆战心惊地来到了现场。在总统就职仪式开始后，曼德拉给来宾介绍了那三位狱警，让所有到场的人肃然起敬，他说道："当我走出狱室，迈过通往自由的监狱大门时，我已经清楚，自己若不能把悲痛与怨恨留在身后，那么我其实仍在狱中。"曼德拉把长期虐待自己的狱警邀请成为嘉宾，并且原谅了他们，这需要怎样的包容胸怀！一个长期被折磨的老人而且是现任国家总统，可以放下公权力，放下自己内心的仇恨和痛苦，为南非民族和解做出了伟大的包容表率。

放下小我，成就大我，这句话说起来容易，做起来很难，尤其是那种刻骨铭心的仇恨。齐桓公和曼德拉展示了常人无法做到的放下和包容，他们包容的分量是如此的沉重。齐桓公为了齐国的繁荣昌盛包容了管仲的生死仇恨，曼德拉为了南非民族的融合包容了狱警和白人统治者的虐待，他们的包容胸怀对企业人的启示，尤其对企业作战统帅的启示应该是灯塔般的。为了企业的大局，作战统帅要拿出足够的胸怀来包容不同意见者，忍受普通员工所不能忍受的事业艰难熬煎，要主动倾听那些一线战场员工批评的声音，还要与总部各个级别干部进行有益沟通，从反对的意见中寻找曙光和战略灵感，重用那些敢于表达真知灼见的人才，带领企业突破困境走向成功。作战统帅要牢记既然要当领袖人物，须有领袖胸怀，而包容则是必备的能力。诗云：

> 华服遮皮囊，言行裸品德。
>
> 包容心灯明，善智好前程。

七、辅佐董事长的能力

唐太宗李世民博览群书，精通古代经典文献，经常用古典知识来教导子嗣如何经营好国家，如何管理大臣和治理百姓。唐太宗为了教育太子专门写出《帝范》一书，在赏罚篇指出："酬功曰赏，黜罪曰罚。赏罚，国之大柄也。"《左传》也指出："善为国者，赏不僭而刑不滥。赏僭则福及淫人，刑滥则惧及善人。"又《汉书》说："赏及无功，无以劝善；罚及无罪，无以惩恶。唯赏与罚，不可不当。赏一人而天下悦者，赏之；罚一人而天下惧者，罚之。赏罚又当必信也。有功者，虽仇亦必赏；有罪者，虽亲亦必罚。"故孔子曰："治国制民，不隐其亲。"读至此心生感慨，企业董事长亦是如此，经营企业如古帝王经营国家一般的处境艰难，但是唯有赏罚公平，严于克己，让人才得以重用，让小人远离，企业才能经营成功。而那些企业的总裁和高管，要有辅佐董事长的才华和品格，要具备"宰相"能力和"宰相"思维，尤其要具备"宰相"定位，坦率做事，适时与董事长沟通。企业高管能力不足可以改善提高，而品格的污点难以漂洗干净。

1. 员工与企业是生意关系

企业董事长应该将顾客和员工视作一种财务资产，将顾客和员工当作企业的投资者，而不是企业的被投资者。尤其员工不是被动的资产，员工冒着一定的风险和机会成本，向企业投入了知识和青春年华。当企业意识到员工和顾客是投资者时，为他们设计的机制模式就是量身打造的，企业会认识到这个资本是需要投资回报的，这也是企业高管必备的理念认可，否则企业的顶层战略设计就会出现地基问题，因为员工和顾客是企业的地基，是支撑企业发展的原动力。

企业无论是制订战略计划，或者是设计企业的组织架构，都要明确一个主题内容，那就是员工与企业之间的矛盾究竟是什么？我认为员工与企业就是生意关系，员工与企业之间的根本矛盾就是利益问题，企业董事长不要指望用低工资吸引优秀的人才。有人做过研究，现在很多企业的董事长曾经都是其他企业里的杰出员工。那么，是什么原因让他们走出原来的企业，创建自己的事业？原来的企业又是什么原因让这些杰出的人才离开呢？当我们分析研究这一切的时候，我发现其中关键原因就是"利益分配"矛盾，其根源在于杰出员工认为自己的投入产出少了，也就是个人为企业贡献的经营效益巨大，而得到的年薪微薄；其次就是在个人价值能力平台的实现上，在老东家没有被提拔总是被排挤，被边缘化看不到职业发展的希望了，因此唯有出走创业才是最好的选择。

我记得有一次给企业学员班上课，当时有个董事长很生气地说猎头公司把他的一个核心高管挖走了。后续我们做了了解，发现这家公司被猎头公司挖走的高管跟随董事长多年，随着企业从无到有，一直到企业做到3个亿的时候，他为企业立下了汗马功劳，可以说有一大半的经营业绩都是他拼出来的，但是他的年薪仅有10万多，而且是多年来一直如此的年薪。一个贡献了数千万元利润的高管，拿着一个普通员工的年薪，他内心的痛苦可想而知。可以说这个高管不是被猎头公司挖走的，而是被吝啬的董事长给逼走的，这种高贡献低年薪的现象在很多企业里普遍存在。企业董事长要明白员工与企业就是生意关系，当董事长享有私人飞机和高楼大厦的时候，企业的核心员工又能享受到什么呢？董事长要以史为鉴，要从秦始皇给统一后的秦帝国做的顶层设计上进行深刻思考，秦始皇听从了李斯的建议，没有分封诸侯也没有给有功之臣分封领土，没有从制度和机制上建立真正意义上的秦国长城，那种用土和砖筑起来的秦朝万里长城，只能阻挡住肉体和风沙的进攻，却没法阻挡住英雄人物的梦想和民心民情的激愤。历史证明，唯有修筑在民心深处的忠诚长城，才可以抵挡住一切外敌的入侵。秦朝传到了秦二世，随着陈胜、吴广的喊叫声，秦王朝分崩离析，土崩瓦解。帝国如此，企业亦是如此，利益纠葛与利益分配永远都是人性深处没法考验的脆弱地带。如果董事长没有给人才想要的东西，也别指望从人才那里得到他想要的业绩。写至此，我仿佛听到了周文王从远古传来一句话，他说"财聚人散，人聚财散"，这大概是周文王"周易"六十四卦的精髓所在。周武王实行了封邦建国方略，对功臣进行了大规模的分封，据说周初总共分封了71个诸侯国，封邦建国的目的是对战功卓越者论功行赏，也让他们彼此牵制，互相监督，并且加强对各地的统治，把诸侯国都作为周王朝的坚强屏障，是周武王分封诸侯巩固疆土的原因，也是周王朝800年存续历史的核心保障。

企业董事长要从周武王封邦建国的策略里汲取营养，要对企业的核心人才采取有效的激励措施并予以任用。当然，企业要对内部不同的人才量体裁衣，在其不同的能力阶段予以具体的职务任用。当我们去认真研究一个卓越人才的成长之路，我们会发现这样的一个规律，每一个员工从大学毕业到企业去工作，一般会经历三个成长阶段。

第一个阶段，是解决自身吃饭的问题。刚毕业的大学生到一个陌生的城市里，在陌生的环境里面，他们最基本的要求就是解决自己的温饱问题。对职业人生的发展还处在探索时期，吃饱是唯一要务，对工作也没有过多要求，因为是刚入职的新手，眼高手低，全靠师傅带着学习工作技巧，以及处事处世之道。

第二个阶段，则是希望拿到高薪。随着对环境的适应，对企业里的各种江湖都了然于胸了，自己的能力也得到了优化提高，不仅学到了工作技能，也恶补阅读了大量与职业有关的书籍理论知识，随着知识的积累以及技能的提高，他们对职位和薪酬有了更多的要求，尤其是薪酬要求变得迫切，租房买房、人际交往、孝敬老人和结婚成家费用都成了摆在面前的主要问题，这个时候渴求高薪就成了最期待的事情。

第三个阶段，则是期待价值认可。随着从适应工作转为创新工作，曾经的大学生发展成了公司某些方面的骨干了，在营销方面、在研发方面，或者在经营管理方面，都可以独当一面，成了企业不可或缺的人才。而企业则在不断地发展着，企业的经营规模也在不断地变大，这个时候骨干员工会对企业提出另外的利益要求，那就是他们希望拥有股份和更高的职位，他们想成为企业的真正主人翁，而不是企业仅仅挂在墙上的价值观文字表述，要从更高的意义上实现自我的人生价值，此时的人才已经具备了与企业和社会谈判的能力。企业要么财聚人散，要么财散人聚。所谓的财散就是企业拿出一定比例的股份来，作为激励核心员工的手段。但是股权激励是企业的一种战略行为，所以要审慎地推进。我想起西北一家公司董事长曾征求我的意见，他说一家咨询公司跟他合作，给他的建议是让他拿出20%的股份来激励员工。他问这家咨询公司的负责人，为什么是20%股份呢？对方的回答是向深圳某个著名大集团学习，所以企业也要拿出20%股份的比例数。我认为这样的咨询是不负责任的，一个战略性的股权激励措施需要立足企业实际发展需求来进行长远的规划。当企业决定拿出一定比例的股权来激励，一定是来自对企业前世今生的通盘思考结果，不能像某个行业标杆企业拿出20%股份搞激励，我们也拿出20%股份，而人家是高科技企业，我们却是塑料加工和水泥制造行业，这种拿来主义合适吗？我们甚至可以是25%股份或者更多，但是一定经过审慎经营分析和战略取舍得出结论，而且必须要具备客观可操作性。因此，企业在制定股权激励的时候不能盲目地去模仿，而要结合自己的实际，统筹结合核心员工的实际贡献，制定切实可行的股权激励方案。如果员工的价值诉求企业没法让他满意，企业就是铁打的营盘流水的兵，优秀员工可能会选择离开，到另外的企业去谋生或者开始自己创业。当企业董事长没法给核心人才价值变现的时候，猎头公司的手机铃声总会在恰当的时间响起，求才若渴的"刘备"也会敬意满满地三顾茅庐，顶级人才离开已是迟早的事了。

因此，企业与员工之间根本关系就是生意关系，在没有解决价值利益问题之前，企业不是员工的家，不要去渴望员工会把企业当成家那样对待，因为家是无私付出的，家也是无私关怀的，有些家甚至是可以长期"啃老"的。而企业是功利性的组织，没有利润企业就要关门，所以企业做不到无私关怀，这是一个现实而又根本性的问题。企业老板与员工之间，一定要从根本上思考利益是如何分配的。当然，企业有时会考虑到二八原则，就是说企业首先要考虑给企业贡献最大的那部分员工，贡献卓越成就的那些20%的优秀员工，要妥善地关注好他们的利益，要从目标管理和绩效考核，以及期权或股份那里认真地思考与设计，留住企业该留住的人才。诗云：

一度寒山听夜鸟，霜雪西风阳关桥。

佳音杳杳浮云事，无为肠断酒一瓢。

斯室浅陋檐低矮，引吭悲歌乱挥毫。

谁家良骥困槽枥，悲哉青史说三曹。

2. 董事长是企业最大的打工者

很多人都认为自己是给企业董事长打工，殊不知企业里任何人都可以跳槽离开，唯独企业董事长不能辞职，只能坚持到底，这是民营集团的特殊性，企业的资产所有权在董事长，企业董事长已经被牢牢绑在了民营集团这辆战车上。而国企董事长大多是挂名的，并不是真正的资产所有人，因此我们经常听到某国企董事长任职到期调走了，某国企董事长业绩不佳被免职了，等等。民营企业控股董事长一般不存在调走和免职的概念，除了坚持经营或者被兼并收购，甚至由于经营不善导致破产，没有其他的出路可走。有一次我在给一家民营集团中高层授课时说民营董事长是企业最大的打工者，大家一开始有些惊愕，随即爆发了热烈的掌声。据说后续这家公司的中高层对董事长的认识有了很大的改变，都说是我点出了问题的要害，让员工认识到了董事长的艰辛不易。因此可以说，只要企业有了一个员工，企业董事长就有了社会责任，员工越多董事长的责任越大，几十口、几百口甚至上千口的员工"嗷嗷待哺"，每个员工都对应着一个家庭，上有老下有小，都要吃饭穿衣过日子，这一切都是企业董事长的责任担当，员工们日子过得好坏取决于企业的效益好坏。付出与收获永远是成正比的，当我们感慨生活的艰难不易，感慨别人高楼奔驰宝马的时候，是否想过董事长们的夜以继日的付出？是否想过董事长们苦于经营夜夜辗转反侧没法入睡？是否想过董事长为了融资，在银行门口雨中站立等待银行行长的惨象？所以企业员工要保有一颗平常心，提升自己的技能，优化自己的知识结构，用能力赢得更多的薪酬和职位发展。

当然，董事长虽然是企业最大的打工者，但是董事长要做到在效益分享和股权激励方面有所作为，让企业的中坚力量能够安心辅佐董事长，安心在企业任职发展。我想起范仲淹在《岳阳楼记》里写的精彩文字片段，"居庙堂之高，则忧其民"以及"先天下之忧而忧，后天下之乐而乐"，董事长们要牢记这句千古名言，首先忧的是员工利益，其次乐的是企业利益，唯有与员工同乐，与核心团队共享财富，才可以保有企业的持续昌盛发展。当然，每个艰难的决策都是企业经营苦旅的一个驿站，而董事长永远是企业暗夜里前行的掌灯人。诗云：

> 大者强也，强者力也，
> 散财聚才，势得天下。
> 勤而精进，倦而不止，
> 立志耕耘，琴谱佳音。
> 善哉毅力，追求恒远，
> 德艺馨香，善智久远。

3. 董事长是民营企业员工离职的防火墙

对于大型国有集团企业，一个员工的离职，总体上来说对企业的伤害是不大的，因为国企有长时间人才的积累，具备了足够的后备储备人才队伍。但是对一家民营企业，一个核心员工的离职，有时可能是致命的，因为民营企业发展的历史较短，自身的人才储备不足，以及自身吸引人才的短板瓶颈较多，因此对于民企在培育人才以及留住人才方面，就存在着严重的危机。所以民营企业要想办法留住该留住的人，留住企业经营发展不可或缺的人，留住其岗位较难在社会上找到匹配员工的人。尤其是那些既有能力又有品德的人才，就是我们常说的德才兼备者，更是非常的少，可以说这是最稀缺的人才资源。但是有些民营集团公司，企业的中高层有时会存在着意气用事，有的甚至有一些私心刻意排挤新进的好苗子。无论意气用事还是私心，都会对企业用人的氛围环境造成破坏，而这种破坏性，其中的表现形式就是对下属采取粗暴的批评方法，或极端的领导方式，以及无理取闹和冷嘲热讽地对待下属。下属有时没法接受野蛮的上级领导，而且他发现这不是自己的问题，而是上级刻意而为逼他离职的手段，因为他的综合能力可能会在未来对他的上级构成挑战，久而久之下级忍无可忍就会宣布离职。人才由于这种原因离职，民企董事长可能不知道，但是离职的这个人才对企业来说也许是非常重要的。企业该如何处理这类被迫离职的员工问题呢？这可能是很多国企集团和民营公司面临的问题，也是人力资源的课题。对于民营企业的未来发展出路，公司董事长是最有发言权的，他对公司的资源整合能力以及现有的资源情况，包括企业未来的战略方向和发展方向，也是最了解的。董事长在中高层岗位上人才需求的准确度是高管们所不具备的，因此董事长有时会

"擅自"决定用人的问题，可能会给某些中高层产生一种误解，他们认为董事长是刻意抢了他们的人事管理权。于是在后续的工作中，个别中高层可能会采取一些激进的措施，他们暗地里不配合董事长的用人决定，甚至会用各种方法人为设置障碍，迫使董事长引进的人才或提拔的人才离开，或者让他知难而退。如果遇到这类情况，公司人力资源没有一定的监控机制，董事长也没有足够的关注，就会对企业的人才机制氛围产生巨大的破坏力，企业的中高层甚至员工们都清晰地认识到，只要他的上级对他不满意，即使是董事长亲自提拔的也会被迫离开，因此公司上下就会形成一种讨好上级的工作氛围，这对企业的健康文化是极具破坏力的，甚至是灾难性的。因此，企业需要建立人才管控运营机制，毕竟人才是企业的第一资源，而且是唯一的核心资源，核心人才的去留问题是董事长的首要工程。

因此，企业在人才离职问题上，要建立人才离职防火墙制度，甚至在一定时期内要让董事长亲自参与进来，要让公司上下都知道员工的离职董事长会亲自过问，民企人才离职最后一道防火墙就是企业董事长，使得个别"心怀鬼胎"的中高层心生畏惧，不能明目张胆地迫使优秀人才离职。

那么，这个董事长防火墙怎么构建呢？首先，企业要建立一个人力资源的管控制度，在人才的引进使用到整个人力资源的运营过程中，对人才的各个阶段有一个清晰的目标管控办法，对其工作业绩和建议贡献有一个清晰的工作记录清单。当员工离职的时候，企业工作人员要明确注明离开的真实原因，离职员工本人要在他离职的申请书里注明原因，同时要求其上级也必须如实注明这个员工离职的原因。其次，员工离职的申请书在公司存档，董事长随时可以抽查档案查询，董事长可以亲自做员工离职沟通工作，详细地了解员工的离职原因。知道了每一个员工主动离职的原因，就可以了解到企业的经营管理短板，也是企业引以为戒的瓶颈，因此民企董事长一定程度的参与，对使用人才具有积极的推动作用。

把好员工主动离职最后一关，对一些核心人才，除非是其能力不胜任，或者是道德品质败坏，否则要尽可能地把他留住，找到离职真实的原因，解决他的困惑，解决他与上级之间的矛盾。否则任由员工轻易地离职，那对整个企业是巨大的伤害。当公司的中高层都知道人才的主动离开，董事长会亲自挽留或者亲自过问，那这个防火墙就真正起到了作用，这个作用不仅仅是让离职员工内心有归属感，更关键的是将会迫使公司个别中高层的领导有所收敛，甚至会使那些想排挤杰出员工的个别领导心存畏惧，从而不敢行使罪恶的策略和权力，甚至不敢动用他们内心深处自私的想法。离职员工的防火墙制度就是民企那把悬空的道德宝剑，而不仅仅是董事长的威严。

实施董事长离职人才防火墙制度，对一家民营企业也是一种无奈的办法，企业的发展最终要用制度来管控，用制度模式约束个别自私自利的领导，就是说要用制度把道德野蛮人的权力和自私关进笼子里，让每一个领导者在发挥职责职能的时候，要清楚自己内心深处的责权利，要明确地把企业的利益放在最高处，放下自私的那个小我，真正做一个有大局意识，能为企业留人用人和引进人才的优秀领导者，甚至要向春秋战国时代的鲍叔牙学习荐才智慧，为齐国"董事长"齐桓公推荐了管仲。

我经常提醒合作伙伴企业负责人，我说《水浒传》里那些梁山好汉基本都是被迫离职的，他们的离职充分显示了宋朝末期帝王的无能和吏治的贪欲腐败，尤其是奸臣当道贤才远遁，终于给了金国良机掳走了徽宗、钦宗两位皇帝，最终风波亭陷害忠臣岳飞，宋朝历史黯然落幕。治国与治理企业大同小异，人才制胜最为关键。留住杰出的人才，为企业留下冬天的火种。得人才，兴企业，建机制，用人才。诗云：

江山社稷等闲观，谁人霸主谁人仙。

千里嘶嘶卧槽底，良臣捧出好河山。

4. 总经理要像刘备一样的求贤若渴

历史上那些胸怀坦荡，一心为国，放下一己私利的圣贤人物，他们都为各自的帝国和君王不惜一切代价收揽人才，并且举荐人才为君王所用。春秋战国时的鲍叔牙，向齐桓公举荐了他的好友管仲代替他成为齐国的宰相，管仲因此帮助齐桓公成就了春秋首霸事业；汉朝萧何月下追韩信的典故脍炙人口，萧何把一个满腹经纶的军事奇才韩信给追了回来，并且给刘邦郑重推荐了韩信，刘邦登台拜将重用韩信，因此打败了强大的项羽，成就了汉家江山。鲍叔牙和萧何这两个历史人物的胸怀是难能可贵的，他们把帝王的渴望着急变成了自己的渴望和着急，他们把帝王对人才的需求变成了自己的需求。他们不仅帮助各自的君王成就了不世伟业，他们自己也成了留名青史令后世学习的标杆人物。还有古代帝王求贤的故事，刘备三顾茅庐求见诸葛亮的故事，更是千古传奇；三国时的曹操为了得到徐庶，派兵把徐庶的母亲绑

47

架了作为人质来威胁徐庶，逼迫徐庶离开刘备投降他，于是留下了"人在曹营心在汉"的千古金句；南北朝时期的前秦帝王苻坚为了得到佛教高僧鸠摩罗什，派兵万里远征打败了西域龟兹国，把鸠摩罗什抢了过来，以期通过推行佛法来教化民众，从而巩固自己的江山；等等。所有的历史经典无不是围绕着人才开展的，每个朝代的鼎盛时期，都涌现出了大量的人才为朝廷服务，甚至是西方的文艺复兴时代，也因为众多人才的出现而让西方的文化得以灿烂而优美。所有历史典故都充分地表明了，帝王们对人才的渴求与重视，得人才者得天下，失人才者必亡国。

　　品格完美的总经理或者高管都会为董事长去寻访人才，而个别公司的总经理和高管往往成为致使人才辞职的负面案例，甚至成了某些人才出走的一个关键原因，大概就是所谓的一山难容二虎。有些公司的杰出人才离职不是因为董事长不好，而是因为中高层的排挤，于是乎只能远走江湖去开辟新的战场。所以，我有时在给企业的中高层授课时，会提醒并且告诫他们要为企业留下人才，否则就可能是企业的罪人，古代的商鞅和伍子胥就是很好的例证，这两个奇才的出走，不仅强大了敌国的势力，同时也给本国带来了无穷的灾难。企业的人才出走有的会带着一肚子的委屈和怨气，往往会把对排挤他出走的某个高管的怨恨，发泄在企业身上，有时会顺手牵羊带走企业的核心技术和策略，也会带走企业的核心团队，甚至会挖走企业的关键经销商，等等，这一切都会给企业带来巨大的伤害。所以，企业总经理和中高层的胸怀是非常重要的，要像董事长一样的求贤若渴，并且爱护人才，保护人才。因此，有时候猎头公司在为集团公司寻找副总裁的时候，往往不让总裁先来面试，而是先让董事长见一次。我的猎头公司朋友给我讲过这样的事，他在帮南方一家公司寻找运营副总裁，有个候选人的知识面和技能都非常的资深，在战略、营销和人力资源甚至是资本领域，都有着非常丰富的成功经验，属于一个知识能力复合型的高级人才，董事长见过后对这个人才非常满意，但是参与面试的公司人力资源副总裁提出了异议，他找了一些理由认为这个人不能胜任，公司最终没有录用这个人才。但是我的朋友告诉我，后来董事长对公司的人事副总裁因此产生了怀疑，因为公司以前也有过这样的事情，那就是只要懂人力资源的，懂战略的高级人才来应聘高级职务，人事副总裁都会把他挡在门外边，于是董事长就告诉我的朋友，他说他对人事副总裁的职业品质产生了怀疑。我听了以后感慨万千，一个公司的人力资源最高领导，不具备开阔的胸怀，而是担心别人进来会把自己挤下去，那他就不是一个称职的人力资源领导，他反而成了挡在人才门口的一道上了锁的铁门，真正的人才没法通过他进入公司。后来听说，那家公司的董事长让这位人事副总裁离职了。

顶级人才一定要配上顶级的胸怀，否则就如同战国时庞涓对待孙膑那样成了千古耻辱，让后人唾弃不齿。若要人不知，除非己莫为，企业的中层和高层在企业里排挤人才，公司董事长和所有人都会默默地记下一笔账，终有一天会被惩罚，此所谓善恶因果相报吧。企业的总经理和中高层领导唯有像董事长一样的求贤若渴，把企业的事情当作自家的事情，才能保有未来。当然，我们不能仅仅从人性的角度，对总裁和企业的高管提出如此高的要求，企业需要打造一个人才引进和留用机制。人非圣贤，孰能无过？如果企业希望总经理像刘备一样求贤若渴，那么董事长就要像刘备一样，正所谓项羽留不住韩信，齐桓公敬重鲍叔牙。诗云：

> 贪者自有贪者忧，求财求权求美酒。
>
> 欲壑无底极限日，幽幽怨怨总残休。
>
> 言辞精美饰皮囊，不若善智福报收。
>
> 暗室无私心灯照，鞠躬尽瘁写春秋。

5. 董事长外部智囊

有些知名集团董事长经常会聘请外部智囊，因为外部智囊具备独立于企业的外部思维，能够帮助董事长接触到外部新鲜的行业知识。外部智囊们脱离于企业内部体制，独立于企业的内部利益争夺，类似于古代帝王的"布衣宰相"一样，阅历丰富，博学多才，正直坦率，一身布衣不穿朝服，自由行走于宫廷内外，却行使着宰相的职责，服务对象只是帝王和帝王的天下江山。"布衣宰相"时刻起着帝王的眼睛和耳朵的功效，眼看内部的纷繁世界，耳听外部的繁杂声音，能从内部复杂的争斗里看到端倪，也能从外部复杂的环境中理出头绪，而更多的则是帝王的外部智慧大脑，辅佐帝王制定国家经营韬略。

董事长的外部智囊也是如此，外部智囊只对董事长负责，对董事长的企业未来负责，外部智囊与董事长是亦师亦友，不受限于董事长的权威，而且是要敢于用专业知识技能挑战董事长的某些权威，类似于董事长授权的反对派一样，有时更像唐太宗李世民的魏徵那样，能够站在各种利益力量的外边，静观其内在的问题和矛盾，提出建设性解决问题的方案。外部智囊专家的知识经验来自外部广阔的世界，每每行走于企业一线作战市场，深入竞争对手的根据地市场，或专注于某个行业的前沿知识，所掌握的信息广度和深度是企业内部人所不具备的。相对于外部的广阔空间，企业自身则是一个封闭的环境，董事长的知识边界受限于产业生态系统的局限性，因此企业的触角要走出去，关键就是董事长及其接班人的思维要走出去，只有思维走出去了，视野格局才能提高，否则很容易把自己禁闭起来，变成一只坐井观天的井蛙。董事长和接班人的视野胸怀决定了企业能走多久和能走多远，以及能用什么样的人才和制定什么样的战略。

俗语说，一个好汉三个帮，一个篱笆三个桩。古代的帝王寻找道德智慧顶级的人才为"布衣宰相"，今天一些集团企业董事长也会聘请行业专家做自己的外部智囊，随时为他提供各种智慧支持以及各种信息。

所以，结合企业的现在和未来的需求，有必要为董事长打造一个外部智囊团，选择智慧和资源都具备的资深专家，弥补董事长的知识和信息不足，建设成为企业发展的一个外部智慧源泉。外部智囊团不仅能够促进董事长决策方面的科学性和正确性，同时也可以修正董事长的一些错误投资战略和发展观。这些遍布各个行业的顶级专家不仅能给集团企业带来智慧资源，还可以为企业提供广阔的社会人脉资源，为企业的发展搭建了便利的桥梁和高速路。尤为关键的是当董事长面临着一个新环境、新的投资机会以及新机遇的时候，外部智囊团可以为董事长进行分析并制定策略，确保投资的科学可靠。

有的集团企业会聘请外部智囊成为接班人导师，拓宽接班人的知识和视野，帮助集团未来接班人增加预见未来的能力、管理危机的能力、经营企业的能力等等。很多集团家族接班人在青少年时期得到了父母亲的溺爱，不了解外部的风雨，没有经历过人世的苦难，甚至体会不到赚钱的艰难，也不了解大学毕业后择业和就业的不容易。我个人的切身感触是，接班人导师不好当，如同园林里边的园艺师去修剪一棵已经长高的树，并且要把它矫正过来，需要用各种工具和技术方法，而一个青少年的价值观一旦形成了，要想去改善或者改变他，其难度可想而知。

古代圣贤帝王对其后代的谆谆教诲，读来令人感动并感慨万千。《帝范》是唐太宗李世民写给太子李治的教科书，内容饱含父爱，谆谆教诲，唐太宗在《帝范·君体篇》里告诉太子李治作为君王要具备的品格，他说："人主之体如山岳焉，高峻而不动；如日月焉，贞明而普照；兆庶之所瞻仰，天下之所归往。宽大其志，足以兼包；平正其心，足以制断。作威德无以制远，非慈厚无以怀人。抚九族以仁，接大臣以礼。奉先思孝，处位思恭，倾己勤劳，以行德义。此乃君之体也。"①这篇文章虽然篇幅短小，但是却流露出一个帝王父亲对太子的无限担忧。他告诫太子没有慈爱之心就无法让民众有被安抚的感觉，对待大臣们一定要注意礼节礼仪。而且作为君王务必要管住自己的私欲，否则臣子们就会向君王的坏习惯学习，从而伤害到天下的普通老百姓，最终会危害到国家政权的危亡。唐太宗深知业精于勤荒于嬉的道理，他用短短的数语告诉太子李治为君之道的核心内容。

企业董事长对于家族接班人的要求又何尝不是如此，打天下难守天下更难，一个集团企业如同微型版的国家一样，员工、市场、产品、制度以及机制等等一系列的企业经营内容，无不面临着见多识广的顾客选择和挑剔非难，如林一般的竞争对手环立四侧，董事长与接班人的一举一动都可能成为竞争对手攻击的把柄，也可能成为企业人心崩溃的源头。经营企业很难，打造企业的利润区市场更难。打造利润区市场是一个系统的工程，关键要打造好利润区统帅的必备技能，两军对阵胜利的关键在于作战统帅。同时企业无论是内部还是外部，都要有相对应的制度与机制相匹配，尤其是董事长和接班人要以身作则，亲自到市场一线去督战和作战。经营企业是一个无法停止的工作，如同行走在一条无法回头的路上。

历代王朝兴盛与败落，往往对今天的企业经营者带来更多的震撼和教训启发，而生长于父母溺爱怀抱里的企业接班人，往往在接班过程中存在着无数的变数和风险，企业总是面对着众多的不确定性。因此接班人唯有付出比父辈更加努力的意志品质，兢兢业业，如履薄冰，如同唐太宗告诫太子李治那样，要对朝廷里臣子们礼貌有加，虚心向他们求教问题，还要用更多的时间去走到市场一线，去体验一线战场作战的轰轰炮声。历史在前进，朝代在不断更迭，如同企业的兴衰一样，企业接班人要从朝代更迭的脉络去寻找失

---

① （唐）李世民，（清）爱新觉罗·玄烨，《帝范·庭训格言》，安徽师范大学出版社2016年版，第17页。

败的原因，作为自己经营企业的格言教条。时刻牢记顾客的选择，要拿出足够的诚意来与企业有功之臣一起分享财富的喜悦，要牢记得人才者得天下，得顾客者始能永恒，诗云：

治企如修行，片刻不能停。

谆谆诫儿孙，父辈辛苦人。

第二章
流程是利润的公路

　　市场经济最大的特点就是不确定性，不确定性包括政府政策的不确定性，顾客需求的不确定性，竞争对手攻击策略的不确定性，产业环境的不确定性，以及合作伙伴要求交付条件的不确定性，等等。一系列的不确定性构成了企业生存发展的风险。因为诸多不确定性因素的干扰，太多的外部力量和内部力量的干涉，都会使得一个固定的区域市场充满了各种变数、风险。每个企业在变数众多的市场区域里争斗着、挣扎着，攻击与被攻击着，企业的活动都是在不确定性这样一个大环境下开展的，谁都没法预测明天会怎样，更不要说未来的三年或者五年了。企业需要在各个方面提升自己的能力，以应对内外部的不确定性，要建立高效有力的应对措施。企业要从内部的各个方面，建立和塑造企业机体的健康模式，设计和建设企业的流程，让流程来保障企业的利润。我了解到远程客运飞机一般会有两个发动机，一个是正常工作的，一个是作为突发事件而专门准备的，用来防备其中一个发动机出了故障而没法运转，飞机仍然要确保安全健康地飞行，类似于汽车的备胎一样，总是在汽车储物箱里放着，以备不时之需。我也发现企业的机体如果要健康持续地发展，就需要确保企业机体关键组件健康，企业需要具备若干个发动机，才能确保当任何一个发动机停摆或出现问题的时候，其他发动机仍然在健康高效地运转着，确保企业生命机体的生存活力。企业在不同的发展阶段，它的市场牵引力和发动机是不一样的，每个阶段都有不同的产品能力和机制能力。而企业的领导者们需要在不同的时间段，对企业的各个机制模式进行必要的能力诊断，从而找到存在问题的流程管理模块，进行及时的诊断治疗。因此，企业的董事会班子和高管团队，要成立跨部门的流程诊断委员会，营销策略诊断委员会等。流程诊断委员会成员要由具有一线作战背景的资深专家组成，定期不定期地对企业所面临的不确定性进行全方位的分析会诊，要为企业设计一个对付不确定性的流程保障平台，或者是资源共享的流程。历史经验证明，无论是国家或者是企业，最终能存活下来的组织都能够对不确定性有效地预测和掌控，把不确定性所带来的危害降到最低，甚至有预见性地对不确定性进行管控干涉，使其变成可操作的一个战略机遇。无论怎么样，增强企业自身的生命机体活力还是最重要的，确保企业机体的流程能够健康运转。无论企业的岗位，还是目标管理的流程，乃至组织架构的设计，以及销售计划的管理等，都属于企业流程的范畴。所以，企业要设计并且打造好流程，让健康的流程给企业带来更多的利润，流程就是企业利润的高速公路。

一、核心价值观是企业的信仰

俗语说得好，国有国法，家有家规，在过去的大户人家里，他们往往长久坚持着一个家族信条，这个信条是家族每一个成员不可逾越的行为底线和原则。我们往往能看到一个家族里边的人中规中矩，他们在仁义礼智信方面有着明显的家族个性标记，这就是他们家族的价值文化。同样地，对于一个企业来说，企业也有自己的文化信仰，我们称之为企业的核心价值观。

那么，什么是企业的核心价值观？一般来说企业的核心价值观就是指企业在经营过程中能够持续坚持，全体员工都认可并执行的价值原则信条，是企业表明如何生存的价值主张，也是企业以及企业人如何与内外部世界相处的一个道德原则。核心价值观是企业哲学的重要组成部分，它是解决企业在发展中如何处理内外部矛盾的一系列准则。如企业对市场、对顾客、对员工、对待其他利益攸关方的看法或态度，以及企业因此而设定的制度和机制模式。企业的核心价值观植根于企业内部，深深地扎根于员工的内心深处，不受时空限制地引领着企业进行各种经营活动，约束企业不向非法的财务效益和短期的经营目标妥协，促使企业做一个品质恒定的长期主义者。

1. 价值观是企业的灵魂

企业的价值观是企业目标的先驱，是促使员工向统一目标前进的行动方向。价值观对企业及员工的行为起到导向和规范作用，使得企业员工在具体问题上达成共识。企业要获得发展，在于企业战略的正确性与有效执行，而在企业战略实施的每一个阶段，包括战略方案的制定、战略的评价与选择、战略实施与控制等，企业价值观对战略管理的影响力是全面的，在战略实施的每个阶段都能看到价值观的正能量在起着积极作用。企业人坚守的价值观是企业的灵魂，企业价值观所产生的强大凝聚力，感召着、激励着员工尽情释放自身潜能，企业也因此展现了蓬勃的活力，这种活力又形成了企业的合力，企业的合力越强，所积聚的能量也就越强。我们发现强大的企业都有着卓越的运营模式，企业产品满足了时代的需求，企业核心价值观都能紧紧围绕着顾客和社会的价值诉求来设计。下面我们看一下海尔集团和华为集团的核心价值观。

海尔集团的核心价值观：是非观是以用户为是，以自己为非；发展观是创业精神和创新精神；利益观是人单合一双赢。

华为集团的核心价值观重点：以客户为中心，以奋斗者为本；华为强调以人为本、尊重个性、集体奋斗、视人才为公司最大财富而不迁就人才；在顾客、员工与合作者之间结成利益共同体。

通过对海尔集团和华为集团的核心价值观的研究，我们发现无论是海尔的人单合一的运营模式，还是华为集团号召的向总部呼唤炮火的一线作战精神，两家集团都发自内心地重视着顾客的需求以及对员工贡献才华和收获利益的满足。海尔和华为不仅仅将价值观以文字形式告知所有的员工，同时也通过实践价值观理念来兑现诺言，员工们从践行核心价值观获得了奉献的收益，企业则通过坚持价值观而得以持续盈利发展。这种顾客、员工和企业三方利益的和谐统一，点对点、端到端完美的产品闭环运营，就是企业持续发展的价值观保证。然而，有的企业则将核心价值观挂在墙上，并没有深入到员工的内心深处，也没有在经营过程中让价值观的力量落地开花，员工将企业的核心价值观当作一种口号，当作一种画饼充饥式的宣传文字，这种价值观虽然高高悬挂在墙上，还不如没有的好，并未发挥其真正的作用。因此，企业的核心价值观实质就是企业对其员工、对外部的社会，以及利益攸关方的一种郑重的承诺。我们同样也发现，企业要激发个体潜能，良好的企业文化是必不可少的，而价值观在打造和谐团队、激发团队效能、促进信息良性沟通方面是尤为重要的。只有在价值观统领下的思想意识的统一，企业内部才能形成融洽、共生的人际关系和工作氛围，才能忧患与共，形成和谐有竞争力的团队。价值观是企业的灵魂不在于口头上的宣传，也不是把它高高地悬挂在墙上，而是要用制度和机制让它深深地扎根于员工的内心深处，董事长与总裁的身体力行至为关键，企业核心价值观最重要的就是落地实践。

2. 做企业就是修行

价值观是企业的灵魂，价值观的关键在于持续坚持，尤其是企业董事长和总裁的榜样行为非常重要。实质上，无论是个人、企业还是国家，放弃了价值观意味着背叛和死亡。明朝晚期中兴宰相张居正作为10岁登基的万历皇帝的老师，他专门编著了《帝鉴图说》这本书给万历皇帝看，在书里用尧舜禹等古代君王的修德治国故事来喻戒万历皇帝，可谓用心良苦。他告诉万历皇帝，帝尧用"谏鼓谤木"以求天下臣民真言，助自己治国，帮自己改过自新；帝舜以至孝感化父母，美德播四海，垂拱无为而治天下；大禹帝执政时效仿尧帝"揭器求言"闻道克己。有一次大禹巡行路上遇到了一个罪人，他了解了罪人犯罪的情况后伤痛垂泣道："尧舜为君时百姓皆以尧舜之心为心；我为君时百姓各以其心为心，是以痛之。"意思是说当百姓以尧舜之心作为自己心的时候，百姓都做好事没有犯人；而到了大禹治理天下的时候，却发现有犯人了，说明有些百姓用自己的私心来做自己的事了，并且因为私心而触犯了刑律。大禹把这个罪人归责到自己品德感化力不足，因此更加强化了自己的品德修行。尧舜禹以德治国，就是坚持了个人至高无上的道德价值观，以身作则来教化百姓。企业董事长用价值观来影响员工并且治理企业的时候，可以从尧舜禹修身养德治天下的方略里，借鉴到他们治国的策略真谛，从而用来治理企业。因此，当员工以董事长之心来经营企业的时候，企业为员工设计的激励机制模式是有吸引力的；当员工以个人私心关注企业的时候，说明企业的顶层机制设计存在着问题，甚至企业的价值观已经荡然无存了。

做企业就是董事长的修行，也是企业高管层在修行，而且董事长的修行往往起着至关重要的核心作用。无论是国企还是民企，董事长在价值观的亲身践行上至关重要，董事长和高管们的言行无不对价值观的践行起着灯塔作用，员工们会用双眼盯着董事长和高管们的言谈举止加以效仿。我也经常提醒一些当董事长的朋友，我说企业的发展成效是显而易见的，但是企业未来的危机也是显而易见的。董事长要深刻地思考，并且扪心自问，企业应该建立怎样的机制模式，才能让员工"以董事长之心来思考企业未来"？唐太宗用古代的历史和魏徵做镜子，来规范自己的德行。企业董事长的"镜子"在哪里？企业里谁又是董事长的镜子？没有镜子的董事长能带领企业走多远？那些在工作中言出必践的企业董事长往往赢得了社会和员工的尊重。宁夏宝丰能源集团董事长党彦宝先生在2011年成立燕宝慈善基金时，给燕宝慈善基金定下了宗旨，那就是"善心善行、善款善用、善始善终"，在随后的10年里燕宝慈善基金持续聚焦教育助学，截至2021年累计资助了25.67万名青年学子，捐资总额达到25.83亿元，其中，已有14.4万名受资助学生走上工作岗位，成为家庭的经济支柱和社会人才。宁夏宝丰能源集团是一家民营化工企业，一家民企董事长用实际行动实践着成立基金时的承诺，帮助了数十万贫困学子上学，尤其在经济欠发达的宁夏地区来说，这无疑是一种善心善行。我听说很多被燕宝基金资助过的大学生毕业后申请进入宝丰能源集团工作，我想他们不仅仅是去报恩，更多的是对企业和董事长的信任。

做企业就是修行，如同僧侣修行那样托钵行走化缘，行走在世间传法授道并以谦卑的心向世间乞食；董事长做企业也是另外一种"托钵行走"，秉持敬慎的人格、高效的流程、高质量的产品，执着行走世间去售卖他的产品，以期得到顾客和合作伙伴的认可。企业这种修行需要长期坚持，做企业没有回头路，如同大海里一叶小舟，有时顺风，有时逆风，唯有时刻奋力划桨掌舵，才能到达目标的彼岸。而千百年来有多少伟大的企业曾经辉煌一时，却也被历史的车轮抛进滚滚烟尘中了。我们能从其没落的痕迹里寻找到两个原因，其一是没有跟得上时代的进步，其二则是价值观的沉沦与修行的放弃。

万物皆有知，企业如同世间万物一般都在修行。尘世间众生都是来自空无，凡人在这尘世中闻鸡鸣而起，日落而息，孜孜以求去追逐"有"，这是凡人的境界和梦想；而佛门弟子，则是在佛歌颂唱中木鱼钟鼓，焚香修行，孜孜所求的则是"空无"。无论是尘世中的凡夫，还是修行中的僧侣，乃至修行中的企业，众生最终的结局都是从空无来，又回到空无中去，这也是所有企业的终极宿命。修行的企业唯有将战略梦想融入顾客需求的梦里，让其二者合而为一方能有所成就，同时要让企业的心与员工的心归为一心，实现员工的价值，为社会提供真善美和高质量的产品，企业的修行才能达到心仪的境界。诗云：

> 负重迷雾坎坷行，
> 治企治国治己身。
> 放下始觉迷途远，
> 顿悟方知一身轻。

3. 历代成功的王朝都有好的治国理念

翻开历史，我们发现历代王朝几乎都是依靠武力打下来的，但是没有一个王朝能够凭借武力得以延续至今。当政者如果想要长期统治他的国家，或者统治这个世界，就必须将武力换成为民众服务的能力，将自己的贪婪欲望锁进铁笼里，否则统治者即使为了维护统治耗尽了心力，也没有办法来设计和巩固王朝的未来。因此，每一个新创立的王朝都借鉴了前代王朝衰亡的原因，他们都会用严密的监察制度来管理和约束官吏。历代王朝建国之初都有一个国家价值观，这个价值观对社会的贡献，对国家的长治久安起的作用是任何武力所没法比的。西周成王姬诵提出"皇天无亲，惟德是辅"的思想，就是说上天对人不分亲近远疏，只帮助那些有德行的人。周成王告诫自己要励精图治，并且全力支持叔父周公旦治理国家，从而为西周王朝的800年基业打下了坚实的基础；西汉时期汉武帝是一位具有雄才大略的皇帝，他提出了治国要"明教化"，就是要注重民众思想上的统一，汉武帝因此采取了董仲舒的"罢黜百家，独尊儒术"的策略，把儒家的思想放在了最高的位置，用儒家文化治国，用儒家的价值观来约束各个层级的官吏和百姓，取得了良好的治理国家的结果。每个王朝精英政治家们都追求政权永续的终极目标，如同今天企业家们所祈祷的百年企业永续梦想一样，但是在践行过程中更多的则是力不从心。唐太宗李世民在贞观初指出："为君之道，必须先从百姓，若损百姓以奉其身，犹割股以啖腹，腹饱而身毙；若安天下，必须先正其身，未有身正而影曲，上理而下乱者。"唐太宗因此创造了为后世传颂的贞观之治。历史车轮得以滚滚前进并且延续至今，主要靠的就是中华民众和精英们所信奉的道德价值观，在历史的长河里不断地滋润着民众的精神世界，也在不断地约束着各行业精英和帝国的统治者们。每逢乱世，《易经》《道德经》《金刚经》和《论语》往往从历史的乱局中适时走出来，治国的精英们会借鉴儒释道三家的价值观来安抚民众们那些躁动的内心。我们发现当施行仁政的智慧帝王放弃了强权和武力镇压，尊重国家民众们所信奉的价值观时，这个国家则会风波不起长治久安。智慧的企业家们每每精读历史，在历史的精华中去寻找百年企业的智慧钥匙，难免会扼腕叹息，而心中升起的希望寄托便是企业价值观，企业王国里无为而治的机制模式正在贡献着效益正能量。

古代圣贤君王们的治国理念如大海里的暗夜灯塔，守卫并照亮着民众夜行的心，让他们在前进的过程中不至于迷失了初心。也给了今天企业家们一些理念启示，让他们在塑造员工行为的过程中，倡导企业的精神理念，让员工得以在没有制度的环境下能够慎独，并且坚守着自己的良知，这大概就是价值观能量对暗夜诱惑的控制力了。

王朝的前期成就来自创始君臣们共同的信仰，当创始君主所建立的治国理念，在其后代的各种挥霍中都已经消耗殆尽，他们已经忘了前朝衰亡的原因，把民众当作一种弱者去剥削压迫，于是历史力量就将这一页的王朝翻转成了另外一个王朝，新的王朝又开始了践行新的治国理念。王朝的持续盛世发展需要持续性的文化保障，而文化的核心就是王朝的价值观。但是，随着王朝的不断延续继承，创始君主如履薄冰般留下来的治国理念文化被不断地稀释，甚至会被其后代接班人束之高阁而任其蒙尘，以至于王朝末代的官僚们已经没法感受到建国初期传承的文化气息。可以说王朝的衰败始于核心价值观文化被后世君臣们抛弃或者篡改，到了王朝衰败的晚期，即使遇到了一位觉醒的君王也往往是独木难支，就像明朝的崇祯皇帝一样纵想有所作为，也难以支撑其整个腐朽的明王朝帝国大厦。

4. 企业价值观与员工价值观统一

古代帝国的权利传承和企业的传承如出一辙，都是从创业发展到达盛世辉煌，再到逐步衰亡的过程。我们总是能够从事物鼎盛时期看到强大的价值观文化力量，每一个企业员工都为了企业价值观而着迷，都遵循价值观去贡献自己的智慧才华。价值观所倡导的品德干净和与人为善的精神，以及能者上庸者下的人才发展格言与激励措施，无不鼓励着每一个企业人踊跃前进，奋勇拼搏。企业核心价值观是每个人内心深处的一盏灯，无论白天黑夜它都存放在员工内心深处，照耀着并且清洁着员工的灵魂。价值观督促人们能够秉持一种自我觉醒，自我管理的能力，同时能在夜深人静时做到慎独，员工的慎独精神是企业也是社会宝贵的道德财富。那些能够做到慎独自律的人，他的身体内有一个自我约束的灵魂，能够用责任和良知来约束自己，会一如既往地为企业创新奋斗。我有时会建议合作企业的董事长要认真寻找企业里具有慎独精神的员工，要好好地培养他们，他们是企业的未来之星，是可以委以重任的统帅人选。

我发现对于企业而言，只有当企业内绝大部分员工的个人价值观趋同时，整个企业的价值观氛围才可能真正形成，企业提炼的价值观与员工个人价值观应是和谐统一的，不能背道而驰，否则企业是没有向心力的。核心价值观可谓企业的精神发动机，是深深扎根于员工内心深处的道德自控原动力，是员工头顶那个无须看到的三尺神明。因此，企业的成功来自员工共同的信仰，这就是企业的核心价值观。核心价值观可以让员工有所敬畏，可以让一个人变得专注，也可以让组织和企业能够专注做事，因为专注所以成为专家，因为专家所以成就了伟大的产品！

企业要树立一个核心价值观，其重要性如同一个家族的健康基因一样，企业员工以核心价值观为底线去工作。然而很多的企业是没有核心价值观的。有一次在帮合作企业梳理核心价值观的时候，合作企业董事长说不太好总结提炼，我说可以考虑核心价值观是"为客户价值追求卓越"，也就是说客户是企业存在与发展的动力。同时，企业在制定年度战略目标的时候，要充分考虑企业核心员工们的个人发展目标，企业要考虑把员工的个人奋斗目标与企业的年度目标有效地结合起来。离开了核心员工的奋斗目标，企业的战略目标就是空洞的，实施战略是缺乏长久根基的，这是很多企业在实施目标管理时缺乏文化底蕴的一个原因。企业可以将核心价值观设计为员工的年度行为目标，作为绩效考核指标用来引导员工们的行为，与年薪和职业发展挂钩。企业经常会遇到这样的问题，那就是下班后，或者当员工出差期间突然遇到一个业务机遇，来不及请示，需要当场做出决定的话怎么办？我给一家集团公司负责人提出这样一个建议，我说当遇到这种急事需要急办的时候，我们可以给员工事先设定一个规则指引，那就是新业务在首先不违反法律和社会道德，对公司有利的前提下，没法请示上级的时候，自己可以做决定。

企业可以用价值观塑造员工的自觉行为，形成传说中的"无为而治"的局面，大大降低管理成本。企业价值观所形成的文化是习以为常的，是自我约束的。也就是说，当价值观文化一旦形成，员工的许多行为不需要思考就知道该如何去做，而且每个人都视为当然，不会感觉到奇怪。核心价值观是企业的精神发动机，价值观文化引导员工去做那些符合公司价值的行为，哪怕艰难险阻也要努力去克服完成；反之，对不符合企业价值观的言行，则会自动发挥一种软约束的力量，为企业提供免疫正能量。

二、岗位是企业的核心资产

人体是由细胞构成的，细胞质量的好坏决定了人体生命质量的好坏，也决定了人的寿命。企业是由岗位构成的，岗位是构成企业机体的细胞，岗位也是企业关键的流程要素，所以企业经营者要确保企业的岗位健康，同时要对岗位进行战略性思考设计，并认真地去经营它，要把岗位作为企业的核心资源。

1. 岗位是企业的核心资产

企业有两大关键资源，就是产品和岗位。产品是企业战略落地的载体，是企业生命的源泉，是企业最基本的必要资源，产品的成功是企业所有资源为之奋斗和努力的方向；而岗位资源则是解决产品实现价值的战略保障，离开了岗位资源的支持，产品资源的战略属性就没法落地。

所以，企业的岗位是人才施展才华的舞台，如果刘备让诸葛亮分管养猪种菜的工作，那么他就没有机会帮助刘备成就三分鼎立的天下。所以要给人才设计一个合适的岗位，或者要给企业核心的岗位去寻找合适的人才，做到人岗匹配，人才才能发挥最大的智慧才华，贡献最大的价值。因此，企业的人力资源部门，以及企业的经营管理者们，首先要对企业部门的岗位以顾客需求为出发点来设计，才能使得岗位与战场需求相匹配，并且使得企业的其他资源得到有效的配置。企业要设计并且盘活每一个岗位，而且要把每个岗位作为最小的战略单位来经营，每个岗位都要有战略目标、战略预算和作战指标要求，企业的所有岗位构成了后勤保障和作战攻击力量。

古代帝王在平衡安排朝廷岗位的时候，会考虑到不同利益集团的岗位诉求问题，而朝廷内外的一些核心岗位往往会成为利益集团争夺的焦点，软弱的帝王很难平衡好利益集团的诉求，导致了国家各个势力去争夺核心权力岗位，造成了整个帝国的灾难。来自朝廷内外的利益集团在核心岗位的争夺上，彼此会给对方设置障碍和壁垒，甚至会引发一系列的宫廷流血冲突。现在有些集团公司的主要岗位在集团内部存在着某些争夺，私欲较重的分管领导会努力争取自己的地盘，形成自己的力量便于结党营私，最后导致企业出现资源损失和企业亏损。因此企业有时也存在着吏治腐败和结党营私的问题，如同古代帝国的吏治腐败一样，都是家国天下的"蛀虫"。企业要在机制和制度方面对内部"吏治"问题建立防火墙，如同一盏探照灯一样，时刻照亮着那些违法乱纪的员工。企业要做的就是经营好资源和内部利益，设计好企业利益机制的分配，要从企业顶层战略出发来设计并且经营好岗位。

岗位是企业的核心资产和关键资源，所以在研究企业的时候，可以从企业的岗位入手。企业战略实施也是基于对岗位深刻的理解和精准的定位，要给岗位赋责赋能。岗位是企业最小的组成部分，岗位又是企业最直接的战斗单位，每个岗位都应该直接面对前线战场。所以，企业如果把岗位的设计和经营，以及岗位职责内容设计全都交给一个人力资源经理来负责，那就是大错特错了。每个岗位在企业内部不是一座孤岛，在它的上下左右前后都有关联的岗位和资源，岗位的定位就是解决企业的利润问题，以及实现企业对社会的价值承诺。当我们对一个岗位职责进行分析的时候，如果发现它与生产利润和社会价值没有任何关联的话，那么就要分析设计这个岗位的动机究竟是什么。因此，企业由于顶层战略需要而进行岗位规划设计的时候，需要由一个跨部门小组来设计，这个跨部门的小组负责人需要是一个具备财务、战略、营销和人力资源复合型知识的人，尤其要具备一线战场作战的丰富成功经历。我一般建议由常务副总裁来负责，企业的常务副总裁往往是一个具备复合型知识的人才。而把设计企业岗位工作任务交给一个仅仅懂得人力资源六大模块的人，显然是错误的。

我经常提醒企业的合作伙伴，要明白成也岗位，败也岗位。企业岗位不能仿照其他企业的组织模式生搬硬套，一定要量身定制，传统金字塔式的组织架构层级虽然众多，但是最终做事的还是具体到岗位而不是部门。所以企业核心岗位上人才的选择和任用机制至关重要，因为它直接关乎企业对内能否盘活资源，对外作战能否取得胜利。因此，企业董事会要把经营岗位上升到企业战略的高度，由企业副总裁以上层级的领导来负责。

企业要根据自己的整体战略来聚焦利润区市场，并对利润区市场所需要的岗位进行规划设计，可以把岗位作为一棵梧桐树，设计好岗位职责与年薪收入等激励措施，用岗位引来外部的凤凰人才。优秀的企业对优质高薪的岗位有着清晰的定位，对岗位人才的要求不仅仅是现在的知识能力，也要求其技能具备进化升级的能力，与未来需求相匹配。

企业董事长要明白，岗位是企业的核心资产，高薪优质岗位固然重要，但是比优质岗位更重要的是董事长的胸怀格局，唯有刘备才能用得起诸葛亮。

2. 企业问题就是岗位问题

岗位是实现企业战略的关键作战单元，为了达成战略目标，企业设计的流程、制度、机制以及匹配的资源，都要通过岗位来落地实现。当我们发现企业出了问题，并且对企业问题进行分解分析的时候会发现，大多数情况下，问题往往出在岗位上，要么是岗位职责设计和定位不合理，要么是岗位上的工作人员能力或责任意识不到位。面对企业出现的问题，我们往往也可以从与岗位相对应的机制和制度方面找到原因。无论是企业的市场问题、腐败问题、研发问题，还是经营管理问题、战略问题等等，几乎都能从它所对应的岗位里找到原因。一般情况下，企业的失败是从岗位的失职失责开始的，如同千里之堤、毁于蚁穴，有时是防不胜防的。如2021年南京机场疫情的传播主要原因就是保洁员的岗位设置出现问题，境外飞机保洁员应单独管理，但是因为机场管理人员的严重失职，导致了疫情的发生，给国家和人民的健康与财产带来了损失。因此企业必须建立制度，监督落实岗位职责的实施情况，防止岗位经营的失败。企业设岗用人还要做到量体裁衣，让合适的人才在合适的岗位上发挥其才能，要择优而用，择贤能而用。企业里有三类人才，就是我们经常说的高端、中级、基层人才，高级人才往往具备预测的能力，如同三国时代的诸葛亮在"隆中对"中给刘备设计了三分天下的战略蓝图，这是诸葛亮穿越时空看透未来的预测规划能力。诸葛亮对当时汉末的乱世格局，以及魏蜀吴在三国鼎立过程中所面对的问题都了然于胸，从而帮助刘备逐鹿天下成就了蜀国大业。这种能够预设机制来预防各种问题的人才极其稀缺，凤毛麟角一般，唯有天时地利人和方可出现。我想起了春秋战国时代魏文王与扁鹊的一段精彩对话，魏文王问名医扁鹊说："你兄弟三人都精于医术，到底哪一位最好呢？"扁鹊说："长兄医术最好，二哥医术次之，我的医术最差。"文王再问："为什么你最出名呢？"扁鹊说："我大哥擅长在病情发作之前治病，由于一般人不知道他能提前铲除病灶，所以认为他的医术一般；我二哥治的病都是病情初起之时，人们以为他只能治小病；而我治的病都是病情严重之时，人们看到我在经脉上穿针放血，以为我的医术厉害，所以我的名气最大。"

扁鹊三兄弟给人治病各有所长，如同各类人才的能力一样，企业也经常会生病，董事长只有将合适的人才放到合适的岗位上，才能及时给企业治病，引领企业前进。企业经营岗位就要从最初的岗位设计开始，岗位的设计不仅仅是人力资源的问题，企业要结合公司的战略以及产品能力和聚焦市场的目标，对企业的所有岗位进行职责设计。岗位设计要采取一线战场目标需求倒逼的原则，那些与一线战场没有关联的岗位，统统都是失效无用的。无用的岗位像身体的病菌一样吸取着营养，阻碍着企业的发展，必须彻底铲除，如同打通人体经络，让气血在体内畅通无阻地运行才能加快企业运转，让企业越来越年轻有活力。

岗位设置要做到恰如其分，让每个岗位各得其所、各司其职，每个岗位都要有清晰的战略目标和预算考核。企业董事会要把岗位作为企业里面最小的预算目标战略单元来经营，成熟的企业可以实施周战略目标预算，将企业的经营管理做到以周为单位。我们经常说细节决定成败，对于企业经营管理的细节，可以说就是岗位的经营管理，岗位的成功就是企业的成功，任何一个岗位的失败，都可能会导致企业整体的失败，甚至是破产倒闭。

很多企业人力资源部门喊出经营岗位的口号，却往往是流于形式，经营岗位的核心在岗位内容前端的设计，如果没有对岗位进行系统的认识，没有对整个企业战略进行全局的分析理解，很难为企业岗位做出一个科学有效的设计。岗位设计如同围棋布局一样，每个子在棋局里边都是重要的、不可或缺的。每个岗位在企业里边的布局一定要结合外部的战场需求，所以经营岗位不是一句空话，要落到实处。一线战场需求，以及最终顾客的需求，都是设计岗位职责边界的灵感源头。设计岗位关键就是岗位说明书的内容设计，岗位说明书就是企业的要求、问题和希望，也是企业的战略期待。企业给每个岗位配备一定的资源和权限责任，同样地，每个岗位要给企业贡献效益。如果某个岗位没法给企业贡献效益的话，那么这个岗位迟早要精简掉，这是职业经理人要明白的。当然，岗位的编制是动态的，岗位的职责随着企业战略以及市场作战需求的变化不断地升级变化。

3. 岗位说明书会暴露企业的战略

每个岗位都是企业战略的有机组成部分，都是战略的着力点和执行点，有的岗位甚至决定了企业的生死存亡。企业里的每个岗位都是价值链上的一个关键节点，影响并且制约着价值链上与它相关联的节点岗位和资源。因此企业的任何一个岗位都不是多余的，每个岗位都不是一座孤岛。每个职业经理人都要认真地去研究企业岗位说明书，要读懂每一个文字里边的真正含义，要从岗位说明书里了解企业的真实意图，还要了解与岗位相关联的上下左右岗位的关联职责内容。

当我们去分析挖掘企业核心岗位说明书的时候，我们会发现有些岗位说明书文字暴露了企业的战略野心。一个顶级企业经营管理人才，通过分析竞争对手核心岗位说明书文字，就可以读懂并且准确地发现对手的战略目标、战略期待以及竞争对手存在的瓶颈和漏洞。他可以快速地在供应链上下游的资源里边完成规划，对竞争对手形成有效的作战布局，或者对竞争对手发起有效的市场攻击。所以，岗位就是一个阵地。

《三国演义》里马谡失街亭的故事大家都知道，也都记得诸葛亮挥泪斩马谡这个经典悲剧。马谡之死不是因为他没有去坚守那个阵地，而是他的能力与坚守阵地要求严重不匹配。所以企业里的每一个人，都要把自己的岗位作为一个阵地去认真对待，才能对得起企业给你的重托。而唯有让自己不断地学习，与时俱进地优化和提升自己能力，才能让自己能力与岗位需求紧密地同步起来，跟得上企业的战略诉求，也跟得上外部环境的变化，这才是真正的与岗位相匹配。

而岗位说明书就是企业的要求和希望，每个岗位都应该准确表达企业的战略诉求和目标梦想。企业里高端人才岗位的说明书，往往透露出了企业的一些梦想、无奈困惑和对发展瓶颈的焦虑，业内资深专家通过岗位职责描述文字能够准确读懂企业存在的问题，一个高管岗位说明书也许恰恰就暴露了企业的软肋，成为竞争对手发起进攻的一个攻击点。因为企业在岗位说明书文字里，毫不经意地透露了企业的战略瓶颈和战略的着力点。因此，岗位设计者在核心岗位的内容上要有所修饰或者掩饰，要避免不必要的猜忌或者给竞争对手创造足够的战略预测空间。

在企业的内部运作上，设计岗位以及制定岗位说明书是一个含金量很高的技术活，岗位说明书体现了人力资源工作者复合型专业知识能力。而且，设计岗位不是仅仅一个人力资源部就能做好的工作。每个岗位都应当准确地表达企业的战略需求，只有具备营销一线的阅历，懂战略、懂人力资源管理的人才能把企业的诉求放进岗位的描述里。所以我经常建议企业的董事长或总裁，如果条件具备，企业人力资源领导需要是一个精通营销的人，或者组建设计岗位的团队中必须有营销专家参与进来，否则设计出来的岗位目标与绩效管理模式，往往距离一线战场需求很远而没法落地。

有一次，一家集团公司董事长问我："如何判断人力资源负责人是否足够专业？"我说判断人力资源负责人专业与否没有一个标准的答案，可以让他设计一下企业的年度目标与绩效考核责任书，看看他对总裁、营销总裁以及财务负责人设计的目标绩效就可以了。我们可以从目标责任书字里行间看出他所表达的市场诉求，以及他本人所掌握的知识结构，能看到他的一部分知识短板与技能瓶颈。当然，这种观察人才的技能方法只能作为一种参考，企业需要在实际的工作实践中，考察人才具体开展工作的策略和方法措施。因为发展时间的局限性，有的企业人力资源和财务负责人不是复合型知识人才，没有亲身参与过企业的外部市场战斗，他们在给企业制定年度战略的时候有的地方就把握得不够准确，有可能给企业对外作战造成一定的落地风险。因此，如果条件具备，企业总部机构负责人要尽可能深入一线市场去体验战场需求，与作战团队和合作伙伴进行深入沟通，寻找如何提高总部服务质量和工作效率的办法。诗云：

> 岗位虽小乾坤大，
> 字里行间有梦想。
> 一字一句须斟酌，
> 真才实学可上座。

三、企业组织架构就是作战平台

在传统观念里，作战部队应该在一线市场上，距离竞争对手最近。一线市场是企业产品生存的沃土，也是企业的利润根据地，是与竞争对手展开两军对阵的战场，所以企业往往会将战场定位在一线市场。随着竞争环境和竞争对手的变化，企业之间的攻防策略也发生了巨大的改变，仅仅将战场定位在一线市场这种观念有些不合时宜了，真正的战场要向后方移，要移到企业总部。企业总部是作战策略的源头，也是作战将士们需要的枪炮手榴弹的制造厂。

企业整合资源的目标只有一个，就是为一线战场胜利配置各种资源和机制，所以说企业总部就是一个作战平台。我们有时会说企业战略来自董事长，究其根本战略核心就是市场作战方案在制定过程中需要把握方向，以及要确定作战需要投入的费用，而给企业定战略方向和花钱的事基本都是董事长的职责事项。如果将企业的组织架构比作人体的经络，人力资源部相当于人体的大脑，既是企业的作战部门，也是一线作战机构的作战参谋。

企业整合人力资源，实际上就是整合了企业最核心的资源和作战谋略，因此可以说战场需求也是组织架构设计的源头。导致组织效率低下的一个主观原因就是企业里的官太多了，亦即分管的领导太多。有的高管担心组织变革会失去自己的利益，于是就想办法阻止组织的变革，使得企业组织形成了一种长期的权力平衡态势，这是一种可怕的利益均衡，均衡可能意味着企业活力的衰亡。企业要定期不定期地检讨企业组织架构的科学合理性，只有与作战需求相匹配的组织架构，才能真正意义上盘活企业的组织资源，也才能领先于竞争对手的组织力量，为一线作战人员提供精准的组织资源支持。

1. 作战需求是组织架构设计的源头

企业在做人力资源架构设计的时候，思考更多的是总部的需要，往往很少深究人力资源组织架构存在的源头是什么，这样就错过了解决企业关键问题的症结所在。实质上组织架构设计的源头就是解决企业产品的顾客需求问题，也是解决企业战略落地的问题，或者说组织架构设计出发点是配合一线作战需求，是企业满足顾客需求而进行的人才机制模式设计。因此，人力资源架构是解决产品战略落地问题的，是以实现企业利润和发展价值为目的的。那些人力资源组织架构没法给企业带来利润的说法是片面的，或者说是不专业的，甚至是逃避责任的。当明白了设计人力资源组织架构的源头以后，用顾客需求倒逼的设计思维来打造组织架构就能做到有的放矢。需要从顾客需求源头寻找组织架构设计方向，与一线战场竞争环境和作战需求相适应。企业人力资源组织架构模式取决于不同的市场发展阶段，企业的组织架构是由顾客需求决定的，顾客的需求是不断变化的，所以不能用一种固定的格式来固化组织架构，这也是市场动态变化的特性。因此，我们说企业产品的不同发展阶段，乃至企业的不同发展阶段，应该有不同的组织架构相配套。

企业组织架构的变革是一项系统性工程，变革要从企业的市场战略需求出发，要真正地去研究顾客的需求，而且要对企业产品能力，以及一线市场团队的作战能力有深入的研究，要符合一线战场的作战需求。企业总部的人力资源工作者要具备作战思维，否则设计出来的组织架构就远离了一线作战需求。我们甚至可以说，企业总部的每个部门、每个岗位都属于作战平台的有效单元，部门与岗位存在的目的就是支持一线战场打胜仗。

2. 人力资源架构具备平衡性和进攻性

如果把企业比喻成一个古代帝国，那么人力资源部门就是朝廷的宰相府，总揽着"企业帝国"人事权力。对于企业而言，组织架构是人力资本的价值变现平台，是企业实现战略梦想的核心力量源泉。因此，企业组织架构设计的科学与否决定了组织效率的高低，以及人才能力开发程度的大小。而在企业的三个发展阶段里，无论是产品阶段、准品牌阶段还是品牌阶段，不同阶段的企业对人力资源架构有着不同的要求，无论是哪一个阶段，企业人力资源架构要具备平衡性和进攻性特点。平衡性在于平衡企业内外部资源的功能功效，让企业的资源在各自的位置上能够充分发挥各自的能量，组织架构设计要力争资源效益的贡献度最大化，要用机制和制度模式盘活企业的资源，并且为每个资源都找到恰如其分的发挥能力的舞台，要为各个资源找到其合适的定位；组织架构的进攻性则是要全面配合外部市场的作战功能，要做到知己知彼，充分了解一线作战环境复杂性和功利性的特点，要用机制充分调动一线作战人员的积极性，让一线战士作战更具有效率。人力资源无论在架构设计还是在目标考核管理上，对一线战场起着积极的推动作用。

然而有的企业组织架构很复杂，如同一个迷宫，曲折蜿蜒，有的企业架构和岗位则是因人而设。一般来说企业的问题有两个，第一个问题是现阶段的生死存亡问题，第二个问题是未来的发展问题。无论生死存亡还是发展，企业都面临着组织架构设计和人才保障问题。我们发现一个规律，企业在不同的发展阶段，它的组织架构是不同的。因为在不同的发展阶段，企业的资源模式、产品模式以及经营模式，包括外部的竞争态势，等等，都在与时俱进地变化着。当然，也有个别的情况，有的企业组织架构和部门设置延续多年没有变，有的企业内部出现了组织功能的僵化，已经形成了固定的利益山头。每个高管各自负责一摊，彼此楚河汉界互不干涉。甚至个别集团企业某个部门和岗位都是分管领导安排的人，外部的力量可以说是油泼不进针扎不进，这样的组织效率可想而知。企业内部的各种内耗，甚至各种资源和机遇的浪费都很可惜，问题根源在于企业缺少创新的智慧能力以及足够的变革魄力，或者是陷于内部利益纠葛中不能自拔。缺乏活力的企业内部到处弥漫着官僚帮派的气氛，站队与被站队成了企业员工的选择难题，企业流程效率低下，不愿站队的优秀员工出走，企业组织架构到了非变革不可的时候了。

因此，企业要用一线作战需求倒逼的思维模式，对现有的组织架构进行系统的分析，将它与企业的生存发展需要进行匹配研究，在变革设计企业的人力资源架构模式时，将其打造成为具备平衡性和进攻性特点的组织架构，用流程限制企业领导的个人山头意识，为企业作战胜利打好组织保障基础。

3.给经销商做企业设计

一线作战将军要立足企业自身的战略利益，要有利他和异位思考的能力，要对整个外部市场的格局和态势有一个通盘的了解，要将所辖区域市场供应链资源进行系统的研究和整合，用作战思维和获胜思维调动各种资源参与作战。一线作战将军要具备领导和辅佐经销商的能力，要做经销商的导师和作战参谋。

有一段时间，由于营销工作需要带领团队去开发产品销售终端，而当我亲身谈判沟通了各类终端5 586个后，我发现有的小终端只有不到5平方米的经营场所，但是其经营者却有着坚强的毅力和聪明才智，有不少终端店主告诉我"华为集团也像我们这样从小店发展起来的！"这些个性鲜明有着野心梦想的终端店主，不断地鼓励着我去他们那里进行沟通交流。我们发现每个小小的产品售卖终端都有成为大集团的野心，正如每个基层员工都想登上总裁"宝座"一样，伟大的梦想在每一片土壤上生长，这是一个追逐展示梦想的时代。而作为企业在一线作战的驻外将军，无论是面对众多有野心的终端，还是经销商的伟大梦想，都要从自己企业的实际出发，要为渠道合作伙伴做一些力所能及的智慧支持，用利润和感情把经销商紧紧地拴在企业前进的战车上，既要给每个渠道伙伴一片自由的天空，又要限制他们"叛逆"的非分之想，我把对经销商的智慧支持称之为辅佐经销商。而辅佐经销商的关键能力有两个：首先，要帮助经销商用企业的产品赚钱，要给经销商指出未来利润获取方向；其次，给经销商做企业设计，让经销商成为一个正规军。

那么，什么是经销商的企业设计？一般的经销商在发展前期都没有组织架构，经销商的企业设计是指母公司为了追求长久的发展，结合经销商自身的经营能力和资源情况，为经销商进行系统的规划和设计，主要包括三个方面内容，分别是经销商的经营战略、市场盈利策略和组织架构。首先，将经销商融入母公司的企业文化和战略，将经销商作为母公司战略的核心构成要素之一；其次，将经销商作为母公司的核心作战单元予以统筹安排，将经销商的作战能力统一规划进母公司的对外作战方案里；再次，在经销商的组织架构设计方面，结合经销商的实际需求，为经销商进行简明扼要的组织架构设计，可以采取"一岗多责，一人多岗"的设计原则，建立有效的经销商公司内部管理机制，以配合母公司的经营战略和对外作战，同时对经销商的后续发展有所帮助。

在为经销商做企业设计的时候，要结合母公司的企业文化和战略，要让经销商像个企业的样子。因此，企业要给一线将士们培训人力资源知识，能够给经销商设计组织架构和职责职能。一线作战将士们要牢记，为经销商做企业设计是企业总部作战方案的核心构成要素，要让母公司的企业文化深深地渗透到经销商的企业文化里，要让母公司的企业文化深入经销商员工的内心深处。

对经销商的管理，核心是为其创造利润，一个饿着肚子的经销商永远不会听你的话，没有利润诱惑，管理经销商是无力的，也是不能长久的。而对于经销商的最佳管理方式，除了利润还要用机制和制度，把核心经销商牢牢地绑在企业战车上，要让核心经销商感觉到跟着企业发展前途光明。随着企业的市场布局规划基本完成，结合公司的战略目标对现有的经销商进行分类管理服务，按照80/20原则对经销商实施精准管理，要把给公司贡献80%市场份额和利润的经销商进行战略性管理，把他们作为公司的核心资产进行经营管理，在资源投入和战略伙伴的协同作战上重点考虑。企业要结合实际情况，考虑和部分核心经销商成立合资公司，或者联营公司，公司总部结合实际需要可以参股或者控股部分核心区域经销商，既保住了经销商的利润，又给了他们一个正式的"名分"，将经销商由外人变成了自己人，给予经销商心理上的归属感非常重要，经销商因此而升级成了企业帝国里的域内"诸侯国"。而对那些给公司创造20%贡献的经销商，企业要结合其实际能力制定提升其市场能力的作战激励计划，其中一部分经销商完全有能力进入核心经销商的行列，企业尽量不放弃任何一个老经销商，对经销商帮扶要采取因地制宜、量体裁衣的策略，企业在与经销商的合作中要具备利他的思维格局。

企业的经销商规模有大有小，企业可以按照其营业额或经销区域大小进行分类管理，但是无论什么样的经销商都需要在制度和机制方面对其进行规划和设计。大多数企业的经销商都是游击队，不是正规军。所以都没有清晰的部门组织架构，而且他们内心深处可能根本不需要做组织设计，但是制度和激励机制是必须设计的。所以企业的一线作战将军要学习人力资源知识，要会围绕着经销商的经营特点和资产规模，还有经销商的资源能力，在经销商经销企业产品的过程中，在其不同的发展阶段为经销商量身定制经营模式，为其量身打造一个企业组织架构模式。虽然经销商的规模大多都比较小，而且经销商的人员也比较少，但是当一线作战将军给经销商做企业设计以后，经销商会发自内心地感激合作伙伴，能够使得经销商开始正规化和规范化的经营管理。通过建立制度，能够让经销商的工作人员各司其职，规范经销商员工的工作行为和工作习惯。对于规模偏大的经销商，要为其做组织架构的设计，在进行组织架构设计时一定要务实，要设计得实惠实用，不需要那么多的部门，甚至可以做到一人多职。总之，围绕着企业的产品在经销商那里的经营情况，以及企业在区域市场上的营销战略目标需要，一线作战将军务实地帮助经销商进行规划设计，要让经销商从组织架构设计里边尝到甜头，这才是作战将军们的真功夫，也是企业为经销商进行组织架构设计的初衷。

　　经销商是企业独特的市场资产，也是企业核心竞争力的中流砥柱，经销商是企业产品通向顾客的桥梁。企业高层对各个区域的经销商进行适时规划与管理，尤其是给经销商必需的利润设计安排，则是至关重要的。一线作战将军们所具有的辅佐核心经销商的能力，则是企业总部的一门功课，总部要适时地对一线将士们进行人力资源理论培训，并且要持之以恒地贯彻执行，让经销商明显感受到公司对他的关爱和支持。企业要牢记，"攻城为下，攻心为上"是应对经销商的上上之策。唯有提升了一线作战将军的理论功底和作战能力，才能更好地辅佐经销商，才能更好地为企业贡献效益。

　　企业总部的人力资源部门，也可以结合一线市场经销商的实际情况，根据经销商的规模大小将经销商分为大中小三类，给这三类经销商分别进行组织架构设计，根据设计好的经销商组织管理模式，对各个战区的作战将军进行培训和指导，然后由他们实施推进各个区域经销商的组织架构设计。企业可以通过计算机系统和ERP软件，开始对经销商进行标准化管理。提高了经销商的内部管理能力，也就加强了企业总部的作战能力。

　　辅佐并帮助经销商强大符合企业的发展利益，帮助经销商为其做企业设计，使得经销商的有形资源和无形资源相得益彰，能够最大限度地开发利用其资源，经销商为母公司的贡献就可以达到最优。诗云：

　　　　辅佐经销商，帮其绘蓝图。

　　　　成就正规军，共战好河山。

四、目标管理就是释放能力

　　企业是一个利益金字塔，金字塔的塔尖是董事会，以此类推，向下依次是企业的高中低各个层级的员工。在企业里股东追求的是股权收益，职业经理人追求的是价值实现和薪酬收入，二者有一个共同的目标，就是让企业盈利，而企业盈利的过程需要制定战略和实施目标管理。企业在实施目标管理与绩效考核时，不能只想着自己想要什么，还要考虑员工想成为什么，员工想要什么。只有员工目标和企业目标和谐统一了，企业的战略目标才能更快地实现。企业的战略目标也就是企业的梦想，企业的梦想有它的边界，企业的边界往往会侵入其他企业的边界，所以，企业的梦想带有一定的攻击性。有时候，一个国家的梦想带有一定的攻击性。梦想在完善过程中，以及梦想在实现的过程中，必然要动用很多资源，也会影响甚至会侵犯到其他国家的利益。同样的，企业的战略目标也会带有一定侵略性的，因为企业要活下去，必然要聚焦市场求销量求利润，而企业聚焦的市场上有很多别的企业也在求生存，它们都是靠市场消化产品的能力，以及产品市场保有量来获得利润求生存，而市场上的顾客购买力基本是一个固定的数量，这样就自然而然对别的企业形成了进攻和威胁，这是企业的求生之道和市场自身运作的规律，也是大自然生态圈里亘古不变的丛林原则。

黄石公在《三略》里说到，用兵的关键在于，尊崇礼节，重施俸禄。尊崇礼节，那么才智之士就会前来，重施俸禄，义气之士就会置生死于度外。所以，给贤士俸禄时不要吝啬钱财，奖赏有功之人要及时兑现，这样全军齐心合力就可以削弱敌国的势力。所以用人的方法是用爵位使他尊贵，用钱财使他富足，有智之士会自愿前来。用礼仪接待他，用大义勉励他，有义之士就会有忘我的精神。这是黄石公的用兵之道，他强调要对军士进行激励，重赏之下有勇夫。古代国家治国者希望求得贤士将才来辅佐经营国家，并且要按照人才的才华给予一定的爵位奖励，让其安心为国效力，同时对其辅之以一定的管理控制，这大概是古代帝王对人才的目标管理考核方式。企业也是如此，得人才者得天下，最重要的是将得到的人才放到合适的位置上，还要为他设定一个清晰的经营目标。我们有时会发现很多杰出企业都有一个共同的特点，那就是他们的管理模式非常好，而管理松散的企业其业绩不会好到哪里去，因此可以说业绩是管出来的，而且好的业绩来自细节管理。

在企业的经营管理中，企业董事会和经营班子更多关注的是员工上班8小时内的所作所为。员工上班8小时内的个人业绩贡献，是职业经理人的工资价值体现。但是员工下班以后，为企业的所做所思才是真正意义上的企业股东价值体现，而董事会是否让员工有股东的精神，则取决于董事会的利益价值分配原则，也就是说董事会是否在股权分配上让优秀的员工变成股东。如果企业没有给员工合适的股权激励安排，那就不要期望员工像股东一样去思考做事。中国古语说得好，要想马儿跑得快，就要给马儿吃草。所以董事会成员一定要有一个宽阔的胸怀，要用战略目标倒逼的策略，将企业的年度或者中长期的目标，结合企业的实际资源，建立企业机制模式和制度安排，实行科学的激励机制调动员工的积极性来完成企业的目标任务。

1. 管理就是释放能力

管理是什么？管理究竟管什么？这可能是理论界和经营界一直在思考的问题。我们也经常会遇到管理这个问题，当我们在思考管理管什么的时候，我们首先要明白什么情况下需要管理，管理的目的是什么。当我们理清了这些问题之后，就可以得出这样的答案，管理管的就是市场，或者更确切地说管理管的就是最终顾客的需求。离开了最终顾客需求谈管理都是空洞的没有落脚点的。顾客需求是企业一切经营管理的源头，是企业梦开始的地方。就像我们开车一样，没有方向，你这车要开到什么地方去？所以说管理的本质就是怎么样为市场服务，怎么样围绕着市场、围绕着顾客需求来进行一系列的资源整合配置，确保企业的各项资源为产品顺利到达顾客那里发挥力量。从另外一个角度来说管理就是解放能力，管理追求的是释放资源的能力，企业管理的目的不是为了收紧抓住，也不是为了建立一个"监狱"来束缚人们的才智，而是要释放人们的能力和思维。因此，企业管理的目的是通过制定一系列的制度、机制和运营体系，打造一个综合性的服务平台来发现和服务顾客的需求，员工可以在一系列管理体系内发挥所长。除了必要的工作沟通，员工甚至不需要去请示谁，只要围绕着管理体系去放心地工作就可以了。企业董事长也不需要有任何的顾虑，因为有制度和管理体系为他的财产和战略保驾护航。所以从一定程度上来说管理就是解放能力。

下面以民营企业为例进行讲解。管理首先解放了董事长的内心不安。很多民营企业的董事长自从创建了公司，就很少出去旅游，或者说24小时手机一直在线，总是担心有事情发生，总是担心员工出工不出力，要在公司盯着他们才放心，要不然他担心员工偷懒不干活，白白浪费了他的工资。因此这类董事长尽管发了财，但是人活得非常地累，日子过得非常地辛苦，经常是叫苦连天。还有的民营企业随着业务量的发展壮大，企业董事长发现创业的弟兄们跟不上他的思维了，他有很多奇思妙想和长远规划往往没有人与他思维同频，很多好的想法因为没有人配合而白白地浪费掉了，这也使得他吃不好睡不香。我们发现民营企业有各种各样的问题，其中之一就有民营企业董事长不放权或者是缺乏人才。我和一些民营企业董事长沟通，我说给你的企业打造制度体系和机制模式的目的就是解除你的顾虑，让制度为你站岗值班，让制度监督激励你的员工在8小时内的所作所为，从而达到给你放假的目的，让你放心地关闭手机出去旅游。

　　企业董事长和制度设计者要明白，管理制度不是为了束缚人们的自由，更不是为了绑住员工智慧的翅膀，而是为了让每一个人在各自岗位舞台上，在各自的职责范围内各司其职，尽其所能地发挥自己的才智和能力，为企业为社会做出应有的成绩。

　　总之，管理既是控制，也是释放能力自由。企业做管理要有一个坚定的信念，那就是在研究打造某个模式的时候，要先把某个模式固化然后再优化。如果模式固化企业做不到，那企业永远不要指望做到优化，因为优化要有一个基础，要有个根基模板。企业要适时地对已经固化的机制和制度进行改进，如果一开始没有一个管理模式，那优化就是无源之水、无本之木，如在空中建楼阁，是没法实现的。像华为的任正非先生一样，他制定模式有一个明确的理念，那就是先固化、僵化，然后才谈优化。所以在研究企业的经营管理模式的时候，一定要先建立一个模式适合企业现阶段的经营管理需要，然后再把这个模式通过制度和机制建设固化下来，作为一个企业经营管理的模板，然后随着企业的发展，在这个模板的基础上进行优化改造升级。

　　当然，我们有时也要认识到，企业如果仅仅借助于制度的管理，而制度具有滞后性特点通常都是事后实现的，这样的管理失败成本和管理成本偏高。高端人才善用机制的管理方式引导员工，机制如同车辆通行路上的红绿灯一样，人们都知道红绿灯的规则，也都知道闯红灯的后果，这就是事先预设的防患于未然的机制安排，不仅管理效果好，而且管理简单高效、人性化。也就是说企业要从机制设计上着手，要用机制引导员工为善，用制度辅助，用机制引导员工们做有利于公司的事情。

　　管理企业如同大禹治水，首先要知道这水最终要去哪里。当大禹发现了水的最终归宿就是大海以后，他就围绕着这个思路进行系统的渠道设计与布局规划，用渠道引导水流到它应该去的地方，用水道让水流到大禹想让它去的地方。终于，大禹治水成功了，他把水患变成了水资源为古代民众谋福利，在水流过的地方，开垦了许多农田，种植了大片的庄稼，民众开始安居乐业，国家也得以长治久安。企业的管理也是如此，管理者要清楚地知道，为什么管理？要达到什么目的？当经营管理者明确地知道了管理的源头，以及管理最终归宿的时候，管理就不再是束缚千里马的缰绳，而是千里马奔跑驰骋的营养草料和日行千里的跑道。当管理成为人才与企业成功的阶梯时，管理制度与机制的设计问题，也就迎刃而解了。

2. 目标管理是战略实施的工具

当我们开会研讨企业战略的时候，很多的会都成了务虚研讨会没法落地。但是不管怎么样，企业的战略无论务虚还是务实，最终都要找到一个可落地的措施来承接，或者说要给战略找一个载体来实施，那就是目标。企业的战略就是一个作战方案，而目标就是企业战斗所追求的结果。

我经常到企业去沟通调研，一般会了解企业几个问题，第一个问题就是企业是否实施了目标管理，我把目标管理的实施与否，作为衡量一个企业规范化运作的关键指标。几乎每个企业都有自己的战略，而企业在实施战略的时候，董事长对经营班子往往有两种目标考核模式，一种是口头上的目标与年薪奖励，另一种是文字模板规定的年度目标考核方案。我把董事长给经营班子口头上的绩效承诺称为"人治"，而把董事长与经营层签订的年度目标责任书称为企业的"法治"，文字上的彼此承诺约束更具有规范作用。

当企业真正实施了目标管理才有可能从"人治"走向"法治"，而其中实施的关键就在于董事长的坚持执行。由于实施目标管理考核，企业建立一系列的制度和机制模式，要求员工按照制度办事，按照程序流程去办理企业的事情，这就限制了企业董事长在内的中高层一些行为习惯，有的人可能就会觉得不习惯或者不舒服。我们都知道，塑造和改变一个人的习惯相当难。董事长和高管们既是战略目标制定实施者，有时也可能是企业实施规范化管理的破坏者，这就是企业培养员工管理习惯的困难之处，或者说是董事长执行企业制度习惯能否养成的问题。当企业制定了战略目标，并且实施规范化的目标管理考核模式，实施目标绩效考核的过程就是培养员工行为习惯的过程，这个过程对企业所有人都是一个考验，因为大家以前没有实施过规范管理要求，现在实施就是对自己过往行为习惯的一种约束和强制性的改变，等于给每个人头上戴了个紧箍咒。当然，这个紧箍咒是善意的，是对企业原有大锅饭绩效模式的变革规范。而实施规范化的战略目标考核能否成功，其重点在于董事长的自我约束能力，就是说董事长要在年底兑现给经营班子年度目标考核的承诺。董事长既然与经营班子签订了年度目标考核责任书，那就要遵守承诺，这是企业从"人治"走向"法治"的一个分水岭。当然，兑现承诺是双向的，经营班子也要兑现其在年度目标责任书里的经营目标。

当一家企业从人治走向法治，实施了规范化的目标绩效考核之后，企业才能真正意义上通过业绩结果去发现人才、使用人才和留住人才。企业通过有效的实施目标绩效考核，打破以往的员工绩效大锅饭模式，实行凭本事靠业绩吃饭。所以，我们把目标管理的科学规范实施，作为企业的一个关键管理引擎。企业用目标管理工具整合自身资源和社会资源为企业服务，也可以通过实施目标管理使公司的高中低三个层次人才，高效地在企业平台上发挥各自的才华。企业通过目标管理实施过程和绩效考核结果发现优秀的人才，可以破格重用。相马有时会失去偏颇，而在跑道上赛马才能发现真正的千里马。

我一直坚持一个准则，无论是高层、中层，还是基层，在企业里的每一个季度，每个年度所做的一切，都可以用数字来体现，而数字体现最好的实施工具就是目标管理。目标管理是实施战略的工具，企业经营管理者经营的就是数字，数字结果证明了过往的努力付出。

3. 目标来自企业核心问题

有一次我给企业学员授课的时候，有个学员问我如何制定绩效考核目标？我说结合今年实际业绩完成情况，考虑你们公司未来两年的市场目标诉求，那么明年你们公司必须有哪些关键经营指标？还有为了下个年度市场生态环境培育，本年度公司要做些什么？你要回去和相关领导进行分析，找出现阶段完成企业战略目标存在的制约瓶颈，还有哪些问题是必须要面对和攻克的。企业在制定年度目标绩效考核方案时，要找到制约企业发展的几个关键问题。资源短缺问题，销售目标达成问题，产品品牌力不足问题，利润过少问题，团队能力不足问题，资金严重不足问题，战略模糊不清，等等，这些关键问题形成了企业发展的瓶颈。当企业高管把这些问题搞清楚了，找到了解决这些问题的应对策略，就把这些问题变成目标管理指标，或者是中高层干部的工作行为指标，把这些指标落实到经营管理干部和相应部门，最终分解到对应的岗位。这样企业的管理指标就有血有肉，既关注了企业的瓶颈问题，也关注到了企业下个年度的市场目标追求。

因此在制定企业年度目标的时候，要思考企业的目标究竟应该从哪里来。我也一直在提醒合作伙伴的企业朋友，要把关乎公司生死存亡的几个指标认真地分解下去，尤其要分解到企业高管层的每一个高管，确保每个高管都有清晰的数字目标和行为结果指标，还要有具体的完成时间要求，以及与之相配套的绩效考核问责制度。企业的目标或者说企业的关键绩效指标（KPI）体系，从根本上来说，就是把企业的危机、战略目标和企业存在的各种内外部的矛盾，都变成了数字目标和行为结果指标，并且层层分解下去。俗语说千斤重担董事长一人挑，人人肩上扛指标。

当企业在分解指标的时候，如果发现有的部门或者岗位没法承担任何指标，那说明这个部门和岗位就是多余的，可以考虑撤销不需要了。所以每个年度在制定实施企业目标管理考核的时候，要对企业的所有部门和制度模式做一番盘点梳理，甚至要做一个新的设计和规划，把有些不需要的部门和岗位合并，还要把需要重新设立的岗位设计出来。同时要让企业的机制和制度也与时俱进，跟上战略目标和一线战场的发展，这样就形成了全公司不同级别的年度目标绩效承诺书，层层落实到每个层级的主管，要用KPI或者其他管理工具来考核，传递出公司董事会清晰的战略和目标诉求。这样到了月度、季度和年度末，企业通过绩效考核来检查各个岗位的目标完成情况，形成一个目标管理和绩效考核的完整闭环。在咨询工作中如果遇到制度和机制较为成熟的公司，有时我会建议他们实行周战略目标绩效考核，就是以周为战略单位的考核，这样从细节管理上来说，会做得更到位。

所以说，经营企业如同修路行车一般，企业这辆车行走的道路就是价值链，这条路不仅今年要跑车，明年还要跑车，因此企业要随时修路养护路，否则这条路上就会到处坑坑洼洼，甚至是泥泞难行。修路的原则就是梳理好价值链上各个环节机制与制度模式，并且寻找与之相匹配的资源。所以，企业要在目标管理内容设计方面，以及绩效考核项设计上，关注企业未来的经济增长问题，关注未来的市场盈利生态问题，关注供应链和价值链的优化等等。因此，我们可以这样说，企业需要什么以及企业想得到什么，那么就要在目标管理和绩效考核里边有所体现。有这样一句话，门向哪里开，人从哪里出。企业想要什么就要考核什么，就是这个道理。

4. 用机制引导员工向善

我们有时去一些企业调研，发现有些董事长在企业里就是大家长，他管理企业往往是家长式的管理方法，在企业里董事长的话就是至高无上的。还有一些企业尽管制定了很多制度，但是基本都是用来处罚员工的，这类企业员工的工作积极性不高，企业的经营也存在着很多问题。而那些业绩优秀的卓越企业，都是用机制和企业文化来引导培养员工向善。所以说，一等企业用机制引导员工做事，二等企业用制度来管理制裁员工。不是说制度不好，由于制度存在着管理滞后性问题，制度面对的是经营结果，对经营结果差的组织或者违反制度的人进行奖惩。大多数企业实施的制度管理通常都是事后问责，这样的管理不仅效果不好，而且失败成本和管理成本高，因为错误的事情已经发生难以改变了。当企业用制度来惩罚员工和部门错误行为的时候，已经是要面对一个不愉快的经营结果了。所以，一个高超的经营管理者，他能防患于未然，他会结合企业的实际经营情况，以及人性深处积极或是阴暗的一面来设定企业机制，用机制来引导员工向善，用企业文化来引导员工充分发挥他的主观能动性，让其知道这样做最终会得到什么样的善恶回报结果。这就是机制建设的重要性。注重机制建设的企业，不仅仅管理效果好，而且管理简单高效和人性化。如同秦朝的商鞅变法一样，给秦朝的民众制定了详细的奖惩规定，每个民众都知道做哪些事会被处分，做哪些事会得到最大的好处，这就是对机制最好的解释。更关键的是商鞅的考核管理团队是毫不留情的，铁面无私坚决执行这些规定，即使是太子犯法也与庶民同罪，商鞅都会严格执行。因此，企业董事会要为中高层和普通员工设计合适的机制模式，用物质激励和精神激励的方式，引导他们一心向善，让他们为企业发展和社会进步创造价值。当高管们都为企业未来着想的时候，就会把对公司发展有益的模式推广到所有岗位，企业员工自然而然地就会跟随向善，企业的业绩就会更好，企业为社会贡献的正能量也就更多。

企业考核体系要以经营结果为导向倒逼设计中高层的责任指标，高管要学会从财务报表数字结果来推测下属员工的过往经营行为，通过数字结果去分析员工在过往的工作中都做了哪些正确或者错误的事，分析目标设定是否科学可行，以及预算方案的科学性和激励机制的时效性。企业产品的经营收入、市场占有率和利润等指标是影响企业发展的经济指标，这些指标来源于企业在不同发展阶段的需求，以及企业所在行业中的市场角色定位，也是中高层员工们奋斗的方向。这几个指标也是竞争对手向企业发起攻击的目标，更是制约了企业经营管理的结果是否有效。因此，企业在制定KPI时要让所有岗位都行动起来，要用目标管理来引导员工做对企业有益的事情，并且要用机制和制度做保障，而不能让各部门孤立地制定各自的KPI，要将整个公司作为一盘棋统一进行战略思考和布局，每个部门与一线作战胜利都要有关联指标。就像黄河管理委员会一样，我们不能把黄河的经营管理和安全任务交给黄河沿线上的某个地方政府来管理，而要把黄河沿线的所有省份城市都统一地进行综合考虑，不仅要让黄河不泛滥成灾，还要让它对过境之处有所贡献。做企业的目标管理考核也是如此，要具备全局思维，要确保企业指标和管理流程都能够做到聚焦，为顾客需求和一线市场作战来服务。

我想到了《东周列国志》里齐桓公咨询管夷吾的话："寡人不幸而好田，又好色，害于霸乎？"夷吾对曰："无害也。"桓公曰："然则何为而害霸？"夷吾对曰："不知贤，害霸；知贤而不用，害霸；用而不任，害霸；任而复以小人参之，害霸。"齐桓公乃春秋五霸之首霸，他能够虚心下问，与管仲一起探讨治国理政的瓶颈问题，他关心的是都有哪些问题会影响到他的"霸天下事业"，齐桓公想成为春秋时代各诸侯国的老大，这是齐桓公的个人首要目标。齐桓公为了实现这个目标，给管仲充分授权，君臣同心，齐国得以发展壮大，成了春秋战国首霸。因此，企业董事长要发现人才并且重用人才，以实现企业的战略目标。古代的君臣们有时会互相猜疑，臣子们担心伴君如伴虎，君王则担心臣子对其不忠。而企业董事长也会和高管们有一些互相猜疑，尤其是企业经营出现困难时，董事长与负责经营的高管的矛盾就会相当尖锐，彼此猜忌怀疑不断。之所以怀疑就是上级担心下级是不是认真做事，而目标绩效管理为"君臣相疑"难题提供了解决的办法。智慧的总裁和高管们也会主动和董事长或上级沟通，确定来年的企业战略经营目标，从而做到同心同德完成目标。

企业董事长要明白，高级人才为企业设计机制，中层干部为企业贯彻执行制度，企业要设计好的机制来引导员工向善，要努力达到企业战略与员工的个人梦想统一起来。

5. 年度目标的急功近利问题

企业迫于生存压力，为了年度目标的实施完成，在长期性的战略目标和市场生态培育方面，有时会关注不够。企业的长期效益一般都是3年以后的效益，某些国企经营班子任期有时也会影响长期目标的规划实施，这一届董事会很多人3年后可能已经不在位了，因此他们更希望每个年度都有个好的经营结果，不仅能够拿到对应的年度绩效薪酬，还可以保住手里的岗位饭碗。有的政府部门也是如此，个别的政府领导为了保官升爵建了很多形象工程，而没有从根本上解决当地经济和民生问题，这是政府一个长期的政治生态和经济环境生态的培育与治理问题，很有必要严格推行地方政府领导离任后的生态环境问责制度。民营企业的市场战略目标可以做得更接地气，因为民企的董事长一般不存在任期的局限性，因此民企的市场战略可以立足更长周期，可以更务实地对市场精耕细作。

很多企业制定的年度指标里很少关注未来三年的市场生态情况，有的企业经营班子为了完成年度目标拿到绩效奖金，出现了拔苗助长甚至杀鸡取卵的可怕行为，包括对供应商的有意延期付款，以及对下游经销商的年终满仓压货销售行为，这种销售措施一般是强势企业对经销商采取的挤占其仓库空间和资金的行为，下游经销商因为处于一种弱势地位只能无奈接受。这种在供应链上下游采取的强制式的合作模式，都是企业经营管理层追求短期效益的行为。把经销商的仓库压满了，经销商的资金都被抢光了，迫使经销商没有资金用在其他产品上。这种压货营销对企业的产品来说看起来是不错的营销策略，但往往是一种涸泽而渔的措施，对经销商的过度长期压榨会积压很多怨恨，这往往是个别大品牌和大企业采取的一种压迫式营销策略。这种营销措施虽然完成了短期的年度目标，但是严重破坏了企业市场的生态环境，也打击了经销商的积极性。企业还有一些营销措施则是过度透支了产品的盈利能力，那就是作战团队为了完成年度经营目标，采取大规模产品促销活动，虽然培养了一定的消费群体，也提高了一定的市场占有率，但是一旦停止这种过激的促销模式，下个年度的营销就会陷入一个很大的困境。

我有时会建议合作企业的经营者：企业要做一个培育市场的长期主义者，要制定并实施一个更长远的市场培育战略。企业总部的营销领导要具备战略视野和一线市场作战的经历，否则他所制定的年度市场战略目标，可能会对企业未来市场生态造成伤害。有的企业制定年度市场目标负责人，缺乏企业的经营管理和市场一线的作战经验，没有企业的全局意识，在给企业制定战略落地的目标上往往是没法接地气，因此耽误了企业未来数年的市场战略机遇。企业年度目标与长期生态培育的矛盾问题能否解决，取决于企业的经营策略和绩效考核目标导向，用机制牵引员工们塑造未来市场生态的行为，是企业践行长期主义一个高明的策略。

6. 年度目标要兼顾长期生态效益

在企业的年度目标考核设计上，尤其是营销系统年度目标考核指标，在设计时会涉及企业的经营收入和利润能否取得，关乎企业的生死存亡问题。但是，企业做市场营销就像农民种庄稼地，今年种的庄稼品类可能会对明年的种植产生不良的影响，有时甚至会严重透支了土地的肥力，所以今年要适当给土地施肥确保明年还能接着种。因此企业在年度目标的设定上，不仅要考虑本年度的经营目标完成率，还要考虑未来两年企业的业务生态培育情况，要考虑产品市场的持续产出能力。企业董事会绩效目标考核实施小组在制定目标考核的时候，要给未来二至三年业务生态的培育拿出一定的权重考核指标。引导经营班子和一线作战团队，不仅仅要关注本年度的经营指标的完成，更重要的是还要学会培育企业未来的关联生态环境，包括经销商环境、终端环境、顾客需求的满意度，以及供应链和价值链环境等，绝对不能为了完成年度目标拿奖金而牺牲未来市场发展和成长机遇。这个关联指标的制定者需要具备一定的功底能力，如果不具备一线市场丰富的作战经历，缺乏企业全局战略思维能力的话，很难完成这个具有挑战性的年度目标设计考核工作。很多企业年度目标几乎都没有考虑与长期生态效益的矛盾问题，这个问题要么是董事会的短视，要么就是实际操作的能力问题。企业董事会和经营管理层要具有一个长期性的培育市场格局，把市场作为一棵幼苗一样去逐步地浇水施肥，让它茁壮成长起来。只有董事会和经营管理层成为市场的长期主义者，不仅仅满足于眼前的年度利益完成，更要关注未来的市场生态、未来企业在市场上的经营和营销环境的健康。

企业年度市场营销目标应该包含两个，分别是年度市场经营目标和战略性市场生态培育目标，这两个指标应该同时存在，两个指标权重可以结合实际来制定。这样就在充分考虑年度目标的基础上，也兼顾了第二年的目标市场生态的培育，否则的话仅仅为了本年度的指标完成，就可能会造成对未来市场生态的伤害。而要做到这一点，企业绩效管理部门在制定年度市场经营目标的时候，要将年度市场经营目标与长期市场生态培育目标结合起来，在针对两个指标的权重设计上，可以考虑不同区域市场的成熟度来设定权重数，比方给予年度市场经营目标95%的权重，战略性市场生态培育目标5%的权重，也就是说5%的权重意味着只要在未来市场一旦取得了效益，都会与当时的区域管理者的经营业绩挂钩，并且给予其一定的奖励兑现。企业要在机制和制度方面给予一定的保障，让一线作战将军们成为市场培育的长期主义者。

企业要用机制保障一线市场持续性生态培育问题。永远记住市场就像刚出生的婴儿一样，你不可能一夜让他长大，不可能让他一年就会讲三国语言，也不可能让他一下子成为一个专家，我们要耐心地培养，要投入精力和资源。企业只有对一个市场进行长期性的培育培养，才能让这块市场的土壤变得肥沃，才能源源不断地获得市场的成长利润。这就是企业要做好战略性的市场生态培养，要将其作为一线作战人员的考核指标，也要放进总裁和营销负责人年度目标考核项里。只有这样，经营管理人员才能把市场生态的培养当作工作任务。尤其是让一线作战人员既能努力完成年度的市场作战目标，更要主动地去兼顾培育市场的生态环境。企业董事会不能仅仅是口头上的奖励承诺，而要给一线作战部门制定机制模式作为保障，并且予以奖励兑现。诗云：

> 万丈高楼平地起，厚德稳健靠根基。
> 良田千亩收硕果，育苗施肥在长期。

7. 企业预算来自作战倒逼思维

在企业经营过程中，企业的投入产出，企业给员工的薪酬和员工贡献的效益，还有企业对市场的投入和利润回报，等等，无不印证了经济领域的能量守恒定律。也就是说企业只有投入了才能有产出，不投入就无产出。在给企业做预算的时候，企业的投入产出包括前期市场的积累，以及后期对市场的期待，等等，都验证了一个能量守恒定律。人世间万事万物在其生命周期内，无论是蓬勃生长还是萎靡衰退，都有一种力量在冥冥中不断地牵引着，发挥着作用，佛家称之为"因果轮回"，道家称之为"大道无形""无为而治"，经济学家称之为"投入与产出平衡"，总之会有一种隐形的规则在起作用，这就是自然界里的能量守恒定律，可以说是无所不在。也就意味着企业要在市场上有所产出，就要有一定的投入，企业的战略目标与预算计划措施就是解决这样一种投入产出关系。

企业预算是支持战略目标要达到的工具手段，也可以说企业预算来自作战策略倒逼思维，来倒逼企业的财务作战能力和对应的经营管理行为，以及制度和机制的制定，还有对应的资源统筹安排。所以说预算方案是以终为始，以作战胜利为目的，预算的使命就是完成战略目标。在20世纪90年代，邯郸钢铁厂当时面临倒闭，公司上下想尽一切办法求生存，后来经过市场研究论证，邯郸钢铁厂董事长刘汉章先生创造出一套市场营销作战方法，这就是著名的邯郸钢铁集团"成本倒逼法"。什么是成本倒逼法？就是结合外部市场竞争对手的产品价格，在公司内部设定一个具有市场竞争力的产品销售价格，公司以这个产品价格为目标，设定一个产品的最终成本，并且预留一定的利润空间，要求供应链上各个部门用倒逼的思维来实现各自的成本目标。最后形成了集团公司的各个部门，以及各个环节，都围绕着一个具体的产品市场价格，开展精益求精的压缩成本空间行动，终于奇迹般的达到了核定的成本价格。这个成本倒逼法说起来简单，而实质上它是整个企业系统和经营资源的再造活动，是一个牵一发而动全身的企业系统再造战略。邯郸钢铁厂实施的成本倒逼法，不仅盘活了自己企业的产能，并且成为那个时代的创新企业和领军企业，为90年代的中国企业提供了一个案例教学的模板。邯钢成本倒逼法是一线市场作战倒逼思维，邯郸钢铁厂聚焦一切关联资源，将设定的价格作为一个堡垒一样去攻克，使产品价格与预算实施达到了完美的结合。

　　一般来说制定企业预算要算出公司的损益平衡点，企业的各级主管要明确每个岗位的损益平衡点，要让员工有责任感，让大家注意到各自岗位的损益平衡点，最起码做到收支平衡相抵不亏损。这就要求员工也要参与预算制定过程，可以先让员工明白企业存在的困难和希望，让员工知道自己每个月的工资是企业管理成本的一部分，这也是对员工的一种责任驱动力。很多公司员工不知损益平衡点，他们以为做了点业绩还不错，也不明白自己是否达到盈亏平衡，公司是否有盈利，只有董事长明白公司的业绩，承担着经营的巨大压力。所以有必要每年梳理一下公司的产品线和机构设置，对于多余不必要的机构组织，连续处在损益平衡点以下的事业，以及连续不盈利的门店和业务可以考虑进行战略性的精简。

　　企业的预算方案可以说是对实施预算案人员一定程度上的授权，就是说负责完成该目标的经营人员或者是作战将军，在预算范围内有签字权和使用权。当然预算是以假设为前提的，假设市场环境在一定的周期内如企业所想象一般没有变化。而事实上，市场环境和信息一直在变化，所以企业的预算方案，也要结合市场变化在一定时间内进行分析和调整，并且进一步优化。

　　企业的目标管理预算实施方案，其实质就是企业的对外作战方案。因此，我们会建议企业在制定预算作战方案的时候，要抽调各部门专家人才成立跨部门工作小组，挑选公司各个板块的资深人才参与制定，包括战略方面的、经营管理方面的、营销和财务等方面的专家，这些人都要求对市场有深刻的理解，要确保制定出来的预算方案能够精确地打击竞争对手的要害，如同精确制导导弹一样，准确无误地击中目标，这才是预算作战方案制定和实施的原则要求。

科学的预算管理体系一定来自战场倒逼，来自对顾客需求的战略思考。总部后勤支撑平台，每个作战单元包括经销商、每个作战产品都必须要在预算中有所体现。企业要对一线作战部门，包括企业的供应商和经销商等合作伙伴，进行深刻的战略性思考和能力挖掘，将其并入所在区域的市场作战机构统一管理指挥，只有这样目标考核与作战体系才能接地气为战略服务。目标考核体系和预算体系都为了市场一线打胜仗，企业的预算体系一定要确保供应链合作伙伴有利润，企业的员工有好的薪金收入，我们称之为均衡供应链利润。以顾客需求和一线作战目标为始发点的预算，是自下而上的预算制定方式，具备很强的作战功能，预算制定过程是对企业整个供应链端到端流程的分析诊断，预算要调动整合与作战目标有关联的资源和力量，形成一个真正的预算闭环。预算也是企业自内而外整合资源的发动机，是企业运筹帷幄之中，决胜千里之外的谋略能力，也是职业经理人作战必备的技能素养。企业预算的前提是对现有业务模式进行梳理、优化和设计，而科学的业务模式和流程设计则是预算迈向成功执行的关键。

在做预算的时候我们会遇到一些问题，因为不同的企业在不同的发展阶段，它的产品的市场作战能力，或者产品的市场占有率是有差别的。在为企业做预算的时候，要解决这些瓶颈问题，让企业的产品最终能够通过预算策略支持击败竞争对手，并且占领更多的市场。

然而我们经常会发现，制定预算的过程中会有许多的费用让我们困惑，企业里许多机构或者部门，甚至是市场一线的作战部队都希望从总部的年度预算里多要一些费用，这样就给跨部门预算工作小组出了一个难题，各项预算费用如何分配才能恰到好处？这个取决于企业预算管理团队的专业能力。与其说是制订企业的预算，倒不如说是企业产品端到端的流程过程的费用设计，实质就是从企业端到最终顾客端整个过程所产生的费用，在这个过程里会发生许多经营管理行为，也会浪费掉一些不必要的费用，那么多余的费用必须要清除掉，否则多余的费用会成为顾客的成本，也会成为企业费用使用部门贪污挥霍的犯错源泉。清除多余的预算费用，有三个方法可供选择。首先，要确保预算费用是一线市场的作战需要，这是一种以终为始的作战财务思维，可以审慎剔除多余不必要的费用；其次，在预算的实施过程中，企业要力争在细节管理中，将费用落实到对应的节点上，确保费用不外流；最后，要使得整个预算实施形成闭环，企业在一定的周期内要开展有针对性的财务审计和营销管理审计，我称之为"预算目标费用落地回头看"策略，在审计过程中进一步发现预算费用在制订和实施过程中存在的漏洞和问题，并予以及时的修订与完善。

当然，企业任何一个机制和制度都需要不断地升级和完善，法律和制度无法约束人们的自私思维和某些不良行为，因此在实施预算过程中关键还是靠员工的自觉自重，企业也要制定一系列的奖惩办法为预算案保驾护航。而预算目标的营销审计，以及费用落地复盘则是一个比较好的监督策略。

8.年度重点工作解决遗留问题

成立多年的企业一般会有一些历史遗留问题。我就遇到一家成立20多年的集团企业，虽然是一家民营集团，但是企业整体的做法有些"老国企"的状态，部门臃肿，职责不清，人浮于事，外部有很多应付和应收账款，整个企业的办事效率低下。在这种情况下董事长邀请我们去给他的企业做管理咨询诊断，经过多方面的调研和沟通以后，我们认为优化提升这家企业效率需要从四个方面入手：第一，精简机构，变革企业的组织架构；第二，明确责权利，建立并实施规范的目标管理体系；第三，流程再造，建立强有力的执行力体系；第四，盘点陈年旧账，解决企业的历史遗留问题。

在这里重点讲一讲我们是如何解决企业遗留问题的，当我们找出合作企业的遗留问题以后，我们跟董事长和总裁一起深入沟通，请董事长亲自担任解决遗留问题工作组长。我们把企业遗留问题都罗列了出来，制定了解决遗留问题的策略措施，把这些遗留问题分成了几大类，做成了历史遗留问题清单，并且把这些遗留问题的清单都找到了责任归口部门，变成了每个部门的年度重点工作，放进年度目标考核责任书里，落实到每个分管高管和部门负责人的身上，与奖金和职务升降挂钩。在年度规定的时间内，解决了遗留问题有奖励，没有解决有惩罚，甚至可能会影响到现在职务的去留，这样企业就有法可依，有据可查了。

企业各个部门的年度重点工作考核的是工作结果，并且有具体时间要求，以结果作为奖惩依据，具体奖惩规定由企业结合各自的实际情况制定实施，关键是企业董事长要身体力行地来督导落实检查，高管肩上都承担着历史遗留问题的解决结果，直接影响到具体负责人的薪酬和职务升迁，在完成过程中董事长要给予支持和持续沟通，在规定的完成日期进行考核兑现，而且要确保落地。

通过与合作企业的咨询合作，我们发现企业的遗留问题很多都是员工的不良习惯导致的，尽管企业各方面的制度都比较健全，而在企业的实际经营活动中，员工责任意识里制度还是缺失的，也是企业缺乏用制度及时的惩罚和自我纠正能力。在董事长的强有力支持下，通过实施目标管理解决历史遗留问题，既帮他们梳理了目标管理，也给责任部门定下了任务指标和完成时间，企业有了解决历史遗留问题工作任务路径图。

当然，企业的问题不仅仅是历史遗留问题，还有其他的问题，通过对存在问题的分析我们发现，导致这些问题出现和存在的原因，往往是企业制度执行的缺失，或者是企业自身不良经营习惯导致的。企业的制度不是仅仅挂在墙上，而是要深深地刻在每个员工的内心深处，让制度成为员工们在企业经营活动中的行动指南，也是人在职场中的红绿灯。

9. 中层是战略目标落地的保证

优秀的企业都有着共同的特点，都有着超强的战略制定和执行能力，有着顾客第一的经营管理理念，有着敏锐的市场捕捉能力，有着强有力的产品市场穿透力，等等。我们发现能够让企业战略梦想得以落地的，是他们有一个强大的中层队伍，这才是企业得以存在和健康发展的关键原因之一。中层队伍在企业里起着承上启下的作用，中层干部就像企业的桥梁一样，上边是战略目标、下边是执行力带来的结果。中层能够准确地把董事会的战略传达给下面的员工，并且坚定地执行落地。有人说过这样一句话，企业的高层除了董事长其他的都可以没有，但是中层干部一个都不能少，中层是企业机器战略的实际操作工，董事长则是企业机器的中枢大脑。所以，离开了中层干部，企业这个机器有可能停摆，可以说中层是战略落地的关键部件。无论是海尔集团还是华为集团，或者是其他持续经营好的企业，当我们对它的整个经营环境和经营队伍进行分析的时候，往往都会得出一个同样的结论，就是他们有着很好的战略，同时也有着强大的中层队伍。有句话说得好，战略制定得好不如战略执行得好，这就是中层队伍的价值。

当我们去研究三国时代的历史，就能发现这样一种现象，魏蜀吴三国经过多年的征战对抗，最终形成了三足鼎立的局面，三国有一个共同的特点，那就是都有一个很好的最高统帅。无论是曹操的宏伟谋略，刘备的宽厚仁爱，还是孙权的制衡智慧，这三个领袖都有各自的优点和长处，因此他们吸引了众多人才与他们一起打天下，这些人才就是魏蜀吴三国各自强大的中高层干部队伍。以蜀国为例，文韬谋略有诸葛亮可以规划"隆中对"，屡出奇策，武勇有关张赵黄马五虎上将可以克敌制胜。三国无论是文臣还是武将，都能各司其职，谋臣们都能策划奇谋，武将则带着士兵四处征战，并且严格执行统帅制定的作战路线图，坚定执行到底，视死如归，这就是让魏蜀吴三国得以兴盛的核心执行干部，他们是三国鼎立局面之所以存在的重要原因。

同样的，任何一个企业的强大，不仅仅是因为企业战略的前瞻性好，或者是市场策略的敏锐性好，其实企业战略野心能够落地要比制定战略更难，因为战略落地的过程是真刀实枪拼出来的，是一个市场一个市场打下来的，也可以说是一箱一件的产品卖出来的。企业这种对事业持之以恒的意志品质，都是来自企业中层队伍强大的执行能力。所以企业要想长期发展下去，就一定要培养一支能打硬仗的中层队伍，企业不仅要在战略层面有着清晰的人才规划蓝图，还要在机制和制度的层面予以保障，确保企业在培养中层队伍方面有所建树。

中层队伍是战略目标落地的保证，是企业战略到达目的地的运输船。在战略的实施过程中，优秀的中层干部可以及时发现战略里存在的瑕疵和问题，能够及时地与总部沟通加以修正。所以说，一个优秀的中层干部，他不仅仅具备优秀的作战执行力，更重要的是他在执行战略的过程中能够发现战略与现实存在的偏差，及时修正并且继续贯彻执行，这是企业获胜的关键。

五、产品销售计划是供应链管理的核心

管好产品库存是企业供应链的关键能力，产品库存管理不是简单的产品进销存账务管理问题，在实际的企业作战系统里，管好产品库存则体现了供应链的卓越作战能力。我在后边的章节会讲到打造攻守平衡型供应链，良好的库存管理能力就是企业的对外作战能力，这里说的库存是个系统的库存概念，不仅仅是企业的成品库存，还包括经销商、终端等供应链环节里产品库存。如何管好企业产品库存是一个大课题，同时也是企业核心竞争能力之一。管好产品库存是企业经营性问题，其实质就是管理梳理好与产品库存有关联的各种要素，以及与之相关的企业机制和制度建设。管好产品库存是企业综合作战能力的体现，要求企业要具备一个强大的产品信息中枢系统，还要具备功能完善的终端末梢神经系统，这是营销能力的核心问题，产品销售计划管理是企业整合作战资源的引擎。

当企业做好了各级经销商和终端的库存管理，也就意味着企业从产成品乃至原材料形成了一个闭环，企业的经营系统和财务系统可以构成一个闭环，企业将在对外市场的作战中表现出卓越的作战能力，具体作战攻击内容我在第五章博弈利润区章节会讲到。

1. 企业要建设产品库存预警系统

产品库存预警系统就是企业通过掌握产品在各个渠道里的数据变化，通过对产品的市场数据分析和预测，给总部提供决策和经营管理的数据支持。企业总部可以围绕着产品库存数的动态变化情况，建设一个产品库存健康预警系统，通过计算机技术做好产品销售计划管理，提前预知商品未来的库存周转变化，企业产品能够直达经销商和终端的库存，甚至可以点对点地到达顾客家里，使得企业的供应链管理做到订单式精准直达。企业供应链管理负责人通过对库存的预测和分析，可以给总部提供产品营销大数据决策支持，对企业产品在全国的营销布局情况，有一个清楚的摸底了解。企业总部通过对供应链数据的管理，能够准确地知道哪类产品是畅销品，哪类产品是滞销品，提醒总部哪些产品应该被重视，哪些产品应该被淘汰，也能给总部提供竞争对手产品在市场上的活跃情况。企业一线作战人员，每天都可以通过走访终端，准确地将自己产品在终端的库存变化情况，以及竞争对手产品的终端变化数据传输到总部信息中枢，总部通过基础数据的分析可以建设产品库存健康预警系统，从而提高产品库存数的科学性和准确性。

企业在建设产品库存预警系统时，可以通过计算机信息技术，将企业的原材料计划采购数量，生产车间的半成品和成品数量，以及企业产品总部的库存情况和经销商的产品库存数的总数进行综合分析，得出一个公司总部库存产品数字的合理区间，从而通过分析得出库存产品的健康预警数字，使得企业可以更好地安排资金、产品生产计划和物流运输的能力。打造产品库存健康警示系统，让企业在原材料的准备、产成品的生产和库存管理方面，乃至整个供应链系统的经营管理方面，都得以健康地运营，使得企业具备全市场区域的产品精准投送能力和管理能力，真正做到运筹帷幄之中，决胜千里之外。

2. 产品销售计划管理是供应链管理的核心

传统的产品销售计划管理一般是由驻外市场作战机构，将每个月的区域市场计划销售产品的数量在月末提报给企业总部，由总部按计划进行生产和物流配送安排。这些简单产品数字的提报，对于企业对外作战没有形成一个良好的助推作用。但是，当企业将产品销售计划与一线作战紧密联系起来的时候，就会发现企业的产品销售计划管理是一个系统的工作，企业总部可以将产品的销售计划做成一篇大文章，不仅仅是企业产品的供应链管理问题，还可以把它建设成为企业的作战路径图。将产品销售计划管理打造成供应链管理的核心，要求营销人员了解每个经销商、终端的产品适时库存数。当企业掌握了经销商和终端的产品库存数，再加上企业总部的产品库存数，就能够准确地知道某天公司所有产品的销售量和库存量，将这些库存数据进行科学的分析管理，可以给企业总部的经营决策带来强大的作战协同作用。企业通过实施区域市场分公司或者办事处的产品销售计划管理，可以制定公司产品的周销售计划管理制度，周销售计划管理制度的核心就是产品的周库存数，要求区域市场一线作战人员每周五给公司提报经销商和所有终端的产品库存数，同时提报所辖区域市场下周的产品销售计划，企业就可以对下周的产品销售数有一个详细的分析和预测。通过每周产品销售和库存产品的分析，可以对各地市场有个清晰的认知，能够发现一线市场的营销机遇，以及存在的营销瓶颈，还可以适时动态地掌握竞争对手产品在各个渠道和终端的运营情况，从而为企业制定市场作战方案提供精准的产品数据支持。

企业实施产品销售计划管理，其关键在于提高企业产品的市场消化能力。可以结合每个市场的运作成熟度和团队的实际能力来设定，有的地方实施产品月度销售计划管理，有的可以实施产品周销售计划管理，有的甚至可以实施产品的每日销售计划管理，使产品的营销动态可以做到更精准。通过实施产品销售计划管理，可以促进一线作战团队与经销商伙伴形成良好的互动，使得企业总部对经销商的经营管理与营销支持做到精准无误。

企业实施产品销售计划管理，可以帮助经销商和终端减少不必要的库存，同时也使供应链环节的采购减少了原料的资金占用。企业通过开展产品销售计划管理，能够将产品的销售任务落实到每个经销商、每个终端，形成一个闭环的订单运作管理，使得采购、生产、营销、财务和战略形成一个完美的闭环系统。

通过实施产品销售计划的管理，不仅可以有效地管理企业的产品，同时可以及时掌握竞争对手的产品终端数据，可以有效地管理竞争对手的产品；能够较为准确地掌握竞品的优劣势，真正做到知己知彼；能够精准地攻击竞争对手的产品软肋，挤占竞争对手的市场生存空间，增加自己产品的市场占有率。

产品销售计划管理是供应链管理的核心，产品销售计划源头是顾客需求，是来自一线作战机构的产品计划需求。因此，可以说产品销售计划是企业资源整合的发动机，是企业总部对一线市场作战部门提出需求的快速响应能力。产品销售计划就是企业的作战路径图，是一线作战部门为了拿下某个山头而制定的作战方案。产品销售计划一定要准确，可以允许一定的误差，比方说将误差控制在15%左右，能够做到平均误差控制在10%以下的一线作战统帅就非常优秀了，企业总部要适时培养并重用这类人才，不要让他成为那个月夜远走的韩信。

六、流程是利润的公路

兵法有句话叫"攻城为下，攻心为上"，这里的攻心就是从根本上满足守城者的需求，只要满足了大部分人的需求，计划攻打的目标城市就不战而胜了。在经营企业的过程里，同样要抓住核心问题，企业的核心就是产品制胜，而产品制胜的关键在于让顾客满意，企业让顾客满意的过程就是一系列的经营活动，而给经营活动保驾护航的则是企业的流程。企业的流程如同人体的血管一样，它在不断地给企业输送营养，也把企业的战略意志传输到企业的各个角落。因此，流程是利润的公路，如何让流程顺畅，就是企业经营者的一个关键课题。确保流程顺畅，如同河道无障碍一样，让企业这艘大船在河道里顺畅地行驶。

1. 古代臣子们"奏折误国"对董事长的启示

古代的皇帝基本都深居宫内，很少实施走动式办公，更不要说深入民间考察民情、体验民心的外巡工作了。那些深居宫内的帝王们，治理国家唯一的办法就是每天看臣子们的奏折，从奏折里去了解民心，了解民众对帝王和帝国的需求，然后做出决策，制定一系列治国策略。唯有那些善于纳谏的帝王如唐太宗李世民，喜欢听取部下的意见和谏言，因此他所看到的奏章和听到的汇报，基本都是真实的，他在治国过程中经常深入民间去体察民情民意，真正地将民众的需求放在第一位，并围绕民众的需求来倒逼治理国家的施政策略，因此出现了贞观盛世这样名垂千古的治国成功案例。然而大多数情况下，古代很多帝王在奏折里往往看不到那些惨烈的饿殍千里，易子相食的真实状况，有的大臣奏折基于利益原因甚至会被管理部门扣押，有的奏折假话谎话太多，帝王们都被蒙蔽了。由于帝王们没法了解到治下国家的真实情况，他在奏折里看到的都是歌舞升平的盛世景象，再加上很多帝王都是庸才居位，他们终日在位置上浑浑噩噩地消耗帝国福报。

现在一些企业董事长和高管也是深居总部，不愿深入市场去了解一线战场的情况，去聆听最终顾客的诉求。当高管们仅从下属汇报文件里研究顾客需求的蛛丝马迹，与那些深居内宫看奏折治国的君王何异？当企业总部领导手握资源和行政大权，对外部市场一无所知，与一线将士们缺乏沟通了解时，而企业的一线作战将士对总部的部门领导总是恭敬地交往，生怕说错一句话从而得罪了他们，担心将来给他"好果子吃"。总部千方百计地要管理驻外机构，担心一线机构的作战策略做得不好，担心一线将帅们有各种问题。而总部的领导们则由于对一线市场不了解，不熟悉当地的竞争环境，不了解当地的竞争对手情况，拍脑袋想当然地制定各种制度和机制，用来约束驻外的一线将士们，这种制度模式变相成了压在一线将士头上的枷锁，极大地损害了企业的市场机遇。于是，一线作战机构迫于总部的强势压力，经常会填写一些意义不大的表格来证明自己的廉政和积极。总部机构甚至为了证明自己的调度有方，指挥得力，往往会不断地出台新的制度和政策，来管理一线作战部门，一线作战机构每天要填写的表格堆积如山，甚至在产品销售计划提报方面，总部机构也是按章办事，没有去市场一线了解产品真实的库存情况，仅仅是形式上要求一线机构提报月度产品销售计划。有的一线市场机构敷衍了事提供不靠谱的月度产品销售计划，因为内外市场信息的不对称，导致了总部仓库原料和产成品过度积压。于是，总部机构和一线作战部门的矛盾在年底考核中爆发，一起找董事长对簿公堂，无论谁输谁赢都不重要，最终损失的是企业，错失了一年的市场发展机遇。

企业董事长要从古代大臣们"奏折误国"上看到启示，在经营企业和制定企业战略的过程中，不能局限于下属们呈报上来的文件报告，而要亲自到车间和市场一线去调查研究。董事长只有在战场上，才能真正地了解顾客真实的需求，才能真正地找到战略源头。当董事长亲自走进一线战场，与一线将士们和经销商进行深刻沟通，董事长这种以身作则的示范，必将对企业所有高管和职能部门起到很好的表率作用。企业要解决内外部矛盾和内耗问题，总部要做到和前方将士一条心，要将总部的决策权、监督权和预算权前移到市场一线，用一线作战需求倒逼思维来制定作战方案。如果条件允许的话，要求总部机关的领导们必须是精通一线市场作战的专家，只有知己知彼才能有效服务和有效管理，把总部打造成为一线作战部队提供支持的作战参谋平台，企业才能战无不胜，攻无不克。诗云：

帝王治国锁深闺，奏折虚妄马蹄急。

企业欲求千秋史，功名汗透将士衣。

2. 顾客需求是流程设计的源头

我把企业的发展划分为三个阶段，分别是产品阶段、准品牌阶段和品牌阶段。在企业的三个阶段里，通过产品在市场上取得的成功得以进入下一阶段，而产品的成功则来自顾客需求，或者说是最终用户对产品使用价值的满意。因此，企业要用一种倒逼的思维来思考，要以顾客需求为中心来设计企业的流程，只有产品活下去了，企业才能活下去。用产品到达最终用户的运作流程是否顺畅，来检查企业的流程设计和机制是否科学，来检验组织架构和岗位的设置是否合理，没有用的或者影响产品运作效率的都要清除掉。要盘点产品营销渠道里每个细节、每个节点设计是否科学，影响产品运作效率的都要改变。产品从顾客需求端倒推到工艺设计、原材料采购和生产的整个过程，设计顺畅合理的流程决定了产品的生命力。所以，企业的流程设计者要对产品经营的端对端负责，确保来自顾客需求的产品计划，能够准确及时地进入到企业产品设计平台。要确保产品供应链系统全流程畅通，要把中间可能的障碍节点疏通了。同时要在流程中建立监控制度，要确保产品生命周期的全流程如同河流一样顺畅流动，并且不能出现污染。

企业总部的高层领导，要能读懂顾客的真实需求，而且要明了产品到达顾客的路途上存在的各种潜在风险，要具备一个端到端的工作经历，要牢记顾客需求是流程设计的源头，这是一种企业战略倒逼的能力，也是企业经营管理塑造的过程，更是一种来自一线作战市场炮火纷飞的呼唤，也是一种掌控产品市场生命的能力。

3. 企业内部需要协调说明流程病了

在企业里我们经常听到"协调"两个字，协调的目的就是为了处理好组织内外部的各种关系，解决好企业在经营过程中存在的人为的或者老旧制度的阻力，搬掉或者扫除影响组织前进路上的一些障碍，为组织正常运转创造良好的条件和环境，促进组织目标的实现。

我有时会问企业董事长和中高层领导：企业是不是经常需要开会协调一些业务？如果不协调业务就没法顺利办下去？他们非常认同我的观点，因为协调可以让事情更顺利，让业务更快开展。企业需要协调的事情很多，比如说企业开展工作会发现流程不顺，团队合作会发现工作不顺，部门之间发现沟通不顺，供应链节点合作存在着业务不顺，等等。企业里诸多不顺需要协调，如果不协调企业的经营管理就没法正常进行下去，因此协调在企业里是如此的重要，甚至成了企业不可或缺的工作方法了。我们经常会听到某某领导协调能力强，左右逢源，大家都给他面子。而我却觉得如果夸赞某个领导协调能力强，在企业内部恰恰是一种悲哀，当人们都因为协调者的面子而开展工作，忽视了企业的利益，忽视了流程的存在，忽视了岗位责任和目标的存在，也忽视了企业的制度和机制的存在，那么企业的协调成本就太高了。协调的根本问题出在哪里？中高层都是各自为政，企业内部有些问题甚至需要董事长亲自来协调，否则高管们都不会给彼此面子，部门之间高墙林立，企业内部流程不顺畅，需要你给我打个招呼，我才给你办事。甚至企业里有些制度和流程也会彼此打架，于是就需要高管或者中层到平级部门来沟通协调。当然，协调需要时间，有的甚至协调不成功。企业里的每一个人似乎都清楚协调的代价，但是有很多人却热衷于协调，很少去反思协调是企业的成本，甚至是企业的生命成本，有时会导致企业丧失发展机遇，最终会让企业破产。董事长和总裁要清醒地认识到协调是企业的麻烦成本，是企业的流程不顺畅，是流程在运转过程中出现了人为的问题，是企业组织架构和制度模式出了根本性问题。董事长要明白需要他亲自出面协调内部事项说明流程病了，可能还病得不轻，甚至说明企业内部的帮派山头问题已经非常严重了。企业领导们要重视流程，只有消灭了协调这两个字，科学地设计流程，按照流程的原则开展工作，到了不需要协调时，才真正意义上没有了流程障碍，员工做到"以企业之心为自己之心"来开展工作。不需要协调说明企业的部门墙没有了，企业的经营管理墙没有了，企业的制度墙也没有了，企业内部都按照流程办事，每个节点处员工都各司其职，让工作任务顺利地传送到下一个节点。

我养成了一个职业习惯，只要到企业去做调研，我一般会问两个问题，第一个问题就是企业在目标管理方面实施得怎么样？第二个问题就是企业一个月大概需要开多少次协调会？通过这两个问题，我们对企业的经营特点和流程模式就大概了解了。这两个问题体现了企业的规范化管理，以及企业科学的目标绩效管理模式是否落地了，可以明了企业处在人治还是法治状态，我们就有了一个初步的判断。同样的，企业协调会议多说明流程在流转过程中的障碍多，说明企业的决策和经营机制存在着问题，也显示了有很多障碍墙堵住了企业的发展速度，这是流程保障出了问题，是企业总部平台存在的问题。总部平台存在问题直接降低了一线作战的效率，也直接影响了企业的健康发展。所以，要从根本上解决"协调"这两个字。这不仅仅是经营管理层的沟通协调问题，也是企业董事长不可逾越的一个障碍，只有董事长下定决心把协调这两个字当作企业病根除掉，企业才能消除一切障碍轻装上阵。企业只有明确流程各个节点的责任，找出那个制约节点的瓶颈并且清除它，流程才会顺畅。

董事长要明白，企业的员工在工作中犯了罪，首先是公司的责任，其次才是员工自身的责任，因为公司的流程制度没有到位，给员工创造了犯罪的机会，诱导了员工人性深处的自私和贪婪。所以，企业要照顾好自己的流程，要防止在流程运转过程中员工犯错犯罪。任何流程就像一条河一样，河流的航行能力受制于诸多因素，其中一个必然要考虑的因素就是河流上的桥梁，河流上最矮的桥梁决定了整个河流的通航极限能力，如同长江上最低的桥梁一样，限制了航行的船舶载重量。在任何企业里，流程上都会有最薄弱的环节，这薄弱的环节就是企业的瓶颈，有可能是员工们犯错误的地方，也可能是被竞争对手攻击的地方。因此企业要时刻留意流程上的薄弱环节，要改善它，更要加固它。

4. 流程长的设置

这几年，国家为了使污染的河流能够变得清洁干净，让每段河流都有人负责。让国家针对河流的政策能够准确地落地，并且使得每一段河流都能够持续地干净下去，政府出台了一个政策，那就是规定一段河流要有一个河长，河长的责任就是要管理好分管的河流段，要保障这段河流无污染地顺畅流淌。自从有了河长这个岗位，河流在降低环境污染方面明显比原来好了。河流之所以变得那么干净，再也没有原来那么脏，并且保持着清澈在流淌，其关键原因就是有专人管了，而且这个人必须要认真地管，因为他是这段河流的河长，他要负责和保障分管河流的干净、顺畅流淌，这就是河长的责任使命，否则河长就要受到处罚。

那么，企业的流程能否像河流那样顺畅地流淌？以及怎么做才能让企业的流程顺畅呢？这是我一直在思考的课题。如同河流一样流淌的企业流程，在源源不断地输送着企业的战略意志。流程在企业内外部流淌过程中，会不会也要受到污染呢？流程会不会受到人为因素的制约而流速变慢，甚至没法流动呢？企业的流程就是企业产品走向顾客的那一段路，也是企业战略前进的公路。但是所有的公路往往都会有一些问题，有的道路不平整，有的道路年久失修，而有的道路偶尔会有不少的收费点，这也会影响车辆的速度。因此，企业需要维护流程这条公路，确保企业战略在流程公路上能够顺畅地前行，消除各种可能的障碍。为了使企业流程顺畅流淌并且无污染的问题，企业也要设立流程长，企业的流程长按照不同流程的责任内容来设置。那么，企业流程长的责任使命是什么呢？流程长要有专业的能力，监管流程的顺畅流淌，负责改善流程存在的问题，要确保分管的流程无污染。流程长要敢于监督流程里人为的污染，以及流程制度自身不足导致的污染问题。企业流程如同大自然的河流，只有确保河流的顺畅流动，预判并且解决好影响河流前进过程中的各种障碍，才能使企业的流程干净无污染地流淌下去。企业要让每个流程段都有专人负责，并且按照不同的流程段划分设立分段的流程长，以便监管每个流程段的顺畅流动，让流程准确无污染地流动到企业的战略目的地。流程是企业利润的公路，流程的使命就是为企业利润和实现企业的社会价值保驾护航。我深信流程顺则企业顺，流程堵则企业危。因此，企业要确保设置的流程段专业。每个总流程会肩负着一个端到端的使命，企业的价值链是企业的核心流程，企业的供应链则是企业另外一条关键的流程。

世间所有的河流，无论经历怎样的艰难和险阻，或者经历怎样的弯曲流淌，最终都流进了大海，大海是亿万条小河流的最终归宿。企业的流程很多，而各种流程的最终指向都是顾客的需求，这是企业制定和设计流程的根本方向原则。企业的流程无小事，企业的每一个流程都肩负着一个战略目标使命。流程既是企业价值链顺畅流淌的一个制度保障，也是企业来自顾客需求的一个战略源头思考。因此，流程里流淌的是企业的战略使命、工作任务和目标数字。只有企业流程这条河顺畅流淌了，并且做到无障碍无污染流淌，企业的战略最终才能得以实现，这是企业的梦想保证，也是流程长的责任和使命。诗云：

> 条条流程载梦想，
> 无数河流归大海。
> 春夏秋冬常轮回，
> 万般修炼禅自在。

5. 企业里每个干部都是流程长

高速公路取消了省界收费点，车辆在高速公路上通过ETC自动扣费可以不停顿地顺畅行驶，以保证整个路网快速运行。车辆配备ETC后能让车辆快速通行，不需要通过人工交费，使得高速公路真正发挥了高速的功能。而对于企业来说，企业的主流程如同高速公路一样，主流程在企业内外部的循环里边，会有许许多多的障碍和瓶颈，有人为的瓶颈，有过时制度的瓶颈，还有不确定性的外部环境带来的瓶颈，这些瓶颈制约着企业流程的健康，制约着企业产品端到端之间的速度。因此，企业的价值链和供应链核心流程，要像高速公路一样实行ETC通行，流程长要去发现影响企业核心流程快速通行的制约瓶颈，然后列出关键瓶颈清单来，有针对性地对症下药，制定解决问题的措施方案。只有企业的核心流程没有堵塞，企业的分支流程才能够顺畅，企业董事会的战略决策意图才能深入到作战市场一线，才能深入到战场末梢，最终实现战略目标。

企业的部门负责人以及包括企业董事长在内的每一个领导都是流程长，都在岗位职责范围内负责着各自的流程，同时对负责流程的实效性担起责任，确保各自流程内容的品质"新鲜度"。流程规定要与企业的战略和市场的需求同步，要定期和不定期地进行完善修改和升级。企业的流程有主流程，也有分支流程，分管流程的人管事不管人，领导们要放下内心的权力欲望，要对分管流程的顺畅无污染负责，对流程的专业能力负责，以及对流程的使命结果负责。所以每个人所承担流程的使命更清晰，目标更具体，流程肩负着企业的战略使命，每一段流程都要求责任人要具备足够的专业能力和职业能力，因为他所面对的专业性挑战太多。企业可以定期不定期地召开流程问题诊断会，使流程长知道整个工作流程上存在的问题，明确企业董事会赋予流程的新的战略使命和任务。

企业里的每一个流程都不是一座孤岛，也不是一个独行侠，流程与流程之间有着千丝万缕的联系，每个流程都对其他流程负责。流程之间首尾兼顾，环环相扣，战略一致，目标一致，方向一致，最终形成一个闭环的大流程。企业的流程诊断研讨会，往往是企业学习的交流会，使得企业的成功经验和失败经验可以一起共享借鉴，使得企业的团队成为一个学习型的组织，大家能够畅所欲言，最后形成一个经验共享、知识共享、战略结果共享的流程大诊断，或者是流程运转的复盘。

疏通流程里边的堵塞，如同疏通河道里边的淤泥一样，河道里面的淤泥让河流变得堵塞不畅，往往会给下游的人们带来灾难，所以人类从远古开始就一直在与水患做着斗争。在远古时代，尤其在大禹治水之前，每一个治理洪水灾患的人，几乎都采取了围与堵的策略，拼命地筑高堤坝，用来阻挡洪水，这种治理水的方法最终都失败了。而大禹则采取了顺势而为，疏通治理水的方法，让水无论怎么流淌最终都回归到大海里。而在流水回到大海的过程中，大禹设计了许多的水流渠道，让流过渠道的水为两岸的人类造福，人们在渠道的两边种植了许多的庄稼，每年秋天都收获着成功的喜悦。企业的流程也是如此，企业流程的总流程长就是企业董事长，执行流程长则是企业总裁，企业所有的流程都是围绕着价值链来设计的。我们借鉴大禹治水的原则方法，对于企业建设流程和治理流程问题有很好的借鉴意义。企业里所有流程都是为一线战场的胜利服务的，流程的最终归宿就是最终顾客的需求。企业里每个干部都是流程长，所以企业里的每一个人，都要认识到流程的重要性。

6. 流程就是授权

流程在实施过程中需要制度卫兵来保护，流程如同高速公路一样，要设置各种监控设备，也要建立不同的监督点。当我和企业高管们沟通时，我说宁可相信制度，也不要相信人性。我们没法考验人性，因为每个人生活的压力、生活的环境及其成长的背景都是不同的，考验人性只会给企业的经营管理带来不必要的风险。但不能因为人性有自私的一面就不给员工授权，当企业把资源都紧紧地攥在总部的时候，一线作战部门将没有任何资源，他们自然没法开展工作。当然，企业肯定是要授权的，在授权的过程中要有健全的监督制度，使得授权与监督形成良好的制衡。这种授权与制衡的过程，则可以用流程来设计，让流程来约束人们的不良行为，让流程给每个员工一个清晰的工作方向。

但是在实施流程的过程中，难免会存在着一些问题，因为流程就是企业的法律和习惯，流程最终培养的也是员工们的工作习惯，并不是每个人都愿意用这种习惯来约束自己。因此，企业要围绕流程需求来设计制度，用来捍卫流程的顺畅，所有与流程不符的行为都要受到制度的惩罚。企业用制度使人性得以向"善"的方向发展，向公司需要的方向发展。制度属于流程的范畴，是流程的有效组成部分，制度就是管理人性的懒惰和自私，同时也在激发着人性深处的善良。企业用制度约束人性的恶，用机制激励并唤醒人性深处的善，用各种流程来引导着每个人的行为。企业的制度和机制是流程路途中的红绿灯，让流程如同一条宽阔的马路，鼓励人们扬善弃恶，让员工走绿灯善良之路，与企业同呼吸共命运。因此，企业的流程就是授权，而关乎企业战略和生存发展的授权，是要牢牢地把握在集团总部的。当然，企业要不断地建立和完善各种流程，流程就是一条引导员工走人性善良的道路，具备了对岗位所对应权力的制衡和监督作用。但是流程又不是万能的，因为随着时间的推进，外部环境的变化，再加上制定流程的人的能力和各种因素的制约，企业的流程难免会存在着一些问题。但只要企业有流程，企业终究可以给自己足够的时间来优化流程，让流程迭代更新，使得企业的授权与监督制衡达到最优状态。企业要采取一种明智的原则，用顾客需求来倒推和设计流程，使得流程从无到有，从固化再到优化，再到升级更新。

　　企业在不同的发展阶段所需要的流程也是不一样的，企业要建立机制的预警模式，建设机制的定期自我创新能力，最大限度地排除人为因素的干扰，使得机制得以不断优化。企业在制定授权制度的时候，将人为因素和企业的运行机制相分离，无论谁离开企业，组织机制都能很好地运行，这就是流程授权的作用。

　　企业的成功源于创始者的坚持，并在企业的不同发展阶段建造了不同的"发动机"，动力满满地牵引着企业一路向前。而企业如果出现了利益团体和食利群体，甚至出现了人浮于事，高管懒政，财务混乱，如同古代帝国末期出现的各种衰败征兆一样，企业离破产关门也就不远了。除非企业最高统帅拿出毅力来，适时地对企业进行变革创新。企业要结合顾客需求进行流程再造，给企业注入新的活力。企业唯有始终保有一个健康的流程、健康的机制，才能持续发展下去。

　　企业董事长要明白，流程就是企业运送利润的公路，企业要管好流程才能有利润。诗云：

　　　　　　智慧只为责任忧，治国治企心有愁。
　　　　　　挥毫三千未达意，布衣助力帝王舟。
　　　　　　楚汉硝烟尚余烬，战马嘶嘶路在修。
　　　　　　创新变革翻蜀道，不畏青史为春秋。

第三章

聚焦利润资源

　　企业要有一个清晰的战略目标方向，更确切地说，企业要知道自己是什么？现有的资源究竟能做什么事？有哪些能带来利润的资源？企业要把能产生利润的资源聚集起来，聚焦资源是企业的能力，能够抵抗住各种诱惑，专注聚焦做事是不容易的，是董事长的定力和远见，聚焦利润资源则让企业战略变得有的放矢。那些能给企业带来利润的资源，我们把它统称为利润资源，有顾客、技术、产品、市场、品牌、渠道、机制、大数据和员工的隐性知识等。当然，企业在不同的发展阶段，它的利润资源是不一样的。

　　企业为了取得较大的竞争优势，要把资源集中起来，以取得一线市场作战期间对竞品的资源相对优势，由关键节点的胜利带动整个战局的胜利。企业聚焦利润资源的经营策略成了市场博弈中制胜的关键，尤其对于那些规模小，自身资源有限的中小企业来说更是如此。聚焦利润资源并非是资源的简单聚集，企业高层必须以战略性的视野设计聚焦资源的战术，统筹整合资源，否则容易出现资源聚焦后的严重浪费与内耗。

　　企业在不同的发展阶段资源和能力都有一定的局限性，有很多的梦想没法实现。企业在经营发展的过程中，也会面对着各种诱惑，甚至会跨行业、跨地区去涉猎跨度很大的业务，而跨界业务有时会给企业造成重大的损失，甚至是灾难性的后果。痛定思痛，企业不得不回归本业，重新聚焦注意力上路，回归到原来熟悉擅长的主业。当我们对企业的成败元素进行挖掘分析的时候，我们发现存在着几个重大的问题，其中，最关键的就是注意力分散，没有做到聚焦主业，也没有在开展业务时聚焦资源。企业由于分散了资源兵力，所以导致了失败。

正如达尔文所讲，在丛林里最终能存活下来的，往往不是最高大、最强壮的，而是对变化能做出最快反应的物种。适应能力是万物竞争能够生存下来的核心能力，而聚焦无疑是企业生存发展一个有力工具，聚焦可以让企业将更多的精力、更多的资源集中于核心利润区市场，利润区市场也是同类竞争对手产品必争之地。所以开发、建设和保护利润区市场就是企业的生存根本。企业在不同的发展阶段所拥有的资源、市场和经营模式不一样，因此企业需要聚焦的资源和发展方向也必定不一样。所以企业的聚焦模式是阶段性的，不同阶段应该有不同的资源聚焦策略。通过对企业不同发展阶段的研究分析，在本章我将企业在不同的发展阶段，可能会有的聚焦资源策略罗列了出来，称其为聚焦利润资源。抛砖引玉，供大家参考。

一、聚焦顾客

顾客是企业生命的源头，是企业的利润核心资源，聚焦顾客是企业战略的始发地。企业要深刻思考凭什么活着？是什么给了企业活下去的力量和机会？这是企业经营管理者要思考的课题，企业要从根本上找到支撑其生存发展的原因。企业因为顾客对产品的需求而生存，顾客是企业的衣食父母，顾客是企业产品存在的唯一理由。所以，企业只有拥有和顾客一样的思维方式，无论是设计产品，以及技术革新或者是其他服务，都要从顾客的需求出发，要立足于为顾客解决问题，而不是为了解决企业产品的库存销售问题。也就是说企业不能仅仅从自身的产品本身出发，而是要务实地站在顾客的角度来思考，要为顾客提供最好的产品使用价值，要努力为顾客节省每一分钱和每一分钟。企业要不断地和顾客沟通，了解顾客的真实需求，要清楚产品是解决顾客问题的，而且要物有所值，这就是企业产品使用价值的功能定位。优良产品会一直符合顾客的期望，甚至有时会超出顾客的期望，给顾客一个惊喜，这就是聚焦顾客。

聚焦顾客让我想到了古代圣贤倡导的一句话，那就是"得民心者得天下"，得天下易，守成与经营天下难，难就难在国家经营者要做到管住贪欲，持之以恒地聚焦民心，关注民生问题，这是国家治理方面的"聚焦顾客"。而作为古代的圣贤，他们无论著书立说，还是帮帝王经营天下，都准确地找到了民心民意的落脚点，并为之奋斗不已。商汤时代奴隶出身的宰相伊尹，他以帝王之师的才华辅佐商汤治国，他让商汤效法尧舜以德治天下，帮助商汤打败了荒淫无道的夏桀王，建立了商朝；姜太公了解到殷纣王残暴统治下的民意民心，把握住了战机，辅佐周武王打败了殷纣王的军队，建立了周朝帝国。这些古代圣贤们，他们辅佐帝王成功的原因就是从根本上了解民情，聚焦民心，他们把国家的大政方针聚焦在核心矛盾上，聚焦在民众的需求问题上。打下江山要具备天时地利人和，三者缺一不可，而得江山的根本在于得民心，民心向背决定了一个江山统治者能否长久和持续，这也是治国者聚焦民心民意的一种治国策略。那些历史上短命的帝国，往往将权力聚焦在统治者和财团们的利益上，把民众的需求和民心践踏在脚下。

太平天国由盛转衰时期，整个太平军集团没有形成一个聚焦的资源合力，内耗和内乱使得太平天国集团如同一盘散沙，主要兵力分散以后的太平天国给曾国藩提供了各个击破的机会。有人也许会说太平天国洪秀全的命苦，因为他碰到的对手是曾国藩。而我们从曾国藩的家书里边，可以感受到曾国藩当时的心境无奈。与其说曾国藩是写给家人的家书，还不如说是写给慈禧太后看的，他把对兄弟家人的教育和对国家前途的忧虑，与太平天国战斗中的心得体会，还有他对自己身体健康的忧心忡忡，以及他对慈禧太后的忠心都写在他的家书里面了，使得慈禧太后通过监控手段了解了他的家书内容以后，明白了曾国藩对清王朝的忠心。曾国藩成功做到了三个聚焦：第一，聚焦了当时民心思定的关键，他动员了广泛的民心民情支持他，成立了湘军；第二，聚焦了太平天国的内乱，他抓住了制胜战机；第三，聚焦了慈禧太后对他手握重兵的忧虑，他通过家书和主动让权等黄老策略让慈禧太后放心。

同样的，对今天企业经营者来说，企业的民心就是顾客和员工的需求，挖掘和发现顾客需求，才是企业生存的唯一源头。企业只有将顾客的需求真正地变成了行动，用顾客的需求来倒逼产品设计和建设企业的综合能力，包括规划升级生产设备，注重产品质量和外形的设计，以及高品质原材料的采购，等等，才能真正意义上地满足顾客的需求。

我记得有一次在与中国工业设计协会刘宁会长沟通中，他提出了一个观点，他说："对原有的工业产品重新进行设计，就是企业满足顾客需求的新的商机。"刘会长的这句话很有道理,我们生活中的很多产品在原先的设计中仅仅要求能用即可,而往往其产品的功能方面也是比较单一,外形缺乏审美,并且有的手持工具沉重,使用起来非常吃力。工业设计协会展出的一款扳手产品给我印象深刻,这款产品不仅具备扳手的功能,还具有锤子的效用,我们买到了这款产品可以说是一举两得,而且重量轻巧便于使用。刘会长倡导的新的工业设计理念,更多的是立足于顾客的实际便捷需求,产品的功能较多而又去物质化,将是今后顾客对产品的迫切需要。

二、聚焦产品

1. 产品质量是前期设计出来的

产品是利润的载体,是企业利润区的核心作战武器。传统观点认为产品质量都是生产出来的,科学的工艺流程管理对保证产品的质量是非常重要的,这种观念是以产品为导向的,关注的是生产车间的品质控制。当我们对产品构成要素进行分析的时候,我们会发现有的企业对原材料的采购过多地考虑了成本因素,这种对产品的定位,往往来自产品卖方市场的主导思维。而随着市场竞争环境的变化,产品存在着供大于求的问题,顾客个性化需求成了产品品质和功能的设计目标,顾客对是否购买产品享有一票否决权。那些享有品牌声誉和占领市场主导地位的企业,往往能够从企业的战略端开始考虑顾客的品质需求,对产品的质量和功能进行了前期设计,也就意味着企业以顾客需求来倒逼产品的品质设计,产品质量从设计前就规定了详细的质量要素和成本要求。企业用前瞻性的眼光将品质和利润留在了设计环节,产品设计已经变成了企业一个系统的战略行动,甚至是一个详细的营销作战方案。在产品设计的过程中,一切都是以顾客需求倒推的原则,来倒逼企业的设计、生产和供应链流程。企业将所有的产品构成要素和成本制约瓶颈,在设计过程中进行了系统的思考安排。设计产品已经不仅仅是一个工业设计者的职能,融入了企业全部的能力,包括对顾客的理解、战略、管理、资本和营销作战等,我们能够从产品设计路径里看到企业产品的前世今生和未来要跋涉的收获路程。成功的企业明白市场制胜的原则,企业要清楚,设计产品就是作战行动，设计产品也是企业的最前端战略方案。

企业在进行产品设计的时候，质量标准是基于顾客的需求，以及企业追求自身战略目标和利润空间而制定的。好的产品质量是来自于设计规划的质量构成要素，如同孩子在娘胎里就要健康，这是一个基因的要求。那么企业要确保有好的工艺技术，同时要有好的原材料，更要有好的技术员工。因此，企业因为聚焦了顾客需求，所以聚焦了产品，然后又按照顾客的需求设计了产品的质量构成，这里体现了聚焦产品倒逼设计的流程。

同样的，企业产品的低质量所对应的一定是低价格产品，以及很高的维护费或者是保养费。低质量的产品只能有低利润，给员工也只能支付低工资，招来的一般不是高学历的熟练工，基本都是低学历低水平的新手；高质量产品对应的是高素质高端的员工，甚至是国内和全球顶级的人才，有的甚至可能是大国工匠级的超级人才，一分钱一分货是千古不破的真理。企业要牢记，员工素质和知识结构决定了产品的质量好坏，决定了企业的社会美誉度和生存价值。因此，可以说企业产品的售后服务有时就是个迷魂药。一个朋友家里购买了某知名品牌豆浆机，该豆浆机的售后承诺是只要坏了就可以换新机，这个豆浆机果然在朋友家里两年换了三次，这家豆浆机公司用最好的售后服务，完美地解释了如此差的产品质量。所以，有的企业售后服务承诺是在弥补产品的质量不足，也从另外一个方面意味着在设计端没有考虑过这些问题，但是退换货给用户造成了事实上的麻烦，这种产品最终必然要被顾客淘汰。

因此，企业对顾客产品需求的前期质量设计，其实质就是锁定了消费需求，而真正吸引顾客的还是企业产品的使用价值。也就是说企业所提供的产品，从根本上来说是为顾客设计了一个解决问题的方案。而在工业互联网时代，企业在产品聚焦方面，可以利用互联网信息技术将企业的资源和生产能力，进行一个综合性的平台思维设计，将顾客需求从企业战略端开始设计，将产品功能进行全流程定制式设计思考，继而将企业资源和顾客需求完美结合，在产品生命周期里对顾客需求和盈利模式统一设计，这样企业提供的不仅仅是一个产品，而是满足顾客需求的一个全方位的解决方案。据海尔智家总裁李华刚先生介绍，现在海尔集团有款产品69%的销量直接进入顾客家中，其中51%定制，18%是顾客直接下单采购。当企业产品从工厂直接进入顾客家中，对企业的研发生产与供应链系统提出了极高的要求，这是企业的生态综合能力，这种能力是企业的核心竞争力，是其他普通企业所不具备的。海尔集团人单合一的经营管理模式，将企业供应链的生态系统功能，用高科技的信息手段和物联网的工具，使顾客需求与产品质量的前期设计步调一致，企业能力和员工的意愿达成了统一。人单合一不仅仅是简单的人与订单需求的结合，更是海尔集团多年积累的生态资源的协同应用。

现在企业的竞争不仅仅是产品性能、价格以及供应链的竞争，而是从企业战略端就将产品内容的前期设计开始了竞争思考，产品的品质设计在竞争中至关重要。如果企业还认为产品成本的优势来源于一线生产工人的低工资，那就是大错特错了。车间熟练生产工人最重要的价值就是贡献产品的成本，以及产品质量的卓越竞争能力。尤其是一线熟练工人所掌握的知识和技能的熟练程度，直接决定了企业产品的竞争能力，尽管这类熟练工人的工资成本比较高，却也是企业必须要付出的技能知识成本。有的企业使用低工资技能不熟练的员工，导致生产出来的产品品质低劣，不具备竞争力。卓越企业深知产品质量是在前期设计出来的，是基于顾客需求的产品战略，他们能够更快地适应顾客需求，用近似苛刻的制度以及优秀的文化来守护质量的恒定。他们明白只有高品质的产品才是顾客不离不弃的原因，而只有高品质才能卖出高的价格。因此，产品质量是前期设计出来的，在于产品质量和使用价值的管控，更是企业立足于行业领先的超前战略。

2. 聚焦产品要压缩品类数量

聚焦产品对企业来说是一个比较艰难的决定，因为要做产品的聚焦，就会压缩现有产品的品类数量，有可能会牺牲眼前一些利益，甚至会得罪一些人，包括经销商和一些社会关系，但是从长远来看是值得的。我们研究一个企业的时候就会发现，无论企业处在哪一个发展阶段都会经历各种产品的利益诱惑，从产品阶段的贸易公司小作坊，到准品牌阶段和品牌阶段的中大型公司，市场上的各类产品千奇百怪，有数万种甚至数百万种，很多产品都可能产生利润，对产能过剩的生产企业的诱惑可想而知。如果企业想生产经营更多产品的话，那么这个企业很难成功，因为注意力太分散了。企业要做产品聚焦，就必须压缩品类线。

这些年因为业务合作的关系，我接触了200多家企业，有的快销品企业居然有100多个产品品类。因为企业有很多的区域经销商，它会给每个经销商定一个产品独家经销，主要目的是防止市场串货，每个经销商各做各的，互不干涉。但实际上分散了企业的营销注意力，而且每一个产品的品类销量都不多，但是每个产品都有包装设计成本，因为销量小所以整体产品成本就偏高，往往导致合作伙伴和企业自身的利润偏低。因此，在给合作企业提咨询建议的时候，我们会建议企业要大刀阔斧地对产品线进行裁减，要明白龙多不治水，要用制度和机制管控市场串货，而不是用增加产品品类来防止市场串货。产品的品种越多，占用企业的资源就越多，也分散了企业的注意力，而且单个产品给企业的利润贡献很低。

　　企业的目的就是要持续增加产品销量，拓展利润区市场，提高盈利能力。因此，要对各类产品制定不同的销售目标，用绩效考核来引导团队的产品销售。在绩效考核上有句话就是门向哪开人从哪里走，高速路修在什么地方车从哪里行驶。所以说公司想要增加某个产品的销量，就用绩效考核来引导营销工作人员。企业可以针对高中低三类不同价格的产品，制定不同的奖金计提比例数，在完成规定产品必须的销售数量基础上，引导员工多卖高附加值的产品，因为高附加值产品的奖金计提比例数高，卖得多奖金拿得就多，同样给公司带来的利润也就高。总之，企业要压缩产品线，聚焦能成功且有发展前景的几个主导产品，把区域市场做深做透，提高产品的占有率。利用一线市场成功的产品乘胜追击竞争对手产品，在提高产品的占有率和盈利能力上做文章，尽可能多地挤占竞争对手的产品营销空间。企业要在提升品牌内涵的基础上形成产品线，提高品牌扩张力，从而达到利润区市场产品的占有率，并且提高企业产品的整体盈利能力。

3. 企业有三类产品

　　企业有很多品类产品，为了便于开展营销管理工作，根据各品类产品给企业贡献利润的情况，以及产品在企业一线作战中的功能特点，我给高中低三类价格产品起了对应的名字，分别是：摊销成本产品、战略性攻击产品和高利润产品。这三类产品在企业营销工作里，都具有各自鲜明的特点，为企业做着不同的贡献。

（1）摊销成本产品

　　无论企业有多少类产品，企业都会有一个摊销成本的产品，或者说它是企业所有产品里边摊销成本的主力军。这类产品在传统企业的市场里很容易就能找到，比如娃哈哈集团在市场上卖了几十年的那一款瓶装水，以及青岛啤酒集团在青岛市场上一直销售的塑料周转箱瓶装产品等，它们都是企业摊销成本的产品，也是企业在区域市场上的塔基产品。这里所说的成本主要指企业的固定成本，企业的固定成本是每天企业大门一开就要面对的成本，包括管理成本和各种固定摊销成本等。在快销品行业，企业产品里有一类产品几乎占据了80%的销量，是顾客购买最多的产品，这类产品单件利润贡献度虽然较低，却最大限度地宣传了企业的形象，做实了企业的市场塔基。而且，这类产品的品质具有长期稳定性，企业无论怎样降低成本，在这类产品上动任何念头都很谨慎。这类产品在销量上有任何的风吹草动，都会动摇企业在市场上的经营根基，塔基产品受损就会危及企业所有产品在市场上的生存问题。这类产品如同企业在市场上的宣传册一样，它站在那里迎接着顾客，也坚定地告诉竞争对手这里是企业的阵地，企业会一如既往地坚守着好的质量品质。通过分析发现这类销量巨大的产品，它的单位利润贡献较低，最大的贡献就是摊销了企业庞大的固定成本，这类产品是不可或缺的，它更像是企业产品队伍里的老黄牛，为企业默默地消化成本做出了巨大的贡献，我给它起名为摊销成本产品。摊销成本产品是企业利润区的塔基产品，它更多的出现在企业的基地市场里，这类产品有着深厚的顾客基础。当然，企业的所有产品都具备摊销成本的功能，企业产品里销量最大的往往处于产品金字塔的塔基，我用摊销成本产品这样一个称谓，便于更好地理解产品在市场里边的定位和价值作用。摊销成本产品也是企业利润的有机组成部分，摊销成本也是贡献了利润。

（2）战略性攻击产品

我把企业的产品市场分为基地市场和非基地市场，在这两类市场里，企业往往有着不同的产品。基地市场是企业的核心利润区市场，在基地市场里，企业至少有一款能创造高额利润的产品。而基地市场往往也是同行业竞争对手窥伺已久的市场，竞争对手会想办法破坏企业的利润区域，这个时候企业就要采取一定的利润防护措施，要想办法在利润区市场外围打造一个"护城河"，在经营管理制度和机制方面，以及作战策略上采取必要的措施，对利润区市场予以保卫。而在实际的操作上，企业可以准备一款产品去守卫基地市场，保卫利润区，我把这款产品称之为战略性攻击产品。所谓战略性攻击产品，是为企业一定时期内的特别作战策略服务的，是用来专门攻击竞品的产品，或者用来防止竞争对手入侵的产品，维护和扩大企业产品的市场占有率。在企业的利润区市场上，企业的产品在该市场上起到了一定的主导性作用，于是竞争对手会过来干扰这个市场，甚至会强行攻进来，或者采取激进的产品营销策略希望占有一席之地。这时候企业就要想办法阻止竞争对手的入侵攻击，要保护好利润区，就要有效地对竞争对手的入侵产品进行打击。要研究竞争对手产品的功能、作战策略和价格，甚至要研究竞争对手地区作战统帅的谋略布局，等等。通过对竞争对手入侵产品的谋略分析，企业结合竞争对手的各种挑衅情况，制订一个有效的攻击策略，企业可以专门选定或制造一款产品作为战略性攻击产品，对竞争对手入侵产品进行有效的攻击。企业在攻击竞争对手入侵的产品时，可以参考借鉴金庸小说《天龙八部》里慕容复采用的"以彼之道，还施彼身"策略，就是复制竞争对手入侵产品所采用的营销策略，战略性攻击产品采取"以彼之道，还施彼身"与入侵产品近身肉搏，直到竞争对手入侵产品出现顾客厌倦，销售疲软为止。随着战斗的圆满结束，企业战略性攻击产品也就完成了它的使命，与竞争对手产品一道退出市场舞台，战略性攻击产品一个成功案例就是青岛啤酒占领青岛市场。大家可能很奇怪青岛啤酒居然还需要占领青岛市场吗？事实就是如此，而且还是极其经典的艰难的硬仗。

　　1996年以前的青岛啤酒集团沿用了计划经济的业务经营模式，采取经营部方式负责开单销售发货，一直没有成立真正意义上的销售公司。当时青岛啤酒的营销策略是以外销为主，忽视甚至是放弃了青岛本土的市场。因此，青岛地区的啤酒消费市场，其主力产品是区域地方品牌崂山啤酒，甚至占据了青岛市场啤酒消费量的90%以上，青岛市民已经习惯了崂山啤酒的亲民价格和清爽口感。青岛人由喝不到、喝不起青岛啤酒，发展到了不愿意喝青岛啤酒，青岛啤酒如果要拿回青岛这块啤酒大市场，无疑会面临着一场恶战。青岛啤酒集团总部经过了缜密的调研分析，决定实施基地市场攻坚战役，并且结合崂山啤酒的口感和价位实施了作战攻击计划。青岛啤酒集团打造了一款战略性攻击产品，那就是青岛大众红标啤酒，其价格和当时青岛市场畅销的崂山啤酒一样，而口感则比崂山啤酒更好更醇厚，并且在终端市场采取了强势的铺货行为，几乎在一夜之间占据了所有的餐饮酒店和啤酒终端售卖店。青岛啤酒大众啤酒实施了非常亲民的价格策略，而且青啤大众啤酒的质量和口感更好，从而在短期内造成了崂山啤酒的滞销和市场接近崩溃，失去了市场销量也就没有了利润，导致崂山啤酒公司出现了严重的经营亏损问题，这就为青岛啤酒集团全资控股收购崂山啤酒打下了良好的经济基础。青岛啤酒集团推出的大众啤酒就是典型的战略性攻击产品，这款产品彻底挤压了崂山啤酒的市场空间。当青岛啤酒最终战胜了崂山啤酒，青岛啤酒集团完成了对崂山啤酒公司的全资收购，可以说青岛大众啤酒做出了重大的贡献，最终功成身退，从此不再现身啤酒江湖。

这类战略性攻击产品的使命有两个，第一个作用是保护企业利润区市场，用来阻击竞争对手的破坏策略；第二个作用是进攻竞争对手利润区核心利润产品。在进攻竞争对手利润区产品的时候，企业作战部队会采取一系列的攻击策略，我们在后边章节会讲到。当然，市场的情况是瞬息万变的，企业作战人员要因时、因地、因敌情而制订攻击策略。作为企业的战略性攻击产品，要时刻提高市场警惕性，任何一个市场都不是一座完全封闭的孤岛，我们攻击着别人，别人也会对我们进行反向攻击。一线作战部门要妥善运用好战略性攻击产品，以战止战，进攻就是最好的防御。

（3）高利润产品

我们做过调研，在快销品公司里面，较低价格的产品占据了接近80%以上的公司产品销量，这类产品的毛利率是较低的，可是一线市场员工仍然愿意卖，因为这类产品有着长期稳定的消费群体，一线工作人员不用使太大的力气就卖出去了，而且因为这类产品销量大，营销人员可以拿到足够多的提成奖金。可是这类产品的销量也很难再突破了，几乎在很长时期内一直徘徊在一个固定的数值。如果一线作战人员仅仅在市场上销售这类产品，那企业是不会有更多利润的。所以，企业要改变现有的目标管理考核办法，要制定新的激励措施让一线将士愿意卖高价格产品，高价格产品能够给企业带来好的利润，可以打造成企业的高利润产品。总部要发挥作战参谋的作用，帮助一线作战机构发现高利润产品的市场空间，要制定高利润产品的绩效考核目标，考核原则是高利润产品卖得多，计提的奖金比例就多，是摊销成本产品奖金计提比例数好几倍。企业要用高奖金来驱动一线作战人员的销售热情，古人说得好，重赏之下必有勇者。我们发现企业发展最好的时候，也是高利润产品卖得最多的时候。当然，竞争对手是不会让你舒舒服服地挣大钱的，更不会让你躺着数钱。

因此，当企业的高利润产品在市场上最畅销的时候，也是竞争对手模仿并疯狂攻击的时候，企业要制定防止竞争对手的攻击预案，要在高利润产品的周围打造一条护城河，比方说品牌策略或者专利技术等，要专门组建一个高利润产品的作战工作小组。高利润产品是企业的生命根本，是企业对外扩张疆土的弹药来源，企业不能等到竞争对手发起攻击的时候才开始有所准备，那就为时过晚了。

企业一线市场的成功是整个企业系统的胜利，它不仅仅是一线作战人员的成功。对于一个企业的生存发展来说，高中低价格三类产品可以同时具备，它们之间互为掎角之势，相互支持。高利润产品具备一定的高附加值，它的价格同样比较高，具备了顾客期待的更高的社会价值和更好的使用价值，它能听到顾客内心最神秘的声音，也能满足顾客更高的价值要求。当然，高利润的产品处在产品的金字塔塔尖，这里的顾客是消费群体里边的顶级思维者，他们比任何顾客更具有挑剔性，他们有时也用金钱来购买或者验证身份地位。因此，企业打造的高利润产品，一定要具备高价值，那种金玉其外败絮其中的产品终究会失败。

4. 聚焦产品销售数据

企业通过分析积累的顾客消费数据，尤其是分析来自终端各类产品数据，可以准确地把握顾客消费需求变化，从而为企业的经营决策提供依据。如果企业把区域市场终端店里同类产品都进行分析研究，也就掌握了竞争对手的产品特征数据，虽然会增加终端工作者的工作量，但是对企业来说则是积累了非常宝贵的竞争情报数据资产，这些终端累积的行业产品大数据，将会使得企业具备全行业战略作战思维能力，将给企业在未来的作战能力方面，以及进行营销整合和跨界整合，打下坚实的基础。

聚焦产品销售数据，可以倒逼企业的经营战略和供应链管理，对企业原材料的采购计划能够起到积极的推动作用。在信息化时代产品大数据是企业的战略资产，是企业运筹帷幄之中决胜千里之外的作战利器。当企业把所有产品终端作为全局一盘棋来统筹规划的时候，可以通过对终端的布局，掌握终端产品的销售情况，有效安排企业的作战策略。企业可以通过产品数据分析来指导作战平台的战斗，当企业一线市场战斗打响，无论是进攻还是防守都可以做到游刃有余。而且，企业也可以针对竞争对手在终端的产品数据表现，对竞争对手的市场销售情况做到精准预测，透彻研究竞争对手供应链和价值链环节的关键节点，做到料敌先机，掌握作战的主动权，调动企业总部的有效资源，可以准确地对竞争对手的终端和渠道进行高效的精准攻击。

企业通过聚焦产品销售数据和顾客消费的周期，以及他们对不同产品的消费兴趣和潜在的需求量，消费的环境场所，都可以通过对过往数据的对比分析得出结论，从而为渠道合作伙伴提供准确的产品服务支持，帮助经销商制定区域市场的作战方案，协助经销商预测产品月度库存保有量，以及库存产品的资金准备情况，可以极大限度降低终端和经销商的库存，节省了供应链系统节点上合作伙伴的资金成本，可以说从另外一个角度为合作伙伴创造了利润。

行业产品的销售数据如同肥沃的土壤，为企业在市场上深耕细作创造了灵感。企业无论打击竞争对手或者是研发自己的产品，开发渠道和建设终端，产品大数据都具备无与伦比的支撑能力。了解了竞争对手在终端产品综合数据的变化情况，也就掌握了竞品在作战策略上发生的变化。当然，作为企业一线作战将军要具备研读竞争对手终端数据变化的能力，要从竞争对手终端产品数据阶段性的变化中，认识到竞争对手在产品研发以及供应链能力方面的优劣势，以及竞争对手在渠道设计布局方面即将做出的变化，并将这些可能的变化情况与总部作战参谋形成良性的互动，为公司总部制订作战策略提供有效的数据支持，可以帮助企业打造并巩固利润区市场。

聚焦产品销售数据既是企业总部的战略能力，也是检验企业一线作战部队的作战能力。企业要灵活有效地将产品数据运用起来，为企业扩张领土开发利润区市场做出贡献。

三、聚焦市场

企业经营管理者要明白，无论企业处在什么阶段，企业的资源和能力都是有一定局限性的，要结合企业的实际能力去开展经营管理工作，不能过分地贪多贪全，否则会给企业带来麻烦。企业是由人组成的，而人的生命和能力是有限度的，那么由许多人组成的企业机体也必然是有能力局限性的，这种局限性有时就会成为企业的瓶颈，甚至是被竞争对手攻击的致命弱点。聚焦市场方法的提出，正是对应了企业有多大的能量就做多大市场的原理，对自己的目标市场进行系统的论证分析，将有限的资源聚焦在核心市场上，如滴水穿石一样，长年累月地去深耕，必将取得喜悦的收获。

1. 确定需要聚焦的市场

企业的市场是逐步建设起来的，企业做市场的能力决定了其市场规模，是与企业的发展阶段相吻合的。我认为企业有三个阶段，分别是产品阶段、准品牌阶段和品牌阶段，这也是产品晋级发展的里程碑，品牌阶段是所有产品的最高梦想。我对企业三个阶段的划分，是以产品市场影响力递增为主线进行的思考，以产品在市场上的统治力，以及获取利润的能力来划分的。产品阶段和准品牌阶段的企业都是依靠营销方法来盈利的，但是都处于挣扎生存阶段，甚至都是给品牌阶段的企业做配套合作的，在供应链上处于被领导被支配的地位。我发现企业无论处在哪一个发展阶段，那些善于聚焦市场的企业，其盈利能力和发展的质量也是相当的好。那么，企业如何聚焦市场？我的建议是要选择企业投入风险较小的市场，能给企业带来利润的市场，这就是企业有必要聚焦的市场。企业聚焦市场的目的就是为了更好地规范管理和培育市场，将企业与市场深度地融为一体，企业将会在市场上投入更多的精力和资源去培育经营，如同农民在庄稼地里种庄稼一样去培育土地，肥沃的土地能长出更多的庄稼来，企业培育市场也是如此。

企业要对市场进行聚焦，要对现有的市场进行分类分析。企业的产品市场可以分成两类，分别是工厂驻地的基地市场，以及工厂以外的市场。企业在聚焦市场的时候，要对现有的市场进行分析诊断，要将便于管理和投入资源少，而且见效快的市场，作为第一批聚焦的市场。我一般会建议企业要将工厂所在地作为首先聚焦的市场，要把工厂的驻地市场打造成为企业的基地市场，在这个市场上企业的服务管理能力最强。企业聚焦工厂驻地的市场，还可以把它打造成利润区市场，重要的是可以通过这块市场培养人才队伍，建设和设计企业的机制模式，为企业进一步对外扩张储备人才和输出成熟的机制模式。

处在产品阶段和准品牌阶段的企业，由于企业的竞争能力有限，市场上竞争对手又太多，不可能把所有的竞争产品都当作对手来对待。最好的策略就是根据自己的产品特点，经营管理能力的优势，把有限的资源力量聚焦在一个细分的市场上，通过分析找到突破口进行营销深耕，将聚焦的细分市场做大，然后再确定新的经营目标进行突破。只有聚焦了细分市场，企业才能做到能力和资源专注，集中精力去研究和培育市场，对企业的未来发展贡献正的现金流。企业既然聚焦了某个市场，那么任务就非常明确，要拿下这个市场成为企业的利润区市场。如果聚焦的市场是竞争对手正在经营的市场，企业的首要策略就是要发动对竞争对手的有效攻击，要切断竞争对手的利润来源，就要打掉竞争对手的利润产品。

因此，企业要从长远思考，聚焦市场就是要聚焦企业的资源，要建立人力资源保障体系和后勤作战支撑体系，用来支持聚焦市场所面对的各种作战需要。只有建立完善的机制才能确保聚焦市场的成功，聚焦市场是经营企业的一步好棋，滴水穿石就是如此，千百年来水滴专注一处，虽顽石深厚，而终被穿透。企业唯有聚焦，神聚而力不散。

2. 利润是设计出来的

企业的利润是通过作战打出来的，是来自一线战场的胜利成果，有时也可以说利润是设计出来的。无论怎么样，企业的利润都是要有专人来负责的。产品价格体现的就是企业的综合实力，也是企业的营销作战策略，或者说价格就是企业的利润战略。有人说企业的产品是生产出来的，是来自于车间生产线，这种观点是传统的也是片面的，不具备产品的闭环思维。真正的产品是来自企业战略端，是来自顾客需求倒逼回来的作战策略，是企业为了满足顾客需求而进行的产品功能和价格的综合设计。那些没有考虑到顾客需求的产品生产，最终都可能成了库存，甚至是永久性的库存，这类库存最终变成了企业的负债。而只有那些具备一线作战思维能力的将才，才能真正把握住企业的市场机遇，明确知道市场究竟需要什么产品，并且对产品的各级价格体系都有深刻的理解把握。所以，企业的利润是设计出来的，是来自市场的产品需求灵感，也是来自营销战略最前端的作战思维模式。每个产品在成为产品之前，都应该有一个市场调研分析过程，和产品功能使用价值的设计过程。

热销的产品大都来自对顾客需求最深处的思考，就像乔布斯对苹果平板产品的定位那样，他从顾客最深处的需求找到了平板电脑的机遇，将产品功能与顾客需求紧密地结合了起来，并对产品的构成要素和成本要素进行了有效的安排。当苹果平板打造出来的时候，它就变成了产业的颠覆者和诺基亚手机帝国的摧毁者，更重要的是它让苹果帝国起死回生，成为世界上卓越的公司，一款产品颠覆了老旧过时的手机产业，却也打造了一个全新的智能手机产业。

企业的利润是设计出来的，这是一线市场作战能力的倒逼思维。企业要从产生利润的环节去分析，并且列出制约获取利润的问题清单。用获取利润的策略采取倒推的方法，去研究找出获得利润的制约瓶颈，从而找到解决办法并思考如何获取更多的利润。企业的利润不外乎营业收入、技术、成本、费用和利润是如何构成和互相影响的。当然，并不是压缩了费用就能带来更多的利润，有时是此消彼长，有时则又是成正比的关系，这取决于企业所在市场环境的竞争态势。对企业利润的设计，要关注企业不同的经营环节，以及企业所在的竞争环境，包括一线市场作战的营销成本构成要素，以及竞争对手对我方获取利润的阻挠方式等，都要在产品的价格设计上提前有所规划，并留出足够的应对费用空间。在系统研判分析的基础上，对企业获得利润路线进行设计，绘画出企业的利润路线图。设计利润的过程，体现了企业系统塑造的能力，是企业对天时地利人和三者关系进行详尽分析筹划的结果。

3. 打造样板市场

历史上出现了许多名人，有纵横八荒的帝王，有运筹帷幄的宰相，有顶天立地的英雄，还有仗剑走天下的豪杰侠客，等等，所有这些历史人物都在我们的生活中起着重要的示范作用，像标杆一样矗立在我们人生的前进方向，像灯塔一样时刻提醒着我们，要在品德能力方面锤炼提升自己。同样的，企业在聚焦市场的时候，无论是经销商还是零售终端，无论是营销团队还是经营管理团队，都可以打造一个成功的样板模式，对其进行必要的提炼总结，并在企业内部推广学习。总部通过提炼一线市场作战的成功模式，总结出聚焦市场和细分市场的运营模式，打造企业的区域市场样板模式，在公司范围内推广借鉴学习，并且以此来倒逼总部对应的功能和需要优化升级的机制。只有总部机构与一线市场作战需求形成统一的作战步调，才能收到有效的市场作战成果。

区域样板市场是企业的黄埔军校，是企业资源高度聚焦的胜利成果，不仅仅能贡献利润，也可以成为企业培养人才和建设机制模式的中试基地。中小型企业由于成立的时间短，运作的经验相对欠缺，所以在市场运作和企业总部的经营管理方面，没有形成一套模式可以去参考借鉴。因此规划区域样板市场就成了中小型企业提炼模式，打造机制，总结经验最好的办法。中小型企业通过提炼总结样板市场有效的工作模式，在公司内部进行有益的经验交流，甚至可以建立一个跨部门的学习小组，对一线市场过往的运作经验，无论是失败的还是成功的，都进行有效的复盘。当然，复盘不是一种秋后算账行为，只有董事长能够敞开胸怀对自己的过往工作进行复盘，才能在公司范围内形成一个良好的复盘文化氛围。公司要提倡复盘的宽阔胸怀，要对样板市场的得与失进行有益的复盘改善，要告诉每个员工复盘就是一种责任担当，复盘是自觉者亦是觉醒者的行为，企业要提拔和重用那些善于复盘和敢于复盘的人。

企业对利润区样板市场模式的提炼总结，其目的是将成功的区域市场样板模式在公司市场范围内进行推广，企业要对这个样板模式进行持续优化提升，使之成为公司经营策略的教科书。样板模式的成功，根本在于产品作战策略的成功，而这些成功与企业总部对聚焦市场的供应链支持、财务预算支持是分不开的。所以，企业在经营过程中，通过打造一个样板利润区市场，用成功的样板市场模式激励营销团队，对启发教育其他区域市场作战人员来说，都是非常有益的。榜样的力量是无穷的，公司要给样板市场的建设者足够的物质奖励和精神奖励。

四、聚焦经销渠道

市场是企业利润的来源，产品盈利能力取决于经销渠道的产品消化能力。经销渠道是企业输送营养的血管，如同人体的血管一样。经销渠道是企业战略意志落地的公路，如同古代兵家必争的战略咽喉要道一般，对企业成败起着决定性作用。对企业来说，经销渠道一般是指下游经销商、零售终端或网络边界，经销渠道对企业的生存发展，起着至关重要的作用。

1. 经销商是企业利益共同体

企业要提升经销商运作市场的能力，同时要聚焦经销商的利益。要以一线市场作战需求为导向，以为经销商提供经营问题解决方案为企业的工作目标，尤其要降低经销商的经营成本，要给经销商提供较低成本和高价值服务，增加经销商的盈利。只有经销渠道里的合作伙伴盈利了，他们才能持续经销企业的产品。所以说企业要思考如何协助经销商实现他的年度预算目标，企业的年度战略目标要与核心经销商的利益紧密协同起来，否则企业的战略就是空中楼阁没法落地。企业那些没有关注经销商利益的行动，经销商不可能热心支持，甚至会消极对待。

因此企业聚焦经销渠道，其实质就是结合企业的市场战略以及产品能力，对企业现有经销渠道进行整体的设计建设，其目的是通过设计经销渠道，将企业的战略意图融入经销商运营管理中，为企业下一步作战策略的实施打下基础。而且企业要在产品前期战略端对经销渠道进行设计，要明白经销商是企业利益共同体，要兼顾经销渠道的各个节点利益，离开了经销商利益的企业战略行动都是无法落地的。企业要把年度战略目标与经销商的盈利目标放到一起来考虑，这种战略思考一般企业是做不到的，这是优秀企业具备的核心能力，经销商在企业不同的发展阶段里所起的作用也完全不同。企业在制定和实施战略过程中对经销商利益经常兼顾不全面，有时是顾此失彼，在事后对经销商做些亡羊补牢的工作。

在企业发展的新三个阶段里，无论是产品阶段、准品牌阶段还是品牌阶段，企业的经销商作为一个核心战略伙伴，起着不可代替的作用。有的经销商甚至感情如同兄弟一般，有的经销商发展成了企业的合资伙伴，或者是资本投资伙伴，成为彼此的利益共同体。企业在三个阶段的发展过程中，尤其企业进入了准品牌阶段和品牌阶段，对供应链的上下游合作伙伴有选择性地进行了甄选，从而对核心供应商和经销商进行了深度合作，把曾经的谈判对手变成了利益共同体。这样做不仅让企业自己的羽翼更加丰满，增强了核心竞争力和对外部危险因素的抵抗力，而且由于合作模式的转变和深化，使得企业与上下游的合作伙伴达到了双赢的局面。核心企业塑造供应链能力，以及打造企业利润护城河的过程中，往往会将举足轻重的经销商作为护城河的一个关键因素。

2. 把企业的经销商分成三类

随着企业在新三个阶段的发展进化，每个发展阶段都会有不同的经销渠道伙伴，经销商的经营实力也是参差不齐各有千秋。有的经销商能力强大已经不满足现有的经销区域范围，有的经销商则在划定的区域范围内因运营能力不足疲于奔命。但是基于企业发展的历史原因所产生的经销商伙伴关系，有的经销商尽管已经成了企业的鸡肋力量，企业仍然基于感情没法舍弃他。但是企业终究要面对发展的现实需要，对现有的经销商进行分类管理。企业会尽可能地兼顾到历史原因，努力关注好经销商的区域划分和他们的利益诉求，尊重历史不仅仅是企业的一种善良，也让后来的合作者对企业的态度和责任充满了信心，这是企业道德能力的体现。企业可以对经销商做一个详细的盘点，根据其经营规模和对企业的效益贡献对其进行分类，一般建议把经销商分成三类。

第一类经销商只经销本企业的产品，没有任何竞争类产品。这类经销商是企业最忠诚的经销渠道伙伴，把自己的身家性命都牢牢地与企业绑到了一起，可以说企业产品的生死存亡直接决定了经销商的命运。这类经销商企业必须放在最重要的位置上，甚至可以考虑在营销策略支持上有所倾斜。他们是公司的命运共同体，在市场困难面前，是与公司唯一能做到同进退的伙伴。

第二类经销商除了经销本企业的产品，还同时经营竞争对手的产品，他们虽以自己利益为本位，但是对于本企业产品仍然完成了一定的销量。因此，这类经销商也要重点关注，但是要有别于第一类经销商的关注投入。这类经销商"脚踩两只船"，只能作为企业在市场开拓阶段的过渡期经销商。随着企业在市场上作战能力不断强大，企业与经销商的谈判能力也明显提高，时机一旦成熟，可以与这类经销商开诚布公地谈判，通过利益策略手段让其增加本企业产品的销量，甚至可以要求其放弃经销竞争对手的产品。

第三类经销商属于创业起步阶段，他们有着足够的热情，但是市场运营能力和资源能力远远不足。对这类经销商，可以结合他的实际能力划定一块狭小的市场区域，让他做力所能及的业务，否则给了太大的区域他却没有消化能力。可以让一线作战经验丰富的人员来指导这类经销商，辅佐好了可以使其成为市场上的一个明星。

企业营销部门要区别对待三类经销商，制定不同的营销辅佐策略。企业要提升运营效率，把降低经销商成本和提高其效益放在首位，把经销商作为企业整体价值链构成要素来思考。那些销量持续很低的经销商因为赚不到钱，迟早会与公司分道扬镳，甚至会成为竞争对手的合作伙伴。企业要牢记，成也经销渠道，败也经销渠道。

3. 聚焦终端

终端是企业产品战斗的最终舞台，也是最能反映企业战略意志的场合，同时也最大限度地展示了企业存在的问题。可以说终端的问题就是企业的问题，终端的问题也是企业董事会和经营管理层的问题，更是企业产品能否扎根生存的大课题。

我有个习惯，就是在给合作企业做管理咨询前，都会带领团队成员到合作企业的终端去调研，因为终端隐藏着企业的核心问题，也能从终端看到企业产品的"新鲜度"问题。我认为无论是机械产品、还是快消品，或者是车辆钢材，等等，所有产品都有"新鲜度""保质期"，产品在总部或经销渠道仓库里存放的时间越长，对企业的伤害也就越大，最明显的问题就是增加了企业的资金占用成本。因此，我把企业的库存看作负债，对企业经营者来说长期性的库存就是"犯罪"，企业有时会把库存累积的部分成本分摊给经销商和最终顾客，而且总部库存也从另外一个方面证明了企业在终端的运作能力有问题。因此，企业要聚焦终端，应把更多的关注度放在终端消化产品能力上，在终端看到的企业产品的现状，等于看到了企业内部的机制模式和制度建设存在的问题，甚至看到了企业董事会的产品战略问题，终端是董事会问题的最终体现场所。我们大多数时间把终端定义为展示企业产品的场所，终端有时可能不是一个具体的场所，可能是产品与最终用户见面的一个互联网界面，最终用户在某个界面上对产品会有美好的体验，从而完成对产品的购买消费。

终端直接面对着最终顾客，所以顾客的所有诉求都能在终端体现，只有在终端才能真正与最终顾客接触，并且深度交流，而企业对产品的创新灵感也往往来自终端。因此，那些优秀企业的董事长和经营管理层都会在终端经常走动，去聆听最终顾客的倾诉和尖锐指责，那些挑剔和卓有远见的企业产品最终用户，往往为企业未来带来新的发展机遇。终端也是企业情报收集最有效的场所，同类竞争产品在终端每天都在展示着才华，企业能从竞争对手在终端淋漓尽致的表现里，挖掘到他下一步的企业战略走向，企业也从终端找到了攻击对手的策略。

企业无论经营现有的资产,还是去兼并外面的意向资产目标,都没法绕开一个核心的关键点,那就是实现企业产品的最终销售。因此企业必须聚焦终端,终端是企业生命周期里没法绕开的坎。那些行业标杆企业,他们已经和顾客达到了没有边界的融合,企业董事长和高管层能够做到与最终顾客零距离地深入沟通,能够真正体会到渠道合作伙伴的疾苦,并且以此为依据制定了企业经营策略。企业要从战略端开始设计,扎根于顾客的生活,获得足够多的营养,将聚焦终端写进企业的战略宣言里,要确保企业战略链里的利益攸关方有所受益,那些利益被忘却的渠道伙伴将成为企业战略落地过程的绊脚石。当企业放弃了终端的聚焦,价值链资源协同就是一句空话,各自为政的资源,对企业利润区护城河的形成没有任何帮助。当然,企业对价值链上下游合作伙伴的诉求不可能完全满足,但要尽己所能满足合作伙伴的根本利益诉求。终端是企业价值变现的最后一环,而电商与数字化的快速发展,给传统企业的终端定义带来了巨大的改变与挑战,企业在对待终端与经销渠道的工作开展上,需要变得更加创新精进。未来的企业融合能力至关重要,数字化时代的企业思维模式要求经常创新,企业只有把顾客需求整合进战略和作战行动方案里,让顾客需求引领企业上路才是王道。而寻找顾客的消费理由,以及给顾客准确地画像,则是企业通往胜利的桥梁,聚焦终端无疑是获得胜利的重要一环。

五、聚焦员工的隐性知识

中国有句古话,叫作在其职谋其政,尤其对于企业的中高层来说,每天能够把自己的才华和对企业的忠诚,用行动和业绩展示出来,这对企业来说就是最大的收获。可是企业的中高层干部,能不能像唐太宗老部下魏徵那样,做到开诚布公,甚至不畏得罪最高领导,把内心深处的想法与董事长沟通?而企业中高层干部压抑在内心深处的感触,以及宝贵的心得体会和良谋,为何很多人都没有理直气壮地表达呢?因为公司缺少这样的平台,也缺少这样的氛围环境,更关键的是企业董事长没有包容"魏徵"员工的胸怀格局。于是,很多企业的"韩信"人才在月下出走,而其身后并未看到有"萧何"在追赶。无论人才的出走,还是压抑人才的真知灼见,企业无疑都是埋葬了自己的智慧金矿。

1. 帝尧修德克己赢得了民众的隐性智慧

还是古人总结得好，"不是谏臣忠贞不畏死，而是皇帝很圣明"。古代的圣贤帝王因为开明，所以他的臣子们能够坦率地对他提意见，甚至敢把一些可能"犯上"的治国策略对帝王说出来。那么，企业董事长如何打造下属"进谏"的平台环境呢？董事长的宽广包容胸怀决定了员工说话的深度之深和广度之大，否则员工们的真知灼见就是隐藏在海底的那部分冰山。

我把员工隐藏在内心深处没有表达的知识称为"隐性知识"；隐性知识是员工还没有用语言或其他形式表达出来的智慧，相比较而言员工的显性知识则已经用文字、表格等表达出来了。实际上，员工知晓的和掌握的知识远比他们说出来的多得多，企业如何让员工积极主动地说真话，是企业生存发展和提升效率的关键课题，是企业机制设计者要思考的，尤其是董事长的用才引智课题。如果董事长没有宽广包容的胸怀格局，公司副总裁级别以上的人就不敢指出董事长的错误，以此类推下属员工也就不会有人敢指出中高层干部的错误了，于是企业就埋藏了员工的真知灼见！那么，如何使员工把内心深处的隐性知识展示和贡献出来？首先企业董事长要修德克己，以身作则，包容异见，坦然接受员工的批评意见。员工的隐性知识是企业内部的金矿银山，这最后一米距离就是董事长要解决的，企业要打造一个激励员工隐性知识智慧的机制平台，让员工的智慧在这个平台上得以变现。企业也因为有了员工隐性智慧贡献平台，能够最大化地获取员工的隐性知识。我认为企业就是利益金字塔，员工与企业之间就是生意关系，所以企业在打造员工隐性智慧贡献平台的时候，可以采取一种"张榜悬赏"的激励方式，将公司存在的疑难问题明码标价，对解决问题的员工，在职务提升和货币奖励方面都明确规定。企业也可以将一些经营管理问题，用目标管理和绩效考核的策略来实施，最大限度地调动员工的隐性智慧。企业不同发展阶段员工隐性智慧贡献平台的机制模式是不一样的，这是企业一个与时俱进的课题。

中国的上古皇帝尧帝爱民如子，纳谏如流。他治理的国家夜不闭户，路不拾遗，人无犯法。他是怎么做到的呢？《帝鉴图说》里有一个帝尧"谏鼓谤木"的故事：帝尧在位时经常担心自己的政事有差错，担心手下大臣和老百姓都不敢当面对他直言，于是特设一面大鼓在大门外，但有直言敢谏者，就让他击鼓约见帝尧当面说。帝尧又担心自己的过失别人不敢当面说出来，人们只是在背后议论自己却听不到，于是帝尧专门在门外树立一块木头，使人能够将自己的过失书写在木上让他看到。帝尧这样做的目的就是让天下的人都可以来指出他的错误，努力让民众都把自己的隐性智慧当面告诉他，为他治理国家提供好的策略建议。经过坚持和努力帝尧时代的百姓和他的臣子们，都可以畅所欲言，与帝尧平起平坐，一起认真探讨治理国家的大事，于是天下大治。

帝尧的修德克己治国给后世的帝王们树立了典范。无论是周朝的周文王还是商朝的成汤王，乃至于唐太宗李世民等后世的杰出帝王们，都从帝尧治国经验里汲取了精华。我们发现每个成功帝王最鲜明的特色就是赢得了下属的隐性智慧，他们广泛地汲取了民众和大臣们的智慧知识，让他们把隐藏在内心深处的智慧韬略贡献了出来，成了经营国家和治国安邦的良策。古代圣贤们修身克己的治国之道，对后世的企业家经营企业提供了无穷的历史智慧。

2. 得隐性知识者得天下

古代帝王感慨治天下难，得人才难，获得人才发自内心的真知灼见更难。古代的圣贤们为了赢得人才的信任，尤其为了获得顶级人才隐埋在内心深处的智慧，秦孝公"张榜求贤"得商鞅，刘备"三顾茅庐"访诸葛，刘邦"筑坛拜将"用韩信，杰出帝王们竭尽所能想尽办法求贤用才。

古为今用，董事长在治理企业方面可以借鉴古圣贤的智慧，在企业机制设计方面研究如何激活和释放员工的隐性知识。企业员工在8小时工作内，以及在8小时外，他们的内心深处隐藏和被压抑的真知灼见能否得到释放，关键在于吐露真诚会不会得到企业的鼓励和赞赏。这不仅仅是员工的责任心，更是企业设计、处理员工隐性知识的制度和机制问题。当年韩信逃离项羽就是因为怀才不遇的压抑，当韩信终于遇到刘邦的时候，他才打开心扉，向刘邦吐露了他内心深处的雄韬伟略，并且帮助刘邦击败了项羽成就了汉家江山。可是公司内部谁又是那个"月下追韩信"的萧何呢？企业董事长必须就是那个萧何，任何高管都无法代替董事长渴望人才的示范意义。企业董事长要扪心自问，自己企业里边的高管有多少敢真正指出自己的缺点？企业应该打造一个什么样的机制模式用来鼓励员工畅所欲言，提出企业的发展建议？现在很多企业搞私董会内训模式，号召企业的高管一起来复盘，对过往的一些错误和有成就的经验进行总结提炼。有的企业也实施了员工合理化建议的有效奖励办法，但是往往都停留在纸面上，甚至是形同虚设。造成这些问题的主要原因就是企业缺乏落地能力，当企业忽视了员工的智慧建议，企业就会错失良好的发展机遇。

在现实生活中，很多企业领导人对企业未来经营模式的创新变革，大多都取决于他过去的经验。因此，很多企业的创新变革思路受限于经营管理层的智慧知识边界，而有的企业变革者因为受限于变革对象和革新内容的压力，或者局限于自己的视野能力，往往使得变革的内容与现实环境要求相差很大。没有变革到位的措施方案，最终变成了夹生饭被束之高阁。因此，企业要建立一个平台或工作模式，要把大家的思想创造力激发出来。而事实上很多员工来上班仅仅是为完成工作，用来赚取日薪或月薪，而没有更多的绩效梦想，很多员工的创造力和青春都被企业机制的不足给浪费掉了，一身青春活力的员工被塑造成了懒惰散漫工作者，这是企业最大的失败。

企业要结合实际建立一种机制，这个机制的定位就是要激发并收获员工的隐性智慧，要让员工之心变成企业之心，都能主动地为企业的现在和未来努力思考。这个机制是董事长要亲力亲为去设计打造的，因为董事长首先要收获的就是高管们的隐性智慧。高层干部贡献智慧的模式具有很好的表率作用，企业其他员工都会跟进效仿。

董事长要清楚企业是由众多有野心的员工组成的，企业是利益金字塔，企业也是员工的智慧集合地，有野心的员工如同雄鹰一般随时会挥舞起翅膀高飞远走，企业要思考如何经营和管理员工的野心和梦想，让员工们的野心凝成一股绳与公司的战略梦想同向而行。因此，企业要在机制和制度层面建立保障，在利益分红和股权激励方面给予安排。

可以说隐性知识是企业员工没有表达的真知灼见，是企业沉睡的智慧金矿和变革力量，也是企业纵横捭阖的资本源泉。历史上伟大的帝国和杰出的企业都善于激活人才的隐性知识，因此可以说得隐性知识者得天下！

企业在聚焦方面要向黄河学习，它聚焦在主河道上，能够在千百年来持续汇集在一条河道路线上流淌。如果黄河水在源头开始的地方就分成千万条小河流，并且每条小河流都按照自己的小河道去流淌，那必将被太阳和沿途的道路消化掉，永远不会有那种奔腾浩荡的力量，也没法持续去滋润养育河道两边的人们，这就是战略聚焦的力量。黄河水在主河道上流淌聚焦的这种定力不仅仅是经营企业要学习，也是职业人才在事业发展过程中要学习的，把自己的能力聚焦在职业主航道上，才会有持续的积累和更多的收获。诗云：

> 家国成败在聚焦，韩信胯下写逍遥。
>
> 红日照尽千秋事，克己修身学帝尧。

第四章

打造攻守平衡型供应链

司马迁在《货殖列传》里写道："天下熙熙，皆为利来；天下攘攘，皆为利往。"司马迁用一个"利"字给世间人画了肖像。无论古代人们对利的诉求，还是今天企业以"利"主体，无不在冥冥中存在着一种付出与兑现的规则，如同周易的阴阳五行平衡一般，大自然界的能量守恒定律无所不在。对于企业而言，经销商作为企业供应链的核心构成要素，它对企业产品完成销售以及价值变现起着至关重要的作用。因此企业要重点考虑经销商的盈利之道，不仅要帮助经销商盈利，还要思考如何领导和制衡经销商，要将与经销商某种程度上的博弈关系，变成真正的利益命运共同体关系。因此，本章提出了打造攻守平衡型供应链的框架思路，核心企业要充分考虑到供应链上下游伙伴的利益诉求，这也是处于领导地位企业的利益分享格局。尽管企业与供应链伙伴之间有时是一种博弈关系，但是企业都要照顾好他们的利益，本书里提到的更多是下游经销商的利益。

基于物流配送能力的局限性，大多数生产企业都没有选择给终端直接供货。因此，在企业的产品战略里，经销商往往就成了连接企业与顾客的关键桥梁。企业要通过经销商销售产品到达最终顾客那里，即使是电商销售也不例外。企业需要优化提升一线作战人员的服务与管理能力，便于可以更好地服务并且领导好区域经销商。如果企业的一线作战将军没有市场问题的解题能力也缺乏领导力，他们面对老江湖经销商必将困难重重，甚至在经销商眼里就是个学生，开展工作就会非常被动。

我一直提倡企业要在经销商那里具备足够的领导力。有人会怀疑经销商不是企业的员工，企业怎么样才能领导好呢？本章就重点解决这些问题。

一、经销商的盈利之道

如果把企业比作一个帝国，那么企业的一线市场作战负责人就是企业帝国带兵打仗的统帅，他们对每个地方的风土人情，竞争对手的情况，社会的综合环境，尤其是各式各样合作伙伴的特性都要了然于心。尤其是企业产品通往最终顾客的桥梁——经销商，是每个企业都要认真研究和严肃对待的。经销商既是企业的合作伙伴，有时又是谈判对手。一线作战人员作为企业战略意图落地的执行者，其肩上的责任重大，他们是一肩挑两头，既要把企业的营销战略贯彻到位，同时还要努力满足经销商的利润诉求。

1. 企业卖给经销商的不是产品，是"库存问题"

经销商最担心的就是企业产品进入自己仓库后的销售问题。而有些企业的总部则有这样一种现象，就是当总部的经营管理人员看到外部的经销商买产品了，尤其是当发现物流货车把经销商购买的产品运输走了，他们就会觉得肩上的担子卸掉了，他们甚至认为企业管理人员就解放了，企业不用管经销商买去干什么，也不用管经销商销售得好不好，他们只关心这批货销售所带来的营业收入和奖金。企业总部高管这种心态往往会变成工作人员冷漠的行动，有时候甚至会让经销商心寒，从而影响到经销商与企业之间的合作。有的进货只是一锤子买卖，因为经销商的库存没有销售掉，企业总部也没法给解决，彼此扯皮埋怨。有的企业经销商从企业买走了产品，而企业产品在市场上没有任何影响力，企业营销人员也对经销商没有营销方案支持，只是让经销商天马行空自己做销售，企业这个产品也很难运作成功。所以企业在做营销的时候，一定要转变观念，要让自己耳朵听得见产品艰难跋涉的声音，还要让自己的眼睛持续看得见产品的喜怒哀乐，只有得到最终顾客满意的评价才是产品的归宿。

因此，企业一线作战人员要在一定时间范围内，帮助经销商解决每次进货的库存积压问题，能够在预计的时间内将经销商库存变成合理库存数，帮助经销商消化掉本次进货量。我经常对合作企业的高管说的一句话就是，如果经销商贸然来进货的话，一定要问清楚原因，为什么不是企业驻外一线作战人员来跟总部进货？当经销商没法回答如何销售产品时，就要告诉经销商，你本次购买的不是产品，是你的库存问题。这时候企业总部的工作人员就要问询一线作战负责人，经销商本次进货你用什么办法来帮助消化解决？仅仅是为了拿月度绩效奖金而完成月度计划，造成事实上的经销商库存，还是确实能够通过好的销售策略来实现产品销售，总部要有一个清晰的判断。因此，一线作战人员要清楚，你卖给经销商的究竟是产品，还是库存问题？这两者要区分开来。前者意味着你是一个称职的作战人员，你对市场有着精准的把控，你让经销商购买产品，因为你有着详细的消化产品的方案策略；而后者则说明你卖给经销商的不是产品，而是库存问题，那说明你是个不称职的一线作战人员，你对市场消化产品的能力几乎不了解，或者说你仅仅是为了完成当月的销售计划。

一线作战人员要有责任担当，那就是你要用"经销商之心"来做市场，每次让经销商购买进货都要换位思考，要努力让自己的产品营销精准到位，把自己打造成为经销商的作战参谋和事业导师。

2. 卖给经销商产品，附带产品落地解决方案

企业一线作战人员要清楚，在产品抵达最终顾客之前，你卖给经销商的不是品牌，也不是产品，经销商的产品库存问题就是企业一线作战人员的责任！因此，一线作战人员卖给经销商产品时要附带一个产品营销解决方案，否则即使一线人员从经销商那里拿到了货款，而且将产品运输到了经销商的仓库里，没有从根本上帮助经销商解决产品最终落地的问题，一线作战人员这种售货行为就是"失职"。这种情况下，产品从公司仓库转移到经销商仓库里，仅仅是产品物理位置移动了，对企业而言不是实质性的销售。因此，只有将企业产品送到了最终顾客的手里，一线作战人员才完成了作战。所以，虽然说企业的产品是经销商所购买的，但是产品到达经销商的仓库之前，如果没有可落地的市场营销方案，那么产品最终将会变成经销商的库存问题。而且，如果经销商在产品保质期到达之前没有完成销售，这些库存产品将会存在质量问题和法律纠纷。所以，企业的一线作战人员要有责任担当，当卖给经销商产品的时候，一定要帮助经销商制定产品营销方案。如果市场作战人员没有这个能力，那就坚决不要卖一箱货，更不能收经销商的货

款，否则你就要对经销商购买产品带来的库存承担责任。那么，我们就要思考，企业产品究竟在什么情况下才能允许经销商来购买？我的建议是当企业一线作战人员对所辖市场有了深刻的认知，对所辖市场竞争对手的产品有所研究，找到了企业产品在市场上的营销切入点，而且经销商的资源刚好能够完成企业产品的营销工作。在这种情况下，企业的一线作战人员才可以制订基于经销商经营实力的订单计划，也就是说经销商从企业进货，无论进多少件产品，无论进什么样的产品，都是由一线作战人员指导经销商做的订单计划。企业总部要清楚知道，前线作战将军对所辖市场有着最真实的理解和认知，他向总部发出的订单计划是负责任的，他向总部呼唤的炮火和技术支持也应该是准确无误的。

制定经销商每次进货的作战方案是至关重要的，它解决的不仅仅是产品的最终消化，同时也关乎企业在市场的发展和企业形象，也体现了总部对市场的掌控能力。这就是我所说的卖给经销商的不是产品，而是库存问题。既然是问题，作战人员就要给出答案。当企业的市场作战人员具备这样的理念和职业素质的时候，他卖给经销商的已经不仅仅是产品了，他是将整个企业信誉卖给了经销商，经销商相信这是企业的工作模式，也是企业对经销商负责任的专业能力，经销商与企业的合作已经是非常令人放心了。当然，具备这种责任能力的一线作战统帅是行业内的高级营销人才，企业要打造人才培养机制模式，聘请品质能力优秀的人来做导师，为企业塑造和培养营销专才。

3. 用产品功能卖价格，而不是低价卖产品

在营销企业产品过程中，很多营销人员会存在一个问题，他们会向企业总部抱怨：本企业产品价格高得离谱，市场上没法接受我们的产品，竞争对手的产品价格很低，我们卖不出去。针对业务人员的抱怨，有些企业总部领导就会信以为真，不做调查研究，就采取降价销售，或者加大产品促销力度等。我们姑且不评论总部的领导是否专业，在高手如林竞争激烈的市场上，每一家企业的求生欲望都非常强烈，往往会在销售陷入窘境时采取一些极端的措施，低价销售产品更多存在于中小企业身上。

当我听到一线市场营销人员说产品价格高没法销售的时候，我经常会告诉他们一句话，如果企业产品价格很低，企业就存在两个问题，第一个问题

是企业没有利润，你们的工资奖金从哪里来呢？第二个问题是当价格已经在整个市场上最低的时候，企业还需要你们来销售吗？真正的一线作战将军，尽管他所面对的竞争对手是强大的，他总会在市场的夹缝里找到企业产品生存的空间，尤其在挖掘企业产品卖点的时候有独到之处。他甚至会用顾客需求倒逼的策略要求总部的研发生产部门，加工生产市场需要的产品功能。具备产品市场问题解决能力的作战人才，他销售产品时一定是通过产品功能来卖价格，而不是靠价格来销售产品。怎么解释这句话呢？就是通过将产品使用价值和品质功能与经销商达成共识，提升整个作战团队对产品使用价值的认知信心，而不是低价倾销完成产品销售任务。因此，一线作战将军要因地制宜制定当地市场产品落地作战方案，用产品差异化功能来引导最终顾客购买产品。

一线作战人员在与经销商合作的时候，要对自己有个清晰的定位，那就是营销人员是用产品卖价格，而不是用价格卖产品。企业卖的是产品功能和质量，卖的是产品独一无二的使用价值，一线作战团队要有这样的理念信心，而低价销售产品是企业破产关门之举。除非企业采取了战略性的低价产品策略，用低价来破坏竞争对手的利润体系，否则坚决杜绝通过低价倾销的方式来销售产品。

4. 帮助经销商扩大规模

作为经销企业产品的经销商，他的目的就是通过经销产品获得利润。有的经销商会给企业提很多要求，希望企业给他足够大的市场区域由他来独家经销，尽管他不具备与大区域市场相匹配的物流配送能力，而且缺乏铺货进终端的资金实力。一线作战人员要对经销商的实力有个精准的判断，有的经销商因为资金实力有限，只适合做产品批发，他在终端的投入会很少。而仅仅搞产品批发对企业的营销战略落地是不利的，从长远看对他自己公司的发展也不利。从他那里拿货的二批商最终都会离他而去，因为市场上同类的竞争产品太多了，加之在互联网时代信息过度公开，各类产品的价格基本都是透明的，所以经销商必须要对市场精耕细作，锁定的终端越多越好。现在的市场是全面的竞争态势，企业一般不会把与经销商能力不相符的区域市场给他，从而浪费市场战机。企业会结合经销商的资源能力给他划定一块区域让他来经营，企业要给经销商合同承诺和必要的支持，让经销商放心地在划定区域市场上深耕细作，厂商同心一致对外。经销商内心也有一些担忧，头上还是带着一个紧箍咒，因为企业虽然给了他一块市场运作，但是同样要求他有一定的年度销量指标，每年都会对他有绩效目标考核的市场经济具备强大的大浪淘沙能力，使得一批又一批新企业诞生，一批又一批老旧的企业颓废消亡，经销商在与企业的合作博弈中，大多数做到了共生共荣，共同发展，有的甚至培养起了兄弟一般的感情，如同亲人一样互相照顾、关心支持。尽管企业一般不会做鞭打快牛的事，但是对经销商的要求还是有的，所以经销商内心深处往往会有紧迫感和被压迫感。作为企业产品与最终顾客的中间桥梁，经销商明白自己的分量和定位，只有经销产品的规模足够大，自己在企业才能有发言权，而且只有销量大的经销商才能得到企业的重视，也才能够从母公司要来更好的政策支持。

做大做强不仅仅是母公司的梦想，也是经销商的野心。企业一线作战将军要量体裁衣，因地制宜，结合经销商的综合实力，帮他制定一个扩大产品规模的经营策略方案。我一直强调一个理念，那就是一线作战将军是经销商的事业导师和作战参谋，他的任务就是要帮助经销商盈利，帮助经销商做大规模。只有经销商有了较高的利润并且活下去了，企业才能有发展机会。

5. 帮助经销商赚取更多的利润

企业驻外一线作战统帅，一定要有换位思考的能力，要经常把自己角色换成经销商那样去思考，深刻体会感受经销商的酸甜苦辣，去分析优化经销商的成本构成与收获利润的对策，否则很难与经销商打成一片，也很难真正为企业做出卓越的成绩。我之困难，你之所想，这恰如其分地表达了经销商对企业的思维诉求。企业总部渴望降低成本，经销商也同样希望降低成本，所以一线人员要想办法帮助经销商降低他的经营管理成本。经销商的管理成本一般都比较低，因为他的员工比较少，但是经销商运营时会产生不少的物流费用，也因为欠款铺货销售会产生一些终端资金占用成本，所以企业的一线工作人员，要结合经销商的实际运作情况，帮他量身打造一个开源节流的营销模式。要降低经销商的成本，不仅要从他的整体成本结构来分析，更多的要从他的利润来源来解决。对于企业的成本来说，有的成本是正能量，可以带来利润，有的成本是负能量，只会增加企业的负担消耗，因此有些成本如果节约的不科学，会阻止企业利润的获得。因此经销商还是要努力开发和维护市场，增加产品的销量，要开发寻找更多的市场经济增长点，做大产品的规模，才能赚取更多的利润。当然，企业总部与经销商是鱼水合作的关系，总部要统筹规划整合供应链资源，对经销商进行有效合理的设计安排，不仅在市场开发上要协助经销商拓展更多的营销空间，同时要在费用方面要适度协助经销商，给经销商做一些市场费用投资。同样的，经销商也要体谅企业的难处和不易，经销商只有和企业同心，互相不猜疑，才能做大，而这一切都取决于一线作战将军的综合能力。帮助经销商赚取更多的利润，所体现的是企业整体的服务态度和作战能力，努力盈利不仅仅是经销商一厢情愿的想法，更应该写进母公司的经营战略里。

6. 阻断经销商的不当获利行为

大多数经销商都是正直的，都是发自内心地想通过经销企业产品赚取利润，获得持续的发展，把自己的事业聚焦在生产企业这辆战车上，他们的勤恳付出赢得了合作伙伴的尊重和认可。但也有一部分经销商难免会有一些小思想，或者说会有一些占小便宜的想法，企业的业务人员往往成了他的突破口，再加上有个别企业派驻的一线人员自身不检点，很快就被个别经销商拉拢腐蚀成为内线，千方百计地向总部为经销商争取费用空间。据了解，个别企业有的驻外机构通过虚增驻外员工花名册吃空头费用，或者虚构一些市场促销活动骗取总部的费用。当然，如果总部没有明白人，营销审核和营销监控能力不够专业，这些欺骗行为都会得逞。这就要求总部在营销活动的监管审计上要到位，要对一线市场作战费用清单实施全过程审核监督管理，并且要有清晰的制度保障。要制定预算费用实施的回头看制度，安排专业审计人员到企业投放费用的现场去检查落实，确保企业投放到市场上的每一分钱，都能有的放矢，都能投放到实处。当然，俗话说得好，道高一尺魔高一丈，企业总部做市场营销费用审计的工作人员，一定要有一线作战经历，只有监督管理人员具备一线作战的经历，外部一线市场的任何风吹草动都逃不过他们的法眼，企业虚假的财务费用就会降到最低。

阻断个别经销商的不当获利行为，企业不仅仅是要建立制度防火墙，更重要的是要提高经销商的盈利能力，增加经销商的利润。只有堵住了个别经销商和不负责任业务人员的非分之想，企业在制度与机制方面做足了文章，用制度切断了歪思想的源头，一线作战人员和经销商才能静下心认真做市场，增加产品销售量。我也经常利用授课机会告诫一线市场业务人员：你们所赚的每一分钱都要对得起良心，要经得起阳光的照耀考验，否则因为贪心而被污染的职业生涯经历，将成为你一生的罪恶包袱，成为你人生路上终生的负荷。

二、凭什么领导经销商

企业的营销人员，尤其是与经销商面对面打交道的一线作战人员，他们的职责是一肩挑两头，左边肩膀是企业的责任和目标，右边肩膀是经销商的生存与发展。企业高管要经常思考，或者说要给营销人员一个清晰的定位，企业除了培训他们忠诚，树立他们对企业的责任，还要培养他们与经销商打交道的能力，提高优化他们的职业技能与营销素养。我给一线作战将军的定位就是经销商的领导，确切地说是经销商的直接领导。因为一线作战人员代表的是企业市场战略目标利益，所以他们在与经销商合作的过程中，一定要做到有的放矢，要做到诚实守信，绝对不能以欺骗手段与经销商相处。企业员工要立足企业核心利益，要用"经销商之心"来思考经销商事业，换位思考往往是一个职业人士成功的不二法宝。那么，作为经销商的直接领导，一线作战将军如何领导经销商呢？

1. 凭的是利润

一线作战人员是经销商的领导，那么凭什么来领导经销商呢？我想首先就是利润，一线作战人员要用企业的产品给经销商创造利润，利润是经销商生存的根本，也是经销商经销企业产品的唯一理由。所以，企业一线人员要对所辖区域市场进行深入了解，对经销商的经营能力和资源进行详细分析，确定经销商在目标市场上更适合经销哪类产品。在给经销商选择产品时，一定要深思熟虑，要结合竞争对手在区域市场的综合能力，给经销商划定一个经销的区域，并要清楚企业产品如何做才能在市场上盈利。一线作战人员要结合经销商的经销能力来制定产品营销方案，通过营销方案协助经销商获得利润，经销商只有通过经销产品获得利润了，才能与企业长期合作下去，营销人员才有资格来领导他们。如果经销商经销企业产品不赚钱，甚至经销商经营企业产品亏损时，一线作战将军就不称职。有人可能认为经销商在市场上挣不到钱是经销商的能力不足，而我认为这恰恰是企业一线作战人员的责任能力不到位，要么是他选择的经销商不具备本区域经销产品的能力，要么就是他在经销商运作市场的过程中，没有给予足够的指导和帮助，因此导致了经销商的亏损。所以亏损的不仅仅是经销商的钱，还有企业的责任和担当。结合经销商的亏损情况和亏损额度，企业经过调查分析后，如果是当地市场一线人员的责任导致的，企业应该追究一线作战将军的责任。

企业要牢记，唯有产品带来足够的利润，经销商才愿意做企业的战略合作伙伴，企业的一线作战将军才有资格领导经销商。

2. 凭对终端的认知

一线市场人员领导经销商还需要一个硬功夫，那就是一线人员对经销商所辖市场的深刻认知理解，对经销商经销企业产品终端的熟悉了解——掌握了经销商布局终端的全部资料信息，掌握了企业产品在终端的动态变化情况。所以说企业一线作战人员要帮助经销商开发终端，并且要持续不断地走访终端，与终端经营者成为很熟的朋友，并且帮助终端经营者解决一些力所能及的问题。让终端经营者把一线人员当作一个可以信赖的人，他才会向你敞开心扉，介绍终端的经营经验和产品存在的问题，才能了解到终端各种产品的销售情况，甚至可以捕捉到竞争对手产品的关键情报信息。企业一线市场工作者，只有了解了终端的产品销售和竞争情况，对终端产品的竞争态势了然于心，尤其是掌握了竞争对手终端产品的营销策略后，就为下一步实施精准打击竞争对手准备了足够的情报信息。

如果一线作战将军对终端的产品数据一无所知，经销商就不服气，你的手下也认为你缺乏领导力，因为你根本不了解市场情况，他们把你当作市场运作的门外汉，你也就没有资格领导经销商了。因此，一线作战将军只有成为终端工作者，能够掌控终端产品的动态数字变化，并且能够在终端找到销售产品的机会，而且能够制定经销产品的策略，才能真正地让经销商对你服气，你也才能够真正领导团队和经销商开展营销工作。

了解终端不仅仅是企业一线作战人员的工作，而应该是企业中高层的一门功夫课。当企业总部的部门负责人了解了终端以后，他们就可以为一线作战提供精准的弹药支持；当企业董事长和总裁对终端了解以后，他们在制定经营战略时就能准确无误。因此，终端这本书是企业各个层级都要去拜读的，并且是需要逐字逐句精读的一本经典好书。

3. 储备潜在经销商

所有的经销商都是有思想并且也是有梦想的，他们都想发展壮大。我也一直在告诫营销工作人员，每个经销商和终端都有集团企业的野心梦想！因此随着经销商的发展，他的资源越来越多，他对各种产品的选择也会越来越多。有的经销商和更多的企业发生了业务关系，有的经销商甚至有了创建自己品牌OEM的想法。

所以，随着经销商的发展壮大，企业的营销人员，尤其是一线作战将军，要对经销商有一个新的认识。有些经销商已经发展壮大起来了，伴随着规模的扩大，经销商的梦想与野心也与日俱增，此时不仅不能打压经销商，企业营销人员还要顺势而为，要有一颗帮助他做得更大更强的善心，要思考怎么做才能让经销商坚定地站在企业的这辆战车上，仅仅靠多年的交往情谊显然是不行的，最为关键的是自己企业现在的发展规模，能不能与经销商的未来梦想相匹配？也就是说企业在未来还能给经销商什么？我们不能责怪经销商的商业梦想，有多少经销商愿意放弃利益梦想去做世间的苦行僧？企业要善用经销商的野心，伴随着经销商一起茁壮强大起来。

企业总部包括一线作战将军们要结合实际设计与经销商的合作模式，或者叫作设计新时期的企业与经销商战略合作关系，这大概就是识时务者为俊杰。强大起来的经销商能够展示更多魅力，自然而然地就会吸引别的企业，竞争对手也会与经销商业务谈判，甚至会用各种利益合作模式来说服策反他。所以，一线作战人员一定要做到料敌先机，提前做好谋略筹划，不能坐以待毙。可以从几个方面进行思考准备，要做到对整个市场有透彻的了解，掌握市场上还有哪些客户有强烈的合作欲望，了解这个市场上竞争对手的强弱处在什么地方。一线作战人员要储备好潜在的客户资源，做到现有经销商叛变时有客户替补，给现在存有不二之心的经销商构成威慑！同时一线作战将军可以在合作模式上做一个设计，对与实力出众的经销商合作模式进行深度思考，让经销商成为企业的合资伙伴或者联营公司模式，一线作战将军可以建议企业总部在一个经销商比较强势的市场上，企业与他成立合资企业，通过合资企业的运作，让经销商永远绑在企业的战车上，一起持续发展合作下去。

当然，无论企业怎么样与经销商的合作，企业都要给经销商足够的尊重空间，让他能够心安，让经销商随着企业的发展一起发展。只有企业董事长具有利他的思维，只有企业采取了一系列利他的行动，也只有经销商与企业成为真正意义上的战略伙伴，经销商才能与企业不分离，也不背叛。诗云：

> 王者要辅之以王道，
>
> 智者要辅之以于德道，
>
> 逐利者要辅之以利义。
>
> 参悟世间万物，
>
> 多求平衡不破之法，
>
> 唯有利他方能常驻。

三、让供应链伙伴成为营销员

任何一个企业在市场上总会遇到对手，在与强大的竞争对手对阵时，如果企业硬碰硬去战斗往往会损失过多，有时甚至会得不偿失。企业营销作战有时要像打太极一样，要用四两拨千斤的技巧克敌制胜。企业除了自己内部的营销人员开展市场工作，还可以把视野适度扩展从外部寻找营销人员，外部有可能为企业带来产品营销贡献的人，可以用激励措施或以其他合作方式使之为我所用。让企业供应链伙伴成为营销员，甚至是竞争对手的工作人员，只要措施得当也可以为企业做出营销业绩贡献。企业供应链合作伙伴分别有经销商、终端、最终顾客和供应商。我认为做营销工作就是要脚踏实地，异想天开，企业要针对这几类营销人员量体裁衣，要建立一套机制模式来激励他们，想办法让他们成为企业一线市场作战的帮手。

1. 让经销商成为营销员

所有的工作都是通过主动或被动来完成的，我们发现主动工作往往比被动工作更高效。我一直倾向于主动地开展工作，尤其是企业市场一线的作战人员。企业一般会有很多经销商，而经销商是企业供应链的关键一环，是企业产品走向市场的桥梁，一线工作人员要对每个经销商的资源能力了然于胸，不能要求经销商做超越他能力的事。

　　经销商虽然在经营着企业产品，但是主动为企业产品做营销工作和被迫地开展工作，所取得的产品业绩显然是有区别的。所以企业要转变观念，不要认为经销商已经在经营企业的产品，自然会想办法多销售，这种观点有时是错误的。经销商的资源是有限的，更何况他经销的产品也较多，他更愿意把销售重心放在更容易盈利的产品上。因此，企业要想办法让经销商更愿意经销本公司的产品，让经销商成为企业产品真正意义上的营销员。而要做到这一点，企业对经销商的性质要有一个本质的了解，从某种程度上来说，经销商既是企业的战略合作伙伴，又是销售企业产品的"机器"。经销商就是为销售合作企业的产品而存在的，经销商自己也追求更多的利润。

　　很多经销商的出身经历坎坷，有的具有传奇的职业人生经历，有的则是下岗职工在走投无路的情况下，从小卖部或者是路边小店开始，一步一步发展壮大的；有的经销商则是心怀远大梦想，不愿意安居原来的企业谋生，毅然辞职下海开始了创业，成了企业的产品经销商。但是无论怎么样，经销商都上有老下有小，还养着很多的员工，所以企业一线人员要体会经销商的切身感受，要真正地替经销商着想，经销商每天门一开就面临着各种费用和成本，他就必须要通过获取利润来消化这些成本。而且大多数经销商的实力都很一般，他们没有太多积蓄也没能力来亏损，可能一次进货没及时完成销售造成库存，就会导致资金紧张，没有资金进第二次货了，甚至面临着关门的风险。

　　所以，企业一线作战人员要设身处地地为经销商考虑，为他量身设计一个产品经销方案。只有这样经销商才发自内心地尊重认可你，愿意心甘情愿地被你领导，成为企业真正意义上的营销员，全力以赴地为企业的产品赴汤蹈火。因为他相信你可以帮助他出谋划策，能帮他把产品的市场份额做大，能让他的企业盈利苗壮发展。所以，企业一线市场工作者只有换位思考成为经销商，以经销商之心去思考经销商的事，真正具备经销商思维，才能更好地领导经销商，让经销商成为你的营销员，为你的一线市场去冲锋陷阵。

　　随着企业产品市场规模的扩大，经销商就会有种危机感。因为企业每年都会给经销商定年度营销数量指标，会给经销商一定的考核要求，所以经销商往往会有一种被压迫感。这个时候，企业一线作战将军就要给经销商足够的归属感，不要让经销商把自己当作企业一个随时可以抛弃的棋子，企业发展壮大了经销商也能心安，这是一线作战统帅的职业人生课题之一。

2. 让终端成为营销员

终端是企业供应链下游的末端，是企业产品和顾客最终沟通的平台，是产品这个"丑媳妇"终究要见公婆的地方，终端的功能使命就是完成企业产品的最终销售，而且终端有各式各样的产品。因此企业要深刻思考，终端凭什么要完成你的产品销售？企业的产品一旦进入终端销售，终端在一定意义上就成了企业产品的质量背书人，那么企业产品的使用价值和质量会不会给终端带来信用伤害，从而使得终端多年累积起来的商誉毁于一旦？当终端承担了企业产品销售工作以后，企业和终端究竟应该建立一种什么样的关系？这是企业营销工作人员要深刻思考的课题。

我有时会提醒一线作战人员，我们既然做营销，那就要知道世间万物皆可用，但是要有尺度分寸，任何市场操作错误都必将成为未来某一天的成本。而一线作战统帅的营销任务就是利用一切可利用的力量，利用一切可利用的资源，开展和完成企业产品营销作战任务。当企业和终端建立了合作关系，能不能做得更紧密些，充分挖掘和开发终端的能力，让终端给企业承担更多的营销任务，能不能让终端成为企业的营销员？让他们心无旁骛地做产品的营销工作，甚至让终端主动完成企业的产品销售呢？如果把企业的市场战略布局作为一盘围棋的话，规划做好了终端的布局就是企业的一盘好棋，每个终端都是企业一盘棋局里关键的一子，而一线作战统帅无疑就是企业市场的对弈棋手。据说一个世界围棋冠军要复盘一万个棋谱才可能赢下冠军奖杯，企业总部首领和一线作战统帅要开发体验多少个终端，才能与竞争对手在对弈中胜出？企业如何才能下好终端这盘棋，如何在全局筹谋落子，布阵拒敌，虚张声势，合围打劫？以及如何进行每一天的作战围棋复盘，作为一线作战统帅复盘纠错能力至关重要。

企业的营销人员，尤其是整天与终端打交道的一线作战人员，甚至包括企业的董事长总裁们，如果没有亲自深入到终端一线，没有到终端现场去感受体验，那就没法产生来自终端的战略思考。离开了对一线战场激烈程度的认知，企业经营者不会重视收集终端情报信息，很难制定一个竞争对手的打击方案，也不可能把终端提高到企业战略的地位，更不要说培养终端成为企业的营销员了。董事长要明白产品最终的阵地就在终端，无论是电商平台还是传统的产品售卖终端，企业要在制度和机制方面建立激励措施来鼓励一线作战人员，更好地开展终端的服务和营销工作。一线统帅要把终端当作企业的营销人员来培养，总部也要把终端当作营销员一样来经营，培养终端发自内心地喜爱企业的产品，重要的是企业能够给到终端想要的东西，终端最想要的东西不外乎利润和尊重。我一贯坚持一个原则，既然是生意合作，企业就要用生意的方法来解决终端诉求。同时，企业可以结合自有的资源，以及与终端关联的生态关系，采取一些措施增加终端的利润，进一步加强与终端的紧密关系。

让终端成为企业的产品营销员，企业要制定"终端营销员工作指导手册"，要明确企业一线人员和终端的责权利。结合企业的实际以及产品在终端布局情况，制订"终端营销员"的实施计划和落地激励措施，并且要有详细的落地办法和跟踪管理服务工作，要在企业的年度目标考核以及日常工作细则里有所体现。终端乃兵家必争之地，也是企业战略的发源地，更是产品研发战略的源头！

3. 让最终顾客成为营销员

最终顾客是企业供应链的终极站点，也是企业产品的终审法官，有权力对产品的好坏下达使用与否的判决书。顾客购买了企业的产品，最大限度地证明了一件事，企业产品恰好能解决他的需求问题。企业可以通过经销商或终端，把企业的产品信息、品质功能，通过挖掘顾客消费产品的数据，继而分析顾客对产品的偏好原因，从而制定一个针对最终顾客的宣传方式，与最终顾客进行面对面地沟通。并且要制定制度和机制奖励模式，让最终顾客来做企业的兼职营销员，给企业做最好的口碑宣传。每个最终顾客都有家族和亲戚的朋友圈，可以号召最终顾客通过微信朋友圈或其他信息渠道给产品做宣传，甚至可以让顾客做企业的产品微商客户。尤其是一些刚退休不久的老人，他们精力充沛，人脉朋友圈广泛，可以把他们动员起来让他们发挥余热，对他们来说不仅仅是为了挣钱，而是为了让自己有工作可干。当然，企业的产品也必须要在品质和使用价值方面有足够的吸引力。企业可以结合最终顾客的分布情况，针对企业的产品制定一个激励最终顾客的奖励办法，让最终顾客愿意做企业的营销员，让他们现身说法，告诉其他人企业产品的良好价值，最大限度地让企业的产品在他的亲戚、家族和朋友圈里开始销售。企业也可以聘请顾客做企业的产品意见顾问，企业从最终顾客这里寻找产品研发和迭代的灵感，优化产品性能，提高产品的品质和使用价值。

4. 让供应商成为营销员

营销人员要有开阔的立体视野，企业要打造一个攻守平衡型供应链，一线作战将军要善于向总部寻找作战资源，要清楚企业的供应链不仅具备服务和盈利功能，还要具备进攻和防御的能力，企业供应链的上下游资源，都是对竞争对手发动攻击的有效作战单元。因此，我会建议具备条件的企业，要设计和打造攻守平衡型供应链，可以将供应链上下游伙伴打造成共进退的战略盟友。企业作战人员要用广阔的胸怀格局，不仅仅要看到企业下游的经销商，产品的售卖终端等都可以实现产品销售，还可以沿着供应链上游去寻找市场机遇。尤其是企业的供应商，供应商那边也有他自己的一些朋友圈伙伴，供应商可以发挥他的影响力，企业要结合供应商的资源特点，制定一个营销资源对接合作的奖励模式，利用总部的影响力把供应商变成营销合作伙伴，让供应商协助推动具体产品的营销工作，把企业的业务市场做一些补充性的开发。一线作战将军可以结合市场积累的经验，用一线作战需求来倒逼提升总部的营销功能，可以将总部的战略合作伙伴和资源人脉，分别在产品团购，定制式设计生产，包括跨界营销推广以及战略OEM等方面予以推进合作，在诸多细分市场领域助力一线市场开展营销工作。企业供应商了解产业的上游竞争情况，供应商也掌握企业的生产经营信息，生产企业要懂得向供应商虚心学习，定期开展供应商产业和企业发展问诊会议，不仅可以向供应商寻求产业和企业发展的建议，还可以将具备条件的供应商发展成为企业的营销员，让供应商为企业的发展提供营销资源，提高企业的产品销量，在合作中共同发展提高。

5. 让竞争对手成为营销员

古典名著《三国演义》里有一个喜剧讽刺人物蒋干，在三国历史的关键节点粉墨登场了。蒋干本身是曹操的说客，要去说服周瑜来降曹操，当他肩负着曹操的使命到达吴国军营时，反而被周瑜反间计巧妙地利用了，蒋干变成了周瑜所导演戏剧里边的一个主演，为火烧赤壁和三国鼎立创下了不朽功劳。一个反面人物的价值有时是巨大的，关键在于如何妙用。从现在企业竞争角度来说，蒋干是竞争对手的一员谋士，是曹操一方的营销员，当他满怀欣喜带着假情报信件，兴高采烈地回到了曹营，把信件双手递给曹操时，他便完成了一个历史性的重大营销工作。企业的营销人员，尤其是一线作战人员，每天都会面对瞬息万变的市场情况，敌我情报信息满天飞，一定要明察秋毫，妥善利用，不能成为今天的蒋干。要从与竞争对手的战斗中找到契机，充分利用竞争对手的产品，利用竞争对手的各种资源，甚至利用竞争对手的工作人员，调动他们的积极性，用他们的能力来给我们办事。

市场上的任何一场战斗都不是孤立的，有时可以从中看出竞争对手更长远的市场策略，都关乎企业未来的产品市场布局，以及企业的产品目标诉求。竞争对手的作战策略与我方产品的营销主张是互相牵制关系，进攻与防御的战斗都是一个智慧的较量。作战统帅往往能够从企业自身的产品能力出发去布局，用智慧策略让竞争对手成为我方营销员，调动竞争对手工作人员的某些积极性为我所用，其实质就是撬动了对方人员人性深处的某些欲望。

大道至简，善者常在。我倡导一种阳光的谋略，回避那些尽管可以取胜却在阴暗处施展的才华，此深为君子所不取！让竞争对手成为自己企业的营销员，这是一种智慧的能力，是太极高手所提倡的借力打力的策略。有时两军对垒，任何一个力量都可能成为决定战场胜局的关键因素，关键是你要能读懂对手的语言，用慧眼去发现契机。诗云：

赤壁三国战事忙，蒋干反间助周郎。

敌方资源为我用，成就长城万里长。

四、总经销的制衡策略

区域市场总经销是某个市场的操盘手，一般是企业授权某个具备一定实力的经销商，在县级市场、地级市场或者省级市场上开展企业的产品销售工作，有个别的企业甚至会授权经销商负责全国市场的产品总经销工作。企业选择市场的独家经销有几个原因，首要的原因就是企业自身没有营销队伍，也没有足够的营销资源来支撑他的市场战略；第二个原因就是企业借船出海，企业利用某个强大经销商的市场资源和经销经验，利用其在市场积累多年的营销资源优势，可以尽快地拓展企业的产品市场。还有其他的一些总经销合作模式，生产企业会结合自己的实际市场诉求来制定营销策略。总之，生产企业是基于现实问题、资源实力和未来战略意图等原因，选择产品总经销模式对区域市场采取的一种营销策略。区域总经销模式对于企业来说是有利有弊的，后续的管理往往会成为制约企业发展的瓶颈。但是，企业在不同的发展阶段，会选择适合自己的产品营销模式，存在的都是合理的，如何妥善用好营销模式，领导和制约总经销则成了企业一个营销课题。

1. 总经销存在着藩镇割据的风险

当企业的省级或地级市场总经销发展起来的时候，他在市场上有了足够大的销量，他的市场拓展能力，对所辖市场已经形成了一定的管控实力，这个时候总经销的产品销量做得很大了，总经销在企业的分量也变得很大。有的总经销跟总部的高管都是好哥们的关系，我们不评论这种关系的好坏，但是这种关系有时会成为企业的利益双刃剑，有的总经销因为和总部大领导的关系好，往往不服从当地一线机构的管辖，因为他有任何市场需求都直接与董事长对话，甚至可以随意调动或者是撤换某个大区的负责人，成了企业总部事实上的组织部部长。总经销这种人际关系的危害，对企业是显而易见的。有的总经销因为各种关系的强大，可能会产生一些思想上的波动变化，个别总经销甚至会像清朝的吴三桂那样藩镇割据，不听总部的号令，甚至对总部派去的营销人员不当回事，我行我素。有的总经销甚至排斥对抗一线人员对他的管理，向公司提出一些不合适的利益要求，有一点"挟天子以令诸侯"的态势。碍于总经销庞大的市场销量，公司此刻对这类总经销是爱恨交加。我们支持总经销的强大，因为客户的强大，对企业是有利的，但是个别强大的总经销可能会给企业总部提出各种非分的要求，逼迫企业给他让步，逼迫企业在产品价格上甚至在营销政策上对他妥协，否则他可能就会造反。所以，企业要未雨绸缪，要在前期的市场规划和设计上，尤其在合作合同内容的设计上，不仅有进入的门槛，也有过程管理要求和退出的机制，要让所有经销商在企业这个舞台上可以长袖善舞，尽情施展自己的才华，但也要恰到好处地得到管控，坚决不能养虎为患。要对总经销这棵树在其成长过程中不断地给予修剪，要让他既能抵抗得住外部的恶劣市场环境，还能够做到与企业同心同德一致对外。那些萌生退意，终于叛变投敌的总经销，都是在与企业合作历史中不断积累恶怨导致的。因此，企业董事长和总裁要把总经销位置摆正，要妥善掌握好与总经销交往的分寸尺度，既不让他感受到冷落，又要让总经销遵守企业的游戏规则，尤其不能让总经销干涉企业的内政。有时候企业董事长要借鉴学习一下诸葛亮对魏延的管理模式，传说魏延虽然后脑有反骨，但在诸葛亮的领导下，得到妥当的任用，为蜀国的南征北战立下赫赫战功。

当然，总经销负责人能够把产品的市场规模做大，能够把自己的企业做大，必然有其过人之处，企业总部也不要一味地对其打压提防，只要摆正彼此的位置，各司其职，各尽其责，让双方成为真正意义上的战略合作伙伴即可。管控好总经销首先要求董事长与总裁要摆正位置，其次还要管控好与总经销有关联的利益交集，企业总部的领导如果用公心与总经销相处是没有任何问题的。企业要打好总经销这张牌，将总经销成功模式作为企业的样板在全国推广，这其中的关键就是要有一套可靠的总经销运作机制。

企业的总经销如一员虎将，企业要妥善地用好他，企业要在制度和机制方面尽其所能地去帮助总经销拓展业务，把总经销的市场做深做透了，成为企业外部战场一个坚强的市场屏障，将其打造成企业的核心利润区。

2. 用制度约束总经销

我曾给一家知名快销品集团总裁说过这样一句话"成也总经销，败也总经销"，他当时不以为然，因为集团产品总经销模式就是由他来设计和推行的，但是与总经销相配套的制度与机制模式，他们没有前瞻性地设计好，因此在后续发展中个别省级总经销给母公司带来了诸多的麻烦。当然，总经销也有它的益处，任何一个事物都是具备正反两方面的。总经销在前期的市场开发上确实是披荆斩棘、雷厉风行、所向披靡，在有些市场起到了非常好的效果，这种模式也因此得到了企业总部的赞赏。但是，随着时间的推移总经销的问题越来越多，由于总部缺少制定监管模式的人才，尽管制定了许多总经销运营模式的监管办法和实施细则，但是在实施过程中由于措施不到位没有准确落地。企业总部给了省级公司足够的灵活性，部分省级公司甚至给了产品定价权，意味着省级公司可以决定市场费用的使用情况。俗语说得好，金钱面前往往考验着人性和制度监控的精准能力，在费用支出和花钱的地方如果管控不严就会滋生腐败。某家快销品企业实施了省级总经销模式，由于费用支出灵活，加之总部监管不到位，有个别省级大区的负责人和区域经理开始了腐败，企业总部对总经销已经失去了管控。有的总经销在企业上下关系网络密布，形成了强大的影响力，使得企业的区域营销工作处于被动状态。

当然，作为一个营销工作者，尤其是一线作战将军，要结合企业的实际制定总经销行为规范准则，要让马儿跑得快，既要给马儿吃草料还要给马儿套上缰绳，让马儿跑对了路。既不能让总经销成为安禄山那样的西南王，山高皇帝远没人管得住，使得藩镇割据最终叛变；也不能让总经销成为《水浒传》里的宋江被逼跑上水泊梁山，占山为王与朝廷对抗。因此，企业要给总经销设计一个制衡策略，让其成为企业的战略伙伴。要在总经销运作前夕设计一套总经销经营运作模式，用制度和机制保障总经销经营的有序运行，避免后期出现个别领导的人为干涉，甚至是权力腐败。如果企业放之任之，总经销一旦形成藩镇割据，红杏出墙反叛投敌，对企业的损害就不是一城一池的得失，而是如同唐玄宗时代的安禄山藩镇割据的叛逆大案，最终危及唐朝的社稷安危。

古代帝王在经营国家时考虑内外力量的制衡控制，周朝分封众多诸侯国形成互相牵制，兴旺存续了800多年，其机制和制度设计值得企业集团借鉴。今天的企业在所有权、经营权和营销权实施上也要考虑权力制衡的问题，尤其是封疆大吏般的总经销在经营策略上要辅之以制衡策略，要从根本上进行制度和机制设计，确保总经销与企业一体同心，休戚与共，共同发展。

古语说得好"预则立，不预则废"，万事万物莫不如此。要让河水下游清澈没污染，就要从上游进行环保清洁管理，只有在河流的源头上禁止了污染源，河流水才能够清澈可用。总经销就要在前期的运营模式上做好统一的顶层设计，对总经销的经销范围和经营权利，以及总部对其所要实施的监督权和营销审计等设计到位，做到先小人后君子，后续开展工作都按照制度流程办事，堵住人为的权力干涉。尤其是总部那些有点权力喜欢到处乱窜的领导，管住了这帮领导的贪欲，总经销就是企业一匹很好的千里马。在企业的任何发展阶段，只要对企业发展有利的，企业的任何营销模式都可以去尝试。我坚持一个观点，那就是企业营销无定式，面对市场的无常性和不确定性，企业在开展营销活动中，经常会实施灵活多变的一线市场作战模式，也要结合市场的实际情况来制定不同阶段的营销策略。对总经销的制衡策略不是要扼住总经销的咽喉，更不能因为个别总经销的藩镇势力问题而谈虎色变。任何一个总经销都不可怕，可怕的是那些有意将总经销培养成为自己谋私利的领导。只要企业坚定的实施制度和机制模式，将领导们的权力和贪念都关进制度笼子里，那些驻外大区的作战将士们必然会一身正气，干净做人，努力做事。诗云：

> 藩镇养虎终割据，三桂撤换明清旗。
> 沉思君主亡国路，祸患源头在设计。
> 顶层制衡可放权，韬略战场任东西。
> 公权私欲收回笼，齐心胜敌捷报归。

3. 掌握总经销的二级经销商

管理与制衡都是相对的，目的在于让所有的力量都向着同一个方向，而管理的目的是为了解放人们的主观能动性，通过制度流程和机制模式，让员工们在一定的框架内主动工作。制衡的思路不外乎让权力不能过度膨胀，要求每个权力恰到好处地守住其权力边界尺度，尤其在企业与总经销的合作过程中，在源头上设计好双方合作与监督的流程，达成利益共识并且减少后续管理监督的误解。总经销可以主动把自己的家底暴露给企业总部，比方说执行总部指导的产品各级价格体系，还有二级经销商的明细，以及终端的运行情况，总经销这种以退为进的工作模式，可以消除总部对他的猜疑。当总经销的市场运营工作神秘莫测的时候，企业总部为了了解总经销的运营情况，往往会给一线作战人员私下安排许多摸底排查工作，驻外机构会私下掌握总经销区域的二级经销商情况，以及二级经销商经销企业产品的详细信息。同时，在与总经销沟通的前提下，企业总部的营销部门要适度地与二级经销商形成良性互动，协助总经销下边的二级经销商开展产品市场活动，帮助总经销落实企业的营销政策落地。很多二级经销商往往是从总经销这里欠款拿的货，所以总经销的资金压力会比较大，企业总部可以结合总经销的资金周转情况，以及下面二级经销商的产品销售和资金回笼问题，为符合条件的总经销和二级经销商实施供应链金融支持，帮助有需要流动资金的总经销做好融资工作，要努力降低总经销的供应链资金成本，进一步拓展总经销的市场营销和提高资金使用效率，加快企业产品的销售。企业一线作战机构要帮助总经销落实二级经销商的资金回笼情况，也要提醒总经销个别二级商存在的经营问题，有可能会给总经销带来一定的坏账风险。企业通过了解总经销下面二级经销商的详细经营情况，与总经销形成良好的互动。企业一线作战人员要帮助总经销规避市场经营风险，同时也为企业的市场稳定经营打好了基础。在一线战场每个营销活动周期内，企业要求当地的一线人员不仅去拜访总经销了解其需求问题，还要去走访总经销下面的二级经销商，去了解他们存在的问题，帮其答疑解惑。企业甚至要投入资源增强二级经销商的市场战斗力，从而掌握二级经销商的真实运营情况，协助二级经销商做好终端市场的铺货管理工作，把企业投入的费用落实到做终端的二级经销商那里。这样做可以帮助二级经销商尽快消化库存，提高二级经销商的终端运作能力。企业总部对二级经销商的业务关怀行动，会让总经销有危机感，也就是说企业用实际行动让总经销明白，企业总部不仅在帮助总经销赚钱，同时也在监督管理着总经销的市场行动，如果不听总部的指挥调动，企业总部有可能会把他换掉。当然，企业要讲诚信，每个总经销打开市场困境都是付出汗水的，尤其当总经销为母公司打下了一个利润区市场，那更是立下了汗马功劳。除非万不得已，企业不能随便撤换总经销客户。企业要记住，失信于一个总经销比较容易，但是如果企业因此而失信于天下，那么企业就会后患无穷。

4. 掌握总经销的终端运行情况

企业一线市场作战人员，一定要尽一切努力掌控所在区域市场的所有终端情况，不仅仅要有终端的明细，更要准确地知道终端的分布和企业的产品信息，要给终端建立一个详细的产品资料档案。企业一线作战将军要明白，终端就是企业下金蛋的母鸡，也是企业利润区的核心支柱。当企业总部决策领导准确地掌握了终端的产品资料，企业对所有市场信息都了然于胸，包括所有经销商的信息，那么企业总部就基本上掌握了整个市场的核心信息资料，对各级经销商的服务管理工作也是胸有成竹，不仅可以帮其提高盈利能力，同时还不惧其捣乱造反。我在前面说过，终端是企业的决胜场所，得终端者得天下。当企业收集了所有产品的终端信息，就可以进行详细的终端产品数据分析论证，从而形成企业的终端制胜战略。终端距离最终顾客最近，当一线作战人员掌握了最终消费者的产品需求数据，对企业来说等于拿到了核心法宝，企业可以从终端经营策略倒逼形成企业顶层战略，一个自下而上的战略推动就完成了。来自终端的作战决策是科学的，具有可落地的作战攻击能力，此可谓战胜于终端。

当企业掌握了总经销的终端情况，企业就可以把终端作为企业的根据地，有针对性地制定一系列终端的作战方案，做到精准地打击竞争对手的产品要害。企业也要做到由此及彼，把全国市场上的产品终端都汇总起来建立档案，进行终端产品的动态数据分析，找到最终顾客的消费规律及其消费偏好。建立企业的终端大数据是一个庞大的工程，需要一线作战人员付出艰辛的努力，还要具备足够的调研分析能力。因此，企业在制度建设和机制激励方面要做足文章，而且要对一线人员进行有针对性的技能和知识培训，提升其一线市场的作战能力。

企业掌握总经销的终端运行情况，要妥善地与总经销做好沟通，避免造成不必要的误解，并在机制和制度层面对总经销做出保障承诺，总经销无须怀疑企业的动机，企业要确保让总经销心安，否则会适得其反，逼其造反。企业永远不要让辛勤劳动者流泪失望，让企业功臣灰心失意。

5. 营销费用监管到位

企业总部结合年度、季度情况制定区域市场产品活动方案，希望突破区域市场的营销瓶颈，协助区域经销商提高产品销量。在策划制定以总经销为主的营销方案时，企业要把市场活动中计划投入的营销费用落地策略放在首位。总部要把给二级经销商和终端的促销奖励费用，以及其他费用支持政策由企业一线人员亲自落实到位，原则上不通过总经销来实施，这样就避免了个别总经销私下占有总部促销费用和物资，给双方的合作造成不必要的误会麻烦。同时，企业这样做不仅拉近了与二级经销商和终端的距离，也对营销活动起到了很好的良性互动和监管作用。企业要牢记，只有真正掌握了给终端送货的二级经销商及其终端，企业才能更好地服务总经销，企业真正将费用精准落实到目标市场，可以更好地培育利润区市场。当然，对于企业区域总经销模式，我们也要一分为二地看待，如果企业在某个市场用总经销模式运作更有优势，那就要建立总经销市场运营机制和制度安排，要用制度来预防企业工作人员与总经销形成腐败关系，或者说要在机制和制度层面来建立一道廉政防火墙。大多数总经销是干净的，企业要管控好自己内部某些领导不干净的手脚。只要管住了产品的价格体系变化情况，监督好了营销过程中的费用落地问题，建立详细的各项费用落地清单，并且制定实施费用的落地回头看审计制度，让企业的各级领导权力都在阳光下实施，让总经销明白是企业给了他财务支持，而不是某个领导的权力。企业要保护好总经销不受企业各个机构权力引诱和干扰，让其安心经营市场。当然，企业也不能一说起总经销模式就谈虎色变，要在制度层面确保总经销和企业同心同德，同甘苦共进退。企业可以充分利用总经销在当地的各种人脉资源和资金实力，以及其在市场上的经销商等优势资源，为企业的市场拓展服务，形成彼此双赢的局面。

五、打造攻守平衡型供应链

人类历史经历了无数个朝代的更迭，有兴盛就有衰亡，如大自然的花开花落，潮起潮落一般，春夏秋冬的轮回就是大自然一个攻守平衡的规律。太阳升起，月亮落下，大自然的一切无不包含着动态的能量守恒，而在能量守恒的规则里，往往又存在着一种能量的攻守平衡，仿佛冥冥中有一双大手在指挥着这一切。生物世界的进化与发展也蕴含着攻守的过程，万物在各自的生态环境里有攻有守，有生有灭，在攻守状态下达到了一种动态的平衡。

古代帝国的兴盛与衰亡，万事万物之间无不存在着攻守平衡，犹如战场上进攻与防守，人体的休息与工作，生命的生长与衰亡等。生生不息的大自然，一边在繁衍着新的生命，一边又在淘汰着落后的腐朽。但是人类在与大自然的搏击与抗衡中，终究要败下阵来，遵从自然规律，敬畏大自然的力量，从自然界攻守平衡的原理中探究人类生存的本分机遇。而企业的战略制定与预算执行过程，以及企业的投入与产出也是一种攻守平衡。攻守平衡与攻守转换是企业作战统帅在两军对垒时的动态掌控能力，企业在经营过程中打造攻守平衡型供应链则是最佳选择，使得供应链具备攻击性防守与防御性攻击的能力。

1. 攻守平衡型竞技体育的启示

象棋里的楚河汉界，无不象征着古人的智慧，棋盘里边的每个棋子都不是多余的，无论是勇往直前的车，还是善走日字的马，以及隔山伤子的炮，还有意志坚定不知退缩的兵，包括忠心耿耿守卫在老将身边的相和士，都各司其职，各尽其责。每个子都按照规则在棋盘里用心工作，进退自如，所有的子都完美无缺地组成了一幅攻守兼备的棋局。红黑棋子在对敌方发起的攻击，每次落子都是深思熟虑，既有进攻又有防守，我们都能看到攻守平衡的智谋，而落子无悔则验证了人生为人处事的准则，对弈的每一次落子都是自担其责，那种"棋胜不顾后方"的冒险进攻可能意味着失败。

竞技体育里的篮球和足球比赛，其战略战术安排也是源于解决攻守之间的矛盾，不能为了进球而全军压上攻入对方的禁区，从而使得自己后方防守空虚，给对方造成防守反击的机会失分。进攻和防守之间相互促进和转换，也使得进攻和防守形成了和谐统一。而在教练的对阵布局设计中，我们经常看到比赛阵型能够根据场上形势的动态变化而发生着改变，以静制动，以变制变，用自己的动态平衡去破坏对方的防御平衡，以合理的动态人员布局形成进攻与防守的攻守平衡，从而形成对我方的有利局面。在球类体育比赛过程中，无论是凭借实力进攻或者是跑位诈骗谋略，都是为了破坏对方的防御站位，从而打破对方的攻守平衡，以便提供我方进球的良好机会。

无论是象棋对弈，还是篮球或足球比赛，以及治理企业的方针策略和两军对垒时的作战态势，无不存在着攻守平衡。攻守平衡不仅表现于企业外部的力量转化方面，还体现在内部的资源协同上，企业要打造一个攻中有守，守中有攻的供应链攻守平衡体系。

2. 打造供应链安全区域

当前世界正面临着百年未有之大变局，国际格局剧烈动荡，供应链的国际合作出现了诸多不确定性。深度参与国际化合作的企业都存在着一定的供应链风险，而缺乏核心技术的科技型企业则是人人自危，只能依附于大集团分得赖以生存的利益，供应链的问题在当下复杂的国际环境里显得尤其突出。当美国实施制裁卡住了华为集团芯片供应的时候，众多企业明白了"备胎能力"是如此重要，"供应链管理"这个词语也成了真正意义上的热门词语。供应链节点上的核心技术已经不仅仅是企业的问题，而成了国家的战略核心问题，谁提前掌握了核心技术，谁就在一定时间内拥有了供应链安全区域。

打造供应链安全区域存在着三个主要制约问题，分别是技术，人才和安全。技术和人才问题是供应链合二为一的问题，解决了人才稀缺问题供应链技术问题也就迎刃而解了，但是需要企业在制度和机制上给人才提供保障。而供应链的安全问题则存在着不确定性因素，往往存在着经济的不确定性，合作伙伴的不确定性，自然环境的不确定性以及政治因素的不确定性。未雨绸缪，针对自己供应链核心点上的不确定性，无论是企业或者是国家，都要在制约供应链的问题上提前做好准备，要具有洞察能力提前安排和预防可能的供应链风险，这是一种从后往前看的供应链战略预测能力。控制住了供应链的核心技术节点，就在一定时间范围内掌握了供应链的不确定性，同样也就占据了利润的制高点，甚至是控制住了竞争对手前进路上的咽喉要地。那种"一夫当关，万夫莫开"的关隘险地不仅在古代战场上有其重要性，在今天科技竞争的现实环境中，供应链的核心点也成了企业争夺的天险潼关。美国等西方国家发起的对中国芯片产品与科技的打压，将倒逼国内科研制度与机制模式的创新，而高科技人才技能需求倒逼大学教育机制模式的重建，也成了国内科技型大学的赶考答卷，这是时代交给他们的任务使命，迫使中国塑造自己供应链技术的安全区域。

今天企业的高端领域竞争，已经不再仅仅是产品之间的较量，而是企业所在产业生态环境的整体竞争，比拼的是企业生态圈资源的整体优势。聚焦供应链是企业顶层设计里不可或缺的战略制高点，企业努力打造自己的供应链安全区域，塑造企业的供应链护城河，企业守护好了供应链，也等于守住了企业的利润。但是，现实环境的各种不确定性在不断威胁着企业的安全区域边界，唯有持续加强自身的科技能力建设才能立于不败之地。一切竞争胜利的源头在于具备优于竞争对手的技术实力，而所有的实力都是长期累积的结果。当然，所谓的供应链安全区域仅仅是一个动态的概念，企业供应链安全区域往往受限于国家的综合科技实力，任何的安全都取决于企业当下的实力和持续的科技创新能力。诗云：

> 弱者惧雄关，智者视等闲。
>
> 众志齐努力，攻克度艰险。

3. 以终为始的供应链战略思维

跨国企业基于技术原因和成本优势进行了全球供应链部件采购，西方发达国家依托跨国公司来控制供应链关键环节，从而构成国家竞争力，甚至为实施国家霸权提供影响力。以美国为首的西方国家习惯用供应链核心技术节点来控制其他节点，甚至对其他国家高科技企业的供应链发起了攻击，这样做破坏了世界范围内供应链的分工，将促使具备一定工业科技基础的国家，从更长远的国家科技安全战略出发，进行以终为始的供应链战略思考，设计塑造国家的供应链安全技术体系。

以终为始的供应链战略思维，用战略目标结果倒逼需要突破的供应链关键技术，争夺供应链上的关键节点，最终目的是占领目标市场和供应链的核心点，形成对供应链贸易的竞争优势。特朗普时期美国挑起的世界多国的贸易战，就是在供应链的核心点对中国和其他国家发起了攻击，其实质就是控制供应链系统的核心点，或者是产品集成的核心部件，图谋瘫痪竞争企业供应链系统，这是美国旨在长期性的垄断供应链的制高点，从而控制供应链环节最多利益的野心。所以，无论是一家集团公司，还是中小型企业，要具备供应链目标结果倒逼的思维，对企业供应链节点进行风险分析，并为之制定对策和解决之道。当企业具备了以终为始的供应链战略思维，将促使企业以战略目标结果为导向聚焦企业的资源，不仅服务于企业的战略，也让企业具备了较好的供应链防御能力，并且使得企业形成整体的市场作战能力。企业打造以终为始的供应链战略，不能以邻为壑，更不能涸泽而渔，不仅仅要思考供应链的攻守平衡，关键还要兼顾供应链节点上伙伴们利益。要求企业提前对供应链资源进行设计布局，尤其要在核心技术上进行攻关突破，并且在供应链节点的供应商选择上，要回避与本国有政治利益冲突的霸权国家。

企业在国际市场上，唯有具备了供应链核心节点的技术主导能力，才具备强大的对外竞争实力，拥有卓越技术能力的企业也成了国家实力的核心组成部分。国家经济实力来自企业的盈利能力，企业盈利能力来自对供应链核心节点的把控实力。那么，何为核心点呢？这个核心点就是供应链上所有节点都围绕着它设计布局，是企业产品功能的灵魂中枢，具备统领相关供应链资源的领导力，供应链上的核心节点也是企业的利润源泉。企业要聚焦供应链上的核心节点，要具备以终为始的供应链倒逼思维，要在技术研发与高端技术人才的引进上有所突破。当下吸引高科技人才已经不仅仅是企业的目标，更是国家科技战略的核心组成部分。国家唯有让更多的企业成为国际化企业，在国际化的供应链环节起着主导作用，才能促进并提升国家的整体竞争力。企业的力量就是国家的力量，企业的科技实力就是国家的科技实力，那些具备强大科技能力的企业，往往是一个科技研发的长期主义者，并且能够持续聚焦研发供应链核心点的关键技术，让自己成为供应链节点上不败的王者。

4. 整合资源能力是供应链攻守平衡的关键

成功的企业都有一个较好的股东议事机制，可以有效地将企业的资源进行聚焦整合，整合资源能力是供应链攻守平衡的关键。企业往往会把战略的关注点放在顾客的需求上，用顾客的需求来驱动企业建立机制模式，建立拒止竞争对手入侵市场的渠道防御阵地，从而更好地塑造企业攻守平衡型供应链，打造企业强有力的市场竞争体系。建设攻守平衡型供应链满足企业综合作战需求，其关键在于企业整合营销资源的能力。企业供应链系统在服务一线战场的过程中，整合了企业内外部资源，从而使得企业供应链系统具备了一定的作战能力，让一线市场的营销攻击更加精准高效。企业整合供应链资源是对资源的充分利用和挖掘，把上游供应商和下游经销商，以及最终顾客都整合进了企业的供应链战略里，从而将企业打造成一个闭环的营销生态系统。企业通过对资源的整合，实现对企业内外资源的最佳配置，具备了对竞争对手的威慑和攻击能力。

整合资源能力是企业供应链攻守平衡的关键，把外部松散的各自为政的合作伙伴，通过企业供应链运作整合到一起，依靠信息技术平台的支持，以及企业强大的研发生产能力，让企业通过整合供应链资源实现用户订单、研发生产和采购供应一体化，从而最大限度地提高了资源的产出效率。用一线市场作战需求倒逼供应链系统功能，降低了企业原料和产成品的库存量。整合外部供应链资源，可以最大限度为企业战略目标服务，是一个艰苦的利益谈判整合过程，这将使得整个供应链系统有可能成为一盘棋，成为企业作战平台的核心组成部分。核心企业实施供应链战略是否成功，取决于核心企业一线战场能否获得超过竞争对手的作战优势，尤其是超过竞争对手的市场盈利能力。能否获得供应链外部合作伙伴的高度配合，要通过谈判妥协与供应链伙伴达成共识，尤为关键的是核心企业要具备强大的市场覆盖能力和盈利能力，用利润和未来梦想整合供应链各个节点的利益诉求。

戴尔笔记本采取网络销售，整合供应链资源优化合作模式降低了成本，用订单倒逼的方法，采取了原材料零库存来降低成本。戴尔笔记本把原材料的储备成本推给了上游的供应商，其中就存在着利益矛盾，虽然戴尔是零库存，而与其合作的原料供应商那边却提前堆满了物料。戴尔销售的成功在于它有一个强大的销售订单信息系统，通过庞大的销售订单数量来支撑它的原材料零库存。一旦戴尔的销售端订单数量出现了严重减少问题，那么戴尔的原材料零库存模式就可能随时土崩瓦解，其上游的供应商没法承受巨额的原材料储备成本。所以，当企业在借鉴学习戴尔整合供应链资源，实施原材料零库存模式的时候，要对供应链的上下游进行精准的分析，找到整合资源的瓶颈和应对之策，将拉动最终顾客的产品需求作为重中之重。同时，企业供应链系统的设计者要兼顾到原料商的成本，否则整合供应链资源只是一句空话，以邻为壑，没法实施。

5. 打造攻守平衡型供应链

当下企业都面临着全球化的市场竞争，企业生态系统以及供应链上的每个节点都面临着激烈竞争，企业竞争对手的多样化与跨界化，在科技信息时代已经成为了事实。产品研发的去物质化和平台化，以及跨界攻击和行业颠覆都已经成为企业复杂的竞争局面，供应链上的每个企业都难以独善其身，企业所面对的不再是产业里那些司空见惯的对手，随时可能受到外部跨界对手发起的攻击，甚至会动摇并摧毁企业的根基。苹果集团的平板产品颠覆了曾经的手机霸主诺基亚，照相胶卷帝国柯达也被数码产品击败消失不见了，产业生态里那些曾经呼风唤雨的巨无霸企业，随着科技的进步，以及产品研发的去物质化，都在新技术的冲击下风雨飘摇，如同各个历史朝代里的帝国一样，在兴盛也在不断地衰亡着，冥冥中有一双巨手推动着时代车轮坚定地行驶，不断淘汰着那些腐朽的政治主张和过时的技术力量。

无论是集团企业还是中小型企业，在竞争激烈的环境里都存在着诸多的变数，都希望有一个稳定的供应链系统来抵抗各种不确定性。中小型企业希望有一个稳定的供应链节点位置，从而获得稳定的利润保障。供应链里的所有产品，随着创新和竞争在不断地变化着，供应链系统被趋势牵引着，也在不断地升级和进化着。企业供应链无论外部还是内部的竞争每天都在激烈地进行着，我们发现供应链存在着两个基本功能，那就是进攻和防守，打造攻守平衡型的供应链应该是企业最理想的模式。现阶段企业的发展使命不仅仅是对外的作战攻击，也要提前预防竞争对手发起的攻击，竞争对手不仅仅攻击利润区市场，也会攻击企业的供应链系统。因此，企业的供应链除了进攻还要具有防守功能，如果能够打造一个攻守平衡型供应链，意味着企业有着健康稳定的内外部环境，将使得企业发展处于一个非常稳健的状态，企业内部需要有卓越的人才团队，优秀人才是企业打造攻守平衡型供应链的关键保障。

每个企业都希望将自己的供应链打造成一个坚不可摧的堡垒，然而产业里的王者总是不断被新生力量侵扰攻击着，企业的江山是难以守成的，唯有不断实施创新行动并且持续性地安抚"顾客民心"，才能使企业昌盛下去。古人说的好，"危邦不入，危墙不立"，这不仅仅是对职场人士的一个中肯建议，对企业选择供应链合作伙伴也尤其重要，企业要有预见性地避开未来可能给自己带来风险的供应链合作伙伴。

在《兵书战策》唐李问对里，唐太宗李世民对李靖说道："攻是守之机，守是攻之策，同归乎胜而已矣。"李靖回答说，圣人之法是很深远的。进攻是防守的转机，防守是进攻的策略，进攻和防守都是为了获得胜利的手段。如果只知进攻不知防守，或者只知防守不知进攻，那就无法做到攻守平衡，两全其美的妙用了。

作为大自然中的一员，每个企业都在生命周期里努力发展并不断升级，以应对生态环境里的竞争和诸多的不确定性，企业的投资与产出就是一种攻守平衡的行为，盈利则为进攻有效，亏损则为进攻失败。企业在生态系统里的竞争无所不在，攻与守是一个长期存在的动态现象。那么，企业如何打造攻守平衡型供应链？攻守平衡是企业对外和对内的一个长期性的供应链制衡策略，也是企业打造和构建自身供应链系统的一种方法。攻守平衡型供应链里所谓的"攻"，是企业对外寻找有价值的资源和利润空间，不仅仅是一种疆土的扩张兼并，而是去寻找战略联盟和战略合作伙伴，一起构建企业供应链生态系统利益共同体，而且一致对竞争对手采取作战攻击行动，从而让供应链合力达到最大化；攻守平衡型供应链里所谓的"守"，则是企业不断加强内功建设，开源节流，创新变革，在内部建立制度模式和机制模式，以期调动内部资源的生产积极性，从而盘活内部供应链资源，打造一个具有活力并且安全稳健的内部供应链，达到战胜于朝廷的无为之治状态。当企业的内部建设强大了，对付外部竞争对手的市场入侵行为也就游刃有余。企业做好了供应链内部的"守"的功夫，必将从内部滋生一种力量焕发出勃勃的生机，吸引更多的外部有益资源与企业对接合作。尤为重要的是，企业供应链合作伙伴可以同仇敌忾，为了共同的价值利益打造供应链防御体系，使得外部竞争对手的入侵攻击不会轻易得手。而且，攻守平衡型供应链上节点之间不再是讨价还价的利益博弈对手，而是整合成方向一致的利益平衡共同体，每个节点在供应链上如同股份制合作伙伴一样，各自占着对应的"股份"权重比例为企业利益做着贡献。核心企业在制定供应链总体战略目标时，要统筹考虑并且制定实施供应链系统的战略预算，从而达到供应链上每个节点的最佳成本，做到利益共享，同进同退，攻守兼备。攻守平衡型供应链是个动态的系统，如同导弹防御系统一样，要与时俱进地创新与升级系统，而且供应链环节对应的企业制度和机制模式也要及时地迭代升级，要满足供应链节点的市场竞争要求。

对于具备卓越的供应链核心技术节点的企业而言，它的科研技术理论以及产品功能突破创新，往往都是在黑暗的无人区里艰难跋涉，其所付出的成本和艰苦可想而知。中国的企业华为就是如此，华为完成了5G技术的突破，可以说经历了一段黑暗的无人区科研攻坚阶段。因为5G技术是当下高新科技产业的制高点，这项技术对美国的科技垄断构成了冲击挑战，因此美国举全国之力并且动员其盟友，对华为的供应链进行了围追堵截，恶意破坏了华为的供应链平衡。所以，企业对其供应链进行攻守平衡的设计，也会遇到许多外部的制约因素。因此，企业在打造攻守平衡型供应链过程中，要统筹兼顾各种资源力量并要择时择势而为，要做到战略性聚焦资源并整合内外部的供应链伙伴，要清楚以一己之力打造攻守兼备的供应链是非常艰难的，有的甚至要在科技攻关方面与国家科研机构进行合作，从而做到技术领先并且可以防患于未然。

企业打造攻守平衡型供应链，传统行业面对的挑战较少，可能更容易成功。传统行业有着较为成熟的工艺，供应链上各个产品的分工也都相对稳定，核心企业可以结合战略构想设计科学高效的供应链结构，并且协助供应链伙伴实现利益的合理分配。而高端科技企业对供应链合作伙伴技术要求高，其供应链产品往往需要在全球多个国家采购，这就存在着供应链全球化的分工和采购风险。因此，国内的高科技企业打造攻守平衡型供应链尤为关键和迫切，要从战略和更长远的供应链安全出发，要寻找低风险的供应链合作伙伴，有时需要调动国家的科技力量去设计制造某些关键供应链产品，也需要国内完善的教育和产业系统来支撑，这是一项长期性的技术攻关和综合资源整合工作，不仅仅关系到企业发展，更是关系到国家的科技未来。

企业打造攻守平衡型供应链，除了自身强大的科研实力和盈利能力，还要具备睿智的经营利益分配智慧，这是促使供应链合作伙伴齐心协力的根本原因。现阶段国家价值战略的成功其实质也是企业供应链的成功，企业打造攻守平衡型供应链，无异于给自己的利润区打造了一个稳健的经济护城河。

六、均衡供应链利润

辩证法普遍联系的观点，没有比现在这个时代更能证明其正确性了。供应链上每个节点都与上下左右节点普遍联系着，任何一个节点出问题都会导致整个供应链系统停止运转。供应链如同一座桥梁，是所有企业完成价值目标的必经之处，企业都要通过供应链这个桥梁到达价值彼岸。企业通过供应链将营养和战略意志输送到企业的全身各处，并且将需要的资源输送到合作伙伴那里去。因此，巩固和修缮供应链桥梁是企业的重要课题，而关注供应链节点上合作伙伴的利益诉求，则是巩固供应链桥梁的关键举措。

1. 均衡供应链利润

有一次我到一家产供销一体化集团公司去做调研，这家集团董事长高兴地告诉我，他用10年的时间建了6个工厂，原来的送货小面包车变成了大卡车，企业的规模和利润翻了几十倍，企业在行业中已经具备了一定的影响力。当我们先后调研了该集团的一线市场营销机构、公司部门及其核心供应商以后，我们发现企业对供应链合作伙伴有着近乎苛刻的合作协议，深思熟虑后我们正式跟董事长做业务沟通。我说集团公司10年内可以说是发展非常快速，但是当企业获得了足够多利润的时候，我们是否考虑到了上下游合作伙伴的利润？就是说企业上游供应商的利润和下游经销商的利润，是不是跟着企业发展一起同步增加了？还有员工薪酬收入是不是也随着公司业绩的翻倍增加，也跟着有了变化呢？假如公司将来有一天要公开发行股票上市，企业的员工们是不是也会获得一定的原始股份奖励？当我将这一系列的问题抛给董事长的时候，他沉思着对我微笑说："我还没有考虑这么长远，但我希望和员工以及合作伙伴共同富裕起来。"这家集团公司在我们后续的协助下，重新梳理了企业的目标管理与绩效考核的机制措施，对企业员工薪酬和股权激励也进行了规划设计，对供应商以及经销商的资金占用问题也进行了妥当的安排，企业努力减少了对合作伙伴的资金占用，并且帮助上下游合作伙伴降低了资金成本。不可否认的是，这家企业与合作伙伴共同富裕的善意经营思维，体现了共同成长的价值观，这是集团企业自上而下对合作伙伴价值的利他安排，是核心企业对供应链合作伙伴利益的分享计划，也是核心企业实施的均衡供应链伙伴利润战略。

　　企业的供应商与经销商都是供应链上的命运共同体，都一起为企业的利润和战略服务。当核心企业把整个供应链的利润拿走太多的时候，供应商在合作上就会产生不愉快的情绪，为了保住自己的预期利润，有的供应商甚至会供应低品质的配件。而经销商如果经销企业产品的毛利偏低，加之经营过程中的融资成本偏高，企业的经销商有可能选择离开，去寻找高利润产品或者是企业的竞争对手来合作。企业要牢记逐利性是资本的固有属性，无论是供应商还是企业的经销商，它们在与企业合作中都具备资本逐利性的特点，他们都只为自己的利润战斗，如果没有预期的利润，企业的任何战略都不会让他们动心。而且，企业的人力资本也具备资本逐利特性，人力资本在与企业的合作中，倾向于在高薪酬与股权激励方面有所收获，这是人力资本价值变现的根本要求。因此，企业的核心员工在公司高歌猛进的发展过程中，没有收获到集团发展的红利喜悦，如果企业多年来一直给他们较低的年薪报酬，这些员工可能会选择辞职离开，给企业造成的损失将是巨大的，那时候企业即使采取亡羊补牢的薪酬激励策略，也将非常地被动。所以，供应链核心企业要有均衡供应链利润的战略胸怀。所谓均衡供应链利润，就是指供应链核心企业把所获得的发展红利，拿出一定比例来与供应链合作伙伴和员工进行分享，从而与合作伙伴形成更为紧密的战略关系，让核心企业具备打造攻守平衡型供应链的价值基础。物联网时代的供应链体系，各种价格彼此都心知肚明，原材料成本和产品的成本基本都是透明的，所以在一个闭环的供应链系统里如何对合作伙伴进行利润分配，就是核心企业要考虑的供应链利益问题，也是需要企业打造的均衡供应链利润战略。核心企业要对供应链上下游资源进行闭环整合，设计一个闭环的供应链节点利润分配方案，从而写进企业整体战略规划里，使得企业在发展中能够兼顾供应链伙伴和员工的切身利益诉求，进一步升级和完善企业供应链的攻守平衡能力。

　　司马迁在《史记·货殖列传》里写道："天下熙熙，皆为利来；天下攘攘，皆为利往。"意思是说天下芸芸众生为了各自的利益而辛苦奔波。现代社会职场里边的人也是如此，到处奔波去应聘企业的岗位，用才华与青春岁月兑现企业的酬劳。员工是企业内部供应链合作伙伴，企业与员工之间的根本关系就是生意关系，员工付出了工作结果和青春光阴，企业兑付给他的则是报酬和职位。当一家企业规模扩大和利润增加，企业员工也能分享到企业发展的红利，企业让员工明白他们也是企业效益的受益者，企业的价值观也在持续捍卫着员工的价值尊严。这样员工就会坚信只要企业发展好了，他们就能跟着多拿奖金和分享效益红利，当员工的内心深处植下了这个念头，就会驱使他们期待企业有更好的发展，也会激发员工主动工作的激情，这就是企业健康的价值观文化所产生的效果。从表面上看，企业通过发放奖金增加了一部分管理成本，但是从长远看，企业所获得的员工贡献要比给员工的多得多。企业董事会要牢记，只有员工才能实现企业的战略目的，才能让企业的价值增加。均衡供应链利润不仅仅体现在企业与上下游合作伙伴的利润共享上，也要体现在企业与员工之间的价值共享上。企业可以将均衡供应链利润当作企业的价值主张，用它来更好地管理供应链节点的伙伴利益，同时也可以驱动员工的工作积极性。

人聚则财散，财聚则人散，华为集团在员工激励方面无疑是做得非常好的。在不同行业里的不同企业，在不同的发展阶段，可以去借鉴华为的股权激励模式，但是不能照搬，也不能按照华为的那种同比例股权激励模式去实施。每个企业的董事长和企业基因是不一样的，都应该有自己独特的股权激励模式，企业所在的行业属性和发展规模，以及竞争的强度决定了企业的股权激励比例。而且不同行业和不同的企业，其员工的知识构成不一样，所以企业要结合自己的实际情况制定对应的人才激励机制，这是企业人力资源工作者需要认真研究解决的问题。企业董事长要引起足够的关注，既能拿得出一定的股权来激励，同样要保障企业资产的健康安全。企业在制定股权激励机制的时候，不仅要有进入门槛，还要有退出机制，既要确保关键岗位员工的积极性得到奖励，同时还要保障企业的资产安全。股权激励是企业给员工实施的均衡供应链利润策略，在企业实施股权激励时要进行审慎的全方位考虑，既能兼顾到企业发展与关键员工的价值利益平衡问题，同时还能让企业在实施股权激励过程中让员工与企业达到双赢的效果。

均衡供应链利润是企业的顶层战略设计，而在实施过程中必将遇到各种挑战，这是企业董事长压在自己肩膀上的长远利益责任，亦将使得企业经营管理层面临着获取经营利润的挑战，因为企业只有赚取了足够的利润，才能更好地实施均衡供应链利润战略。当然，尽管经营管理层面对着市场各种残酷的竞争，在赚取利润方面有着许多困难和挑战，但是，当企业实施了均衡供应链利润战略，将会推动核心企业的供应链合作伙伴更具有凝聚力，也更具有作战攻击能力，在与竞争对手的作战中更有激情也更有胜算。

2. 锁定供应链资源的策略

能够实施均衡供应链利润战略的企业其盈利能力比较强，或者是具有野心的发展中企业，希望通过实施供应链利润均衡策略，尽可能兼顾合作伙伴的切身利益，与合作伙伴形成一致对外的战略联盟。企业实施均衡供应链利润战略，可以说是企业利他利己的经营策略，是企业实施供应链资源协同的有效经营模式，有点像战国时代苏秦所倡导的"合纵制秦"的战略方法，是企业成功锁定供应链资源的高明策略。企业实施均衡供应链利润策略，有计划地将供应链各个节点资源进行有效整合，让每个节点能够集中力量一致对外，形成供应链各个节点凝聚的合力，可以进一步优化企业的经营管理模式，去追求更稳健的利润，甚至可以达到利润最大化。企业实施均衡供应链利润可以进一步聚焦顾客需求和企业战略，对企业供应链关联资源进行系统设计整合，这也是核心企业深度锁定和固化供应链资源的策略。企业围绕供应链上下游的合作伙伴进行一系列的利润风险论证，可以结合自己的经营战略和盈利能力，制定供应链合作伙伴的成本和利润的分配规则，将核心企业塑造成供应链合作伙伴的利润分享裁判。企业从产品设计的前端去寻找品质和价格可靠的供应商合作，同时对经销商也做了具有竞争力的价格安排，让合作伙伴以及利益攸关方都有一个稳定的利润来源。这样不仅从源头上锁住了原料资源和配件供应商资源，同时可以让企业将原材料、配件商以及顾客需求进行系统的战略规划设计，使得企业具备了强大的供应链资源聚集能力，给竞争对手造成了一定的资源压力，这是企业锁定资源和固化资源的功效。企业实施均衡供应链利润战略，让企业具备了一个强大的供应链资源护城河，将企业所需的核心资源锁定和固化起来，将这些与企业关联的供应链资源绑在企业的战车上，核心企业可以进一步从容应对未来的挑战，对顾客需求可以给予更精准和更深层次的满足，在与竞争对手的作战中具备了更富有想象的战斗空间。但是，要特别注意的是核心企业不能太过于贪多求全，除了个别的核心资源之外，我不建议企业将供应链上的所有资源都装进企业的梦想筐子里，更不能明目张胆地签订那种排他性的合作协议。核心企业与供应商签订排他性协议，对企业自身来说存在法律风险和巨大的经营压力。

凡事都要量力而行，任何一个事物都可能是双刃剑，有利就有弊。企业实施锁定供应链资源的策略，实施的成功要具备天时地利人和，三者缺一不可。核心企业既要有长远的利润分享格局，更要有脚踏实地的落地执行能力。

3. 战略目标与合作伙伴利益一致

很多企业总是把供应链上下游合作伙伴当作博弈对手，甚至千方百计地想办法挤占他们的利益，大企业希望拖欠上游供应商更多更久的货款，下游经销商希望逼迫合作厂家给足够长的账期，几乎都没有为对方着想，也没有意识到一荣俱荣，一损俱损的整体性问题。企业只有把上下游合作伙伴当作自身的有机组成部分，甚至当作自己身体四肢的一部分去思考，企业自身的发展才具备协调性，才能具备与供应链伙伴的利益行动一致性。企业供应链系统里的每一个成员，在整个生态系统里都是不可或缺的，每个组成部分的成员都有着明确的分工，都是各司其职不可代替的，彼此在系统里边良性互动，精诚合作，为彼此的利益目标协同作战。企业可以聚焦供应链合作伙伴的利益，并且制定供应链利益共享策略，设计供应链各个环节的利益分配机制，做到供应链各个节点都各司其职，各有其利。

每年的第四季度，大多数企业都会制定下一个年度的经营战略，制定企业的年度经营目标责任书。这个时候企业的董事会和经营管理层都在反复思考战略和目标预算问题，并且在反复问着自己下面几个问题：

（1）企业本年度存在的三个核心问题是什么？

（2）什么才是企业未来的关键战略目标？

（3）下个年度企业的作战策略如何制定？

（4）如何打造企业的核心利润区？

（5）制约企业战略实现的核心瓶颈都有哪些？

（6）制定企业年度战略需要考虑哪几个合作伙伴利益？

……

每次面对企业的这些战略问题，我都会想起修行者的自问自答，那就是：我是谁？我来自哪里？我要去哪里？这些发自灵魂深处的问题，修行者唯有自己才能自答自悟。僧侣们的修行之路诱惑多多，修行的定力与耐力时刻经受着考验，企业经营者又何尝不是如此？每一个企业从出生开始，也便开始了自己的修行，在为企业生存追逐利润的同时，也在不断地思考着合作伙伴的利益。如何将企业经营好，则要关注和解决好两个关键问题，那就是外部合作伙伴的利益诉求问题，以及内部伙伴员工的价值变现问题，这两个问题解决不好必将会动摇企业的根本。我一直深信企业就是利益金字塔，存在着高中低各个层级员工的利益矛盾问题，企业需要去寻找解决利益攸关方利益矛盾的答案。所以，当企业在制定年度战略的时候，要关注到合作伙伴的利益，要做到战略目标与合作伙伴利益一致。有人可能会说，我的企业战略为什么要兼顾合作伙伴利益呢？那我就要问你，如果你的企业战略与合作伙伴利益不一致，将会出现什么问题？彼此将会各行其道，有时甚至会南辕北辙，甚至会剑拔弩张，这将意味着企业的价值链有可能要断裂，也意味着企业供应链节点上隐藏了利益冲突。作为核心企业供应链上的合作伙伴，中小企业往往是被压抑者，短期内作为核心企业供应链合作伙伴，会忍气吞声的配合你，但是从长远看，核心企业培养着一批即将造反的"诸侯王"。所以，核心企业要充分考虑战略伙伴的利益诉求，制定一个均衡供应链伙伴年度利润分配计划，将供应链上的合作伙伴并入企业的战略规划里，也并入到企业的年度经营目标里，并付诸落地实施。

　　企业的战略目标就是企业董事会意志的集中体现，董事会的意志则来源于顾客的需求，而要实现顾客的需求，取决于员工的努力程度。因此，企业要完成董事会的战略目标，就要解决好三个问题：首先，挖掘并解决顾客需求的问题；其次，解决员工主动让顾客满意的问题；最后，股东满意的问题。这三个问题是企业的战略思考源头，企业要让战略目标具有前瞻性和包容性，兼顾合作伙伴的利益，解决好顾客和员工的诉求，这也是对董事长修行的要求。董事长做企业要有苦行僧般的坚持，否则不会有"悟道收获"后的寂然欢喜。企业的战略要从根本上去思考，企业如何做才能让员工对企业的价值高度认可，员工是企业战略到达顾客需求的唯一桥梁，这个桥梁是否坚实耐用，决定着企业战略落地的时效性和准确性。很多企业只是从源头上发现了顾客的需求，并且为了实现顾客需求而做出了最大的努力，但是由于没有解决好员工的价值诉求，致使企业的战略实施功亏一篑，这是企业实施战略目标与合作伙伴利益一致的关键所在。我想起了西周故事里周武王讨伐殷纣王最关键的牧野之战，当周朝军队与殷纣王军队两军对峙时，殷纣王军队的人数远远大于周武王的军队人数，然而当战斗打响时，殷纣王部队里那些被临时征集由奴隶组成的军队临阵倒戈起义，向自己人发起了进攻，殷纣王的军队立刻就溃不成军，周武王顺势而为取得了天下。所谓种瓜得瓜，种善得善，种恶得恶。周武王以仁德治理天下，据史料记载周朝老百姓爱惜自己的道德名声，如鸟儿爱惜自己的羽毛一般，西周文王甚至可以画地为牢来惩罚犯错误的人。周武王取得天下的原因对企业董事长是一个很好的启示，得民心者得天下，得员工心者有未来，企业要做的首先就是要让关键员工的个人价值得以变现，并且要从制度和机制层面予以保障。

　　企业的战略目标与合作伙伴利益一致，其根本就是要平衡好员工的利益诉求。《战国策》里冯谖客孟尝君的故事是个很好的"得民心"经典案例。有一天冯谖自告奋勇代孟尝君去其封地薛地收债，准备动身的时候冯谖问孟尝君："债收完了，买什么回来？"孟尝君说："您看我家里缺什么就买吧。"冯谖赶到薛地派官吏把该还债务的百姓找来核验契据，他说孟尝君让他把所有的债款都免了，并当场把债券烧掉，百姓都高呼"万岁"。冯谖回来给孟尝君汇报了收债的经过，孟尝君有些生气，冯谖却说："我去薛地出行前您曾说'看我家缺什么就买什么'，我私下考虑您家里物质极其丰富，唯独缺少'仁义'，所以我用百姓债款为您买了'仁义'回来了。"后来齐闵王罢免了孟尝君的职位，孟尝君只好回到他的领地薛去，结果还差百里薛地的百姓都在路旁迎接孟尝君的到来，孟尝君看着冯谖说："您为我买的'仁义'，今天见到作用了。"孟尝君因为当初的仁爱收获了人爱。企业的激励制度能让员工愉悦，员工必然能回报给企业愉悦。因此，企业要思考建立员工满意的激励模式，否则员工没有好的心态去推行企业的战略，那么企业的产品或者战略距离顾客就是十万八千里。因此，企业在制定战略的时候，要深刻剖析供应链合作伙伴的利益诉求，董事长要明白企业的战略不是孤立的，它是需要与上下左右合作伙伴的价值梦想联通的。或者说企业的战略不是一个以自我为中心的孤岛，而是要与合作伙伴的战略进行有效的协同，企业的战略要与员工的职业梦想高度兼容。所以说战略资源协同这个内容对企业来说是个挑战，但是必须要做好，否则牺牲了供应链合作伙伴和员工的生存价值，企业必将存在着巨大的危机。

　　唐太宗李世民在《帝范》里说到，如果支流没有了水，那说明水源就要枯竭了；如果树枝开始凋落，那么树根也即将枯死。核心企业就是供应链上的大河，供应链上的每个节点都是大河里的支流。均衡供应链利润是核心企业从战略端进行的顶层价值设计，员工与合作伙伴的利益就是企业的支流，支流里如果没有了水，企业这条大河最终必将枯竭断流。诗云：

> 利字身旁一把刀，功名富贵累弯腰。
>
> 但要成就千载业，均衡利益最为高。

七、古帝王的分封领地与董事长股权激励

在《帝范》这本书里唐太宗说过一段话，他说过去周朝兴起的时候，周武王便将天下分封给皇族和有功之臣。周王朝内有晋、郑这样近处的封国辅助，外有鲁、卫这样的封国拱卫，才能做到国运广远绵长。秦始皇摒弃齐人淳于越分封皇族的建议，采纳了丞相李斯设立郡县取代分封诸侯的策略，不再以亲疏远近分封诸侯，最终导致危机来临时没有可靠的力量能依赖，传了两代就灭亡了。魏武帝曹操开创基业的时候，在这一点上也没有做长远的谋划，他连一户也没有分封给自己的子弟，皇族宗室在国家之中只有虚名，没有任何封地。这就导致国家在外没有诸侯国作为屏障，在内没有近亲贤臣作为国家的根基，魏国的江山要靠外人来保护，所以社稷江山最终被司马氏篡夺。

古代帝王对有功之臣的分封领地，如同今天的企业董事长给核心员工股份激励一样，让员工合理合法地成为企业里的利益获得者，是一种给职业经理人戴上金手铐的价值策略。企业要么是人散财聚，要么是财散人聚，取决于企业董事长实施的股权激励战略，是企业与员工分享事业成果的一种战略行动。当共享事业红利成为一种必需，那么分一点股权给核心员工总是好的。企业董事长要清楚，企业是利益金字塔，员工与企业就是生意关系。员工来企业的目的，首先是为了让自己生存，其次才是与企业共兴盛。在企业里实施目标管理，则是衡量员工获得财富的一把标尺，尽管有时目标绩效考核是把双刃剑，但是企业引进外部高级人才，弥补内部高层干部的知识和技能不足，通过实施目标考核不仅可以证明空降高管的杰出能力，还可以通过目标绩效考核让员工更好地施展才华。而且，企业在制定战略目标预算的时候，明白战略的源头在顾客需求那里，成功的战略预算要关注供应链核心伙伴的利益诉求，正所谓上下同欲者胜。因此，聚焦核心伙伴的利益是企业预算的关键落脚点，核心伙伴的痛点与压力就是企业的市场机遇，也是证明企

业战略能力的最佳时机，更是证明企业中高层干部服务能力的最好机会。那些没法解决顾客痛点和一线战场需求的中高层干部是不称职的，最终要被市场淘汰。

　　均衡供应链利润，打造攻守平衡型供应链是企业一个艰巨的工作，是企业牵一发而动全身的系统工程，更是企业董事长与合作伙伴分享利益的美好愿景。企业打造攻守平衡型供应链能否成功，取决于企业产品的市场作战能力，以及企业团队卓越的市场利润获取能力。企业制定的均衡供应链战略内容也极其关键，它能很好地激发资源伙伴贡献利益的激情。企业实施均衡供应链利润战略，是登泰山而小天下的王者胸怀，是打造企业利益战略联盟，持续获取利润来源的长远机制安排。当然，企业在打造攻守平衡型供应链模式过程中，企业要有所舍弃，要优先考虑那些能给企业带来卓越贡献和创新变革的力量。诗云：

　　　　万条支流汇长江，稻花盛开两岸香。
　　　　游人莫叹水流急，润泽喜善奔四方。

第五章

博弈利润区

古语云：无敌国外患者，国恒亡。这是历代相传的名言，千古验证的真理。其实查证于过去的历史事实，这句话还可以引申为"内政修明而有外患博弈的国家，国可不亡。内政不修而无敌国博弈者，国必亡"。诚然，古之帝国存在着几个博弈，君王权力欲望与天道的博弈，君王与大臣忠诚的博弈，君王施政与民心民意的博弈，每个博弈都会促使君王有所畏惧，但是后代君王终究忘却了博弈的畏惧，于是乎历史更迭。国家如此，企业如此，职业经理人亦是如此，有虎视眈眈的博弈对手，才会不断地优化提升自己，否则就会放纵自我，自娱自乐而消亡。而当下国际环境日趋复杂，企业所面对的竞争博弈对手也多元化，跨界化，企业唯有先于对手设计好左右胜败的"棋局"，把棋局的变化引入自己预设的轨道，控制能够影响棋局胜败的棋子位置，方能立于不败之地。企业的生存发展取决于产品的持续盈利能力，也可以说企业依靠产品利润区得以生存发展，而利润区的博弈强度取决于竞争对手的实力，企业要为利润区打造一个资源护城河，才能确保利润区安全不受竞争对手攻击。利润区的资源有有形资源和无形资源，有形资源包括区域市场、人、财、物等资源；无形资源包括品牌影响力、作战模式、一线人员的激励机制等。利润是企业的生死关，能为企业贡献利润的都属于利润区的制约因素。

市场里每一次残酷混战结束，整个产业和生态系统都会进入一个较长的发展周期，如同大浪淘沙一样，市场里剩下那些盈利有术，持续创新，博弈智慧更高，生命力更强的企业实体。我有时在想，同类企业之间通过博弈对市场份额的抢占，对市场利润的竞争，乃至对最终顾客的争夺，都会表现为各种形式的攻守战争。而在企业之间的竞争博弈中，都是通过很多的竞争方式实现的，比方对优质经销商的争抢，对专利技术的攻关突破，对高端人才的争夺，以及对供应链的控制，等等，究其根本都是为了生存或者满足其更多梦想。企业之间的博弈战争，如同国家之间的战争一样，也存在着排兵布阵，调兵遣将以及施展各种韬略奇谋。但我一直欣赏和鼓励用阳谋，阳谋是可以经得起时间考验的，是直达人心深处的韬略，让人从内心深处敬佩并且甘愿投子认输。

在本章里，我把企业之间的博弈和古代作战进行联系分析，通过古代战场兵法的运用，甚至用一些奇思妙想来告诉大家，企业之间市场的争夺也需要掌握必要的情报信息。而在企业的三大战场里，我更多关注的是集团企业与中小企业之间的相互战斗攻击，也是市场王者与新兴力量之间的战斗。在人们衣食住行的传统领域方面，可以说已经没有多少市场空间留给新生企业了，几乎都被各个老牌集团企业或者细分市场的领导企业占领了市场。企业之间最终比的就是获取利润的能力，而每个行业局部市场上的利润是有限的，所以企业之间只能通过持续地战斗博弈去瓜分那些利润，我仿佛看到了千军万马在各个区域市场上拼搏厮杀，前赴后继，人仰马翻，于是我给本章取名为博弈利润区。博弈无所不在，有价值或者有利润的地方就有博弈。

一、攻击营销与情报收集

1. 人类进化史就是攻击与被攻击的历史

大自然生物的进化史，以及人类历史的发展史，都是一部攻击与被攻击的博弈历史。每一种生物的成长与灭绝，既是时代进化的原因，也是被另外一种强势生物攻击败亡的结果。而在过往朝代更迭历史中，每个朝代统治者的腐朽与朝代的衰落，无不印证着民心的觉醒与新兴力量对腐朽王朝的攻击，人类的进化史就是新兴力量对落后力量的攻击历史，是先进文明对落后文明的进攻史。因为被战斗攻击，人类发明了铠甲来保护自己；因为被攻击，古代帝国发明了护城河，用护城河来保卫帝国的疆土。攻击难免是血腥的，因为攻击人类有了进化的动力，人们往往为了避免被攻击，努力升级自己的综合能力，也在完善着自己的道德品质。

无论是人类文明的进化还是国家制度的改善，乃至于治国者的策略，都在不同的阶段，不同攻击的胁迫下得以升级。治国者明白并理解了"水能载舟，亦能覆舟"的真正含义，唯有努力与民心民意达成一致，或者说努力与民意达成一定程度的妥协，政权才有可能延续存在下去。千百年来，人类在攻击与被攻击的博弈历史长河里，秦砖汉瓦，文字激扬，历史前进的车轮总是被攻击者推动着向前驶进。达尔文的进化论体现着被攻击或者自我攻击进化的行为，那些弱肉强食，以及欺凌弱国的霸权行为，无不体现着帝国的零和博弈思维。从古代帝国文明进化的历史来看，历史上每一个强大帝国的版图都是通过攻击而得到的，但是攻击成功只能是暂时的，仅仅是冷兵器与军力短暂的炫耀。秦始皇已经远去，唯有长城屹立印证着人类的文明进化沧桑。几乎每个创始帝王都汲取了前朝被攻击败亡的教训，用怜民爱兵的思维来治国，当创始帝王的仁政在后代接班人那里荡然无存时，帝国也就踏上了消亡之路。我更欣赏那种慈善仁爱的治世治国方略，从内心深处唤醒人们的自律与尊贵，无不使得民众的内心沐浴着阳光，这是一种由内而外推行政治策略抵达民众心底的教化觉醒。

企业的进化史也是攻击与被攻击的历史，企业的被攻击是被动革命，是竞争对手通过攻击策略动摇了企业的根基，是企业利润区失去了以后的痛楚醒悟。有时则是企业主动变革，是企业灵魂觉醒的自我攻击，是产品功能与机制模式的创新。我发现当一个企业被动创新革命的时候，这个企业基本到了山穷水尽的地步了。所以，我会建议合作企业制定一个创新变革的预警机制，要主动发现自己企业存在的内外瓶颈。当然，并不是每个企业都能做到持续创新，很多企业都是在沉睡中被竞争对手的破门声惊醒。生于忧患，败于安乐。

2. 攻击营销的提出

营销的概念来自企业产品市场行为，大自然间的万事万物无不存在着营销行为，国家对民众的治理与经营，以及国与国之间的外交行为无不属于营销的范畴，甚至人与人之间的交往，也都存在着营销关怀与营销策略，而关乎利益的营销交往几乎都存在着攻击和占有欲望。我发现企业的营销行为往往具备一定的攻击性，企业用产品策略占有顾客的心智空间，或者是占有别人的物理空间。企业营销的终极目的是将顾客从竞争对手那边抢过来，从而完成自己的产品销售。企业在营销工作中采取隐蔽的引导或者劝说行为，用策略技巧将产品塞进顾客的心智里，从而完成产品或服务的价值变现。在经销渠道里营销产品存在着排他性竞争行为，甚至带有一定程度地对竞品作战攻击行动，我将企业这种营销产品的过程称之为攻击营销。攻击营销分为主动攻击和被动攻击，弱者往往被别人攻击仓皇应战，强者则是自我攻击变革创新，攻击营销是企业产品销售方式的最真实表现形式。

有的攻击营销行为是隐性的，而有的则是显性的，企业攻击营销的使命就是产品的价值变现。我发现所有的营销几乎都可以说是"攻击"行为，要么击中顾客的软弱，要么击中顾客的需求，或者击中顾客的善良。企业与竞争对手对垒的制胜因素在于攻击营销策略，那些完全处于守势和防御的企业，都将面临败亡的危险。所以说，攻击营销是企业利润的获取路径，是企业的生存技能。高超的营销行为往往带有生态保护色，留给人们的是一种善良的美好印象，有时会将自己打扮成一个争吵双方的劝和人，使产品悄无声息地进入顾客的内心世界，让顾客心向往之，从而达到了企业产品的销售目的。比方说营销会告诉你"喝了这款高度酒不会上头"，至于喝多了会不会出什么事他就不告诉你了。所以说营销就是貌似善良，其实是一种带有迷惑性的"软攻击"行为。

现阶段企业都在研究营销，因为营销是企业产品的唯一出路。在我所倡导的企业新三个阶段里，无论是产品阶段、准品牌阶段还是品牌阶段，我们发现不同发展阶段企业的被攻击点是不一样的。无论是多么强大或者是弱小的企业，在每个发展阶段都会对竞争对手发起攻击，自己同样也有被攻击的时候。当前大多数行业竞争是完全市场化竞争，市场上有无数个企业和产品在努力生存，如同大自然食物链里生物之间你死我活的争夺，企业之间的竞争是残酷的，如同春秋战国时代各个诸侯国争夺地盘一样，城头频繁变换大王旗是这个时代明显的标志。企业也是如此，处在一个复杂混乱的产品战国时代，产品渠道之间的战争时刻在进行着。由于市场上参战的企业和资本力量多且复杂，整个市场态势在很长时间内都是一种攻击混战状态，比拼的都是参战方的经济耐力，以及企业自身的创新变革能力。但是市场的战争乱局不会一直纷乱下去，当混战经过了一段时间，参战的各方都已经筋疲力尽，

167

各个战斗角色后台的资本也逐渐出现了疲态，毕竟真金白银砸出去总要听个响声，市场上争斗各方的力量对比也出现了均衡态势。某些小型企业已经被大企业之间的战争炮火轰得不见了，弹尽粮绝的中小型企业只能委身豪强旗下残存，整个市场就会形成几个比较大的集团企业割据局面，类似于春秋战国时代的七雄割据一样，每个企业集团都称雄割据一方，也都保有了各自的利润区市场。这个时候市场整体的竞争状态逐渐趋于理性，各个企业都明白再去对方的基地市场上进行攻击不会有多么大的斩获，也没有多大实际价值了，至少在现阶段需要养精蓄锐增加战力。

企业的发展进化史其根本就是企业产品使用价值的进化史，而在进化的每一步无不充满了攻击营销的行为。有人可能认为攻击两个字充满了战争与恶意，但是这世间万物都是在攻击的环境中成长进化。我们也可以把某些企业售后服务上的善意关怀，当作一种哲学味道的"攻击"来看待，攻击有时是一种改变的期待，这种期待有时是好的，而有时是坏的，都是一种来自内外部力量的干涉企图。

3. 情报是攻击制胜关键

我们生活在一个到处充满竞争的时代，这种竞争有国家之间军事、政治、经济、外交、科技等的各种竞争，有企业之间市场的竞争，有个人之间的职业能力的竞争。在这样一个竞争世界里，企业要在竞争中取胜，情报信息已经成为一种重要资源。企业如果想发展并且强大自己，想要战胜对手，那就不能无视信息情报的价值。如何通过系统化地收集整理将竞争对手的有关信息转化为知识、情报、谋略和决策能力，并且将归纳收集的信息，用作对外作战制胜的情报，也是市场信息资源开发和挖掘的核心，以及信息通向应用的桥梁。开发和应用情报信息是企业的一种智慧能力，有条件的企业更应该将情报信息当作企业董事会的战略决策工具。

关于情报问题，古代兵法家孙子说："明君贤将，所以动而胜人，成功出于众者，先知也。先知者，不可取于鬼神，不可象于事，不可验于度，必取于人，知敌之情者也。"兵法家孙子很好地论述了作战前期的军情预测，也就是说要做到料敌先机。企业之间的市场空间争抢，类似于两国军队之间的战争冲突一般，需要提前了解一定的战场情报信息。对于企业来说，市场情报信息是攻击营销活动中不可缺少的组成部分，是企业总部制定一线市场作战决策的参考依据。企业如果没有洞察顾客需求的真实情况，没有掌握竞争对手的产品信息，以及竞争对手经销商和终端的信息情报，对于作战的企业来说就等于是瞎子摸象，没法采取科学有效的攻击行动。企业之间的竞争是立体的甚至是全方位的，有时甚至会上升到国家层面。所以，古代杰出军事家所具备的运筹帷幄决胜千里的能力，就是事先掌握了足够多的情报信息。因此可以说，在企业对垒决战时，谁掌握的信息情报全面及时，并且确保情报信息要新鲜可靠，谁就可能在市场战斗中获得主动和胜利。

对于企业而言，市场情报信息的收集关键在于会做分析提取工作，一线市场作战所需的各种战术信息和战略情报，不一定藏在竞争对手总部的商业秘密文件中，而是隐含在了大量已经披露的信息源中了。这就需要企业情报信息收集人员在日常工作中善于挖掘分析。市场信息情报的获取不只意味着采集数据和信息，更为重要的则是对数据信息进行挖掘分析，去伪取精，要把一些假情报的伪装一层层扒下来，对搜集到的市场信息进行去伪存真深度加工。搜集竞争对手信息情报的渠道很多，一般有竞争对手的经销商资料信息、竞争对手的核心岗位说明书、产品创新研发信息、终端产品信息等，也要从竞争对手总部的各种科技信息、战略文案信息里挖掘有用的信息情报，进行科学的提取，从而完成市场的情报收集。

对于企业情报的获取来源，企业内部一定要有专门的组织或者专人来负责，信息情报的收集与整理是一个长期性的工作。而且，关于竞争对手的情报信息的收集，企业要建立一定的制度和机制保障，也需要建立一个信息情报的收集清单，企业在不同发展阶段需要的信息情报是不一样的。企业不仅要确保有人收集情报信息，还要准确及时地利用和使用情报信息，使得企业作战部门有一个可以落地执行的作战方案，能够精准攻击竞争对手的产品和要害之处。

二、企业的三大战场

老子在《道德经》里说："兵者，凶器也，圣人不得已而用之。"《孙子兵法》在其篇首也说："兵者，国之大事，死生之地，存亡之道，不可不察也。"兵器武力以及综合军事力量，是国家政权和民族利益安全有力的保障。但是兵器却也是不祥之物。除非师出有名，为正义而战，否则不可滥用战争，不仅对国家是如此，对企业更是如此。企业的每一场战争打的都是资金实力和信誉，要择时择势量力而行，既要师出有名，又不能不自量力。

企业之间的战斗是多方面的，也是多维度的，其主要表现形式有三个，我们可以把它总结为三个方面的战场，分别是大集团之间的作战、集团与中小企业之间的战争，以及中小企业以小博大的战斗。这三场战争是所有企业在市场上要面对的，因为每一场战斗的成功与失败，可以说都是关乎其生死存亡的，意味着企业利润的获取和丢失，也意味着企业阵地的守住和丢失。当然，企业的战斗成功与否，其关键因素是企业产品的使用价值和质量品质，而人为的因素也是重要的，尤其是企业一线作战将军的素质能力，是一线市场战斗取得胜利的关键。俗语说得好，"一将无能，累死三军"，两军对垒时的带兵统帅，对于战争赢得胜利是至关重要的。我从众多企业营销案例里选用几个有代表性的案例来解读这三场战争，通过解读企业营销战役的方式能看到，大集团大品牌在区域市场的战斗对抗中，不见得全部处于优势，有时候可能会被打败。而区域市场的中小企业、小品牌，在与大集团对抗中，尤其在用产品与知名品牌的对抗中，有时也能出奇制胜，取得不俗的战绩。当我们分析在战斗中一方获胜的原因，发现其占据了天时、地利、人和的根本要素，每一场作战胜利方都可以说是胜得其所。

1. 集团企业的优劣势

集团企业之间作战往往比的是各自的资源优势和作战能力。在管理模式优势方面，比较的是企业之间的管理效率和经营产出的能力。大型集团是经过长期的市场战争，最终形成了一个稳定的市场格局，在区域市场上具备了产品领导者地位。大集团具有代表性的就是其产品具有较高的市场占有率，具备了较为稳定的经营管理团队和顾客群体，同样具备了稳健的价值链和供应链系统，在其经营管理的区域上也具备了盘根错节的各种利益力量。任何一个外来挑战者要对市场统治集团发起进攻，必将面临对方强大的价值链和供应链系统的坚决回击。外来的进攻发起者就需要找到对手可以攻击的脆弱之处，并且能够一击成功。否则对强大的竞争对手发起攻击就没有任何价值，小打小闹的战斗只能引来对方疯狂的惩罚报复，或者引起对方足够的关注，甚至是提醒竞争对手到了创新技术或者变革组织的时候了。

研究集团企业的作战就要研究其优劣势，要从企业目前的优势里探究其未来的劣势，这才是真正的兵家所具备的战略眼光。大集团企业的优势和劣势都有很多，优劣势也是集团企业阶段性的特点，而且优势与劣势之间也在动态地转化着，并不是一成不变的，下面我简要分析一下集团企业的优势和劣势。

（1）集团企业的优势

第一个优势是品牌优势。集团企业具有较大的市场规模优势，集团之所以大的关键在于其产品的市场规模足够大，这种品牌优势使得产品在一定时间内居于市场领导者地位。企业居于价值链的高端，具有产品价格的引领作用和较高的利润，一定时期内外部对手的竞争强度较弱。

第二个优势则属于企业的低成本优势。由于企业的规模比较大，它所关联的上下游供应链具有较为庞大的体量，在原材料采购价格方面具备一定的话语权，而且这类企业融资成本也比其他企业低，因此它的综合成本极低，在市场上的利润很高，具有强大的经济护城河。低成本优势最显著的代表企业格兰仕微波炉，格兰仕集团是成功实施了成本领先战略的企业，它是典型的产品"价格屠夫"。

第三个优势就是集团企业的文化优势。集团企业一般成立的时间较早，经过了多年的发展，都有着悠久的历史，企业内部有着健全的制度和文化，企业实施了规范化管理，具有鲜明的价值观主张，员工能够在价值观文化的影响下自主开展工作，从而在一定程度上降低了企业的经营管理成本。企业文化是集团企业的软实力，是一般企业所不具备的。

第四个优势就是集团企业的人才储备较为丰富。集团企业的人才制度较为健全，具有稳健的高、中、基层阶梯团队，在引进和吸引人才方面比中小企业更有优势，这是集团企业对外扩张，攻城略地，守护城池的人才保障。

每家集团企业都有自己独特的优势，这是基于企业基因尤其是董事长的个性风格所形成的，而这些优势往往又构成了企业的利润护城河，是同行业企业没法在短期内超越的。当然，任何事物都有其两面性，集团企业有优势就有劣势，优势是企业一段时期内的发展护城河，而劣势则成了竞争对手攻击的漏洞。

（2）集团企业的劣势

随着企业的发展，任何一家集团企业后续都会面临很多问题，销售不畅和盈利能力不足是众多集团企业最具代表性的问题，很多集团企业领导都将问题归咎于销售团队能力不足，事实真的是如此吗？集团企业的营销是个系统的工程，是企业组织整体对外作战，有些市场一线作战机构仅仅是总部战略的执行者，在市场作战中所拥有的决策指挥权往往有所限制，在作战过程中所需要的人事和财务的权利，基本上都受制于总部的控制。因此一线市场团队的无能所体现出来的往往是集团企业总部的很多问题，诸如一线作战指挥权的授权不到位、供应链管理欠缺、生产研发能力不足、人力资源组织支持功能的欠缺、财务支持方面的不到位等等。因此，我们发现企业一线市场问题几乎都可以从内部找到原因，大集团较为突出的问题或者说劣势，可以归纳为下面几个方面。

一是品牌老化的问题。随着集团企业的发展，品牌已经成了企业的利润提款机，但是品牌在适应新经济和顾客新需求方面，出现了老化问题，这也是大多数集团企业要面对的问题。集团企业要思考如何不断地焕发品牌的生命力，增加新产品的研发功能，进一步提升产品的品质，激发品牌内核的创新动力。

二是竞争对手的攻击问题。集团企业占据了广阔的市场，处于供应链的核心，占据了最多的利润，对同类产品中小型企业市场空间造成挤压和生存障碍。因此集团企业要时刻关注竞争对手的攻击，要设法为企业市场树立一道防火墙，来预防对手的攻击行为。

三是集团企业经销商利润较少的问题。集团企业存在的历史较长，产品价格体系在市场上比较透明，经销商的利润相对于新兴竞争对手产品要少，这是成熟品牌企业没法避开的问题，因此集团企业要开发和寻找经销商新的经济增长点。集团企业要明白只有维护好经销商的合理利润，才是企业产品生存的根本。

四是跨国集团企业存在着世界政治因素不确定性问题。跨国企业政治因素问题比较复杂，需要企业负责人具备前瞻性的政治视野，要对政治的敏感议题有一个清晰的判断，对战争战乱以及与本国可能产生政治风险的国家开展业务，要适当地警惕和回避。

五是顾客需求的变化问题。这个问题检验着所有企业的市场触角，企业唯有不断地与最终用户对话，时刻做好应对顾客需求的变化，持续进行产品创新改善才是企业唯一出路。很多老牌集团企业享受着现有的既得利益，往往缺乏动力去关注未来产品的研发创新，从而失去了市场领导者的地位，也给自己的未来生存发展制造了陷阱。

六是集团企业的未来经营风险。集团企业自身存在着许多变数，包括行业技术颠覆性变化，产品性能的变化，跨界竞争对手的介入，企业对外的投资失败，企业董事会核心成员的健康情况及其道德问题等，都是集团企业的一些不确定性风险，这也是所有企业都要面对的。每个风险都可能会让集团企业大厦瞬间倒塌，因此要未雨绸缪，制定一系列的预警机制和应对策略。

当然，集团企业的优劣势仅仅是一个相对的概念，或者是一个动态的现象。随着时间的推移，企业的优劣势一直在相互转化着，往往在优势里边隐藏着潜在的危机，而在劣势里边又存在着强大的实力。诚如老子在《道德经》里所说，"祸兮福之所倚，福兮祸之所伏"，天下万事万物之优劣态势，均有易数变化，方寸之地，纵横捭阖，皆在兵家股掌之间。

2. 中小企业生存策略

自然界生物进化倡导的是能者优先的原则，无所不在的达尔文适者生存规律，印证了自然界生物的繁衍和消亡，也推动了人类历史车轮的滚滚前进。物竞天择，强者生存，弱者被淘汰的竞争格局直到今天都是存在的。在经济领域，集团企业与中小企业之间，时常会因为生存利益发生战斗，大集团作为市场统治者，他们是不会允许中小型企业与他们分庭抗礼的，市场上一旦出现了颠覆行业的创新技术，老牌集团企业可能会以高额的价钱把它收购利用，或者干脆束之高阁废掉，老旧产品苟延残喘，维护他们的既得利益。有人把大集团比喻成一棵大树，在这棵大树的势力范围内几乎寸草不生，因为大集团这棵巨树已经把周围土壤的营养都吸收走了，甚至因为枝柯交错繁密遮天，巨大的树冠如同张开的伞一样把所有的阳光给挡住了，没有阳光的大树下植物难以生存。因此，在传统行业领域里，市场新进入者如果按照传统的方法很难在市场上分得一杯羹，即使后来者有个崭新的产品创意功能，老的市场统治集团也不会轻易让给他一点势力范围，于是一场战斗在所难免。所以新进入者以及中小企业在以小博大的过程中一定要审时度势，料敌先机，打有准备的仗。那么，中小企业的生存机会在哪里？如何从红海市场上成功突围？

（1）中小企业要突出专业能力

中小企业的整体规模小而且资源有限，面对完全化市场竞争环境，需要制定一个务实的经营策略，尽可能地避开与大集团的正面交锋。在经营过程中要突出自己的特点，那就是规模虽小，但是专业能力很强，可谓是"小而专业"。以专业能力取胜，是中小企业的唯一出路。很多中小企业用单一产品闯市场，往往无法经营多品类产品来分散市场竞争风险，可以通过集中资源聚焦产品使用价值，深度锁定顾客，使企业充分发挥自身的专业优势。中小企业可以通过增加产量，提升企业工艺技术的专业化程度和产品质量，从而提高企业的规模经济效益，增加投资产出收益，在市场上形成一定的销量优势。同时，中小企业可以凭借优异的产品质量挤进大集团的供应商队伍，大企业普遍欢迎专业技术程度高、产品质量稳定的中小企业为其提供配件产品。通过参与大企业的供应链合作，使得中小企业进一步高标准要求自己，并且有机会成为集团企业供应链稳定的合作伙伴，保持长期稳定的利润。从而让中小企业能够形成技术领先，专业配套的良性发展模式，为后续的发展壮大积累资金和经营管理经验。

（2）聚焦细分市场

关于细分市场最关键的一点就是"人无我有，人有我专"，也就是说中小企业要跳出竞争找机会，从红海竞争的环境里发现一小块空白细分市场，满足一定数量的顾客需求。通过企业擅长的专业技术能力为顾客提供产品和服务，避开势力强大的集团公司的残酷竞争，走具有自己特色的专业化产品之路。中小企业要取得细分市场的成功，就要将资源聚焦到细分市场上，同时要做好市场作战策略的落地工作。要建立一套高效准确的顾客需求信息情报分析系统，要精准找到顾客的偏好需求，并且结合自己的研发设计能力和生产设备能力，能够准确及时地为顾客提供心仪的特色产品，这是细分市场战略成功的关键所在。企业组织要确保作战决策在实施过程中的有效性，以便作战策略以尽可能快的速度落实到一线市场作战单元。

（3）别具一格的经营特色

中小企业聚焦市场依靠的是专业能力，更确切地说是企业别具一格的经营战略。中小企业的经营范围窄，擅长主动接近目标顾客群，能够及时了解掌握顾客的真实需求，把握顾客未来的需求方向，更能主动地与最终顾客互动，使企业产品或服务具有与众不同的特点来吸引顾客。国有企业的核心在资源充足或资源垄断，而民企的核心在于企业董事长的个人风格，这也往往构成了民企的一种特立独行的经营风格。企业的所有战略都是由成本堆积起来的，别具一格的经营特色使得企业特点突出，却也会承担过多的成本，而这个成本所塑造的产品独特的使用价值，恰好是特定顾客群体所喜欢的，这也正是他们消费购买的理由，是其他企业难以模仿的。这种经营特色一旦建立起来就具有很强的竞争力，因为它能够赢得顾客的信任，更关键的是可以满足顾客的需要，因此可以较为长久地建立起细分市场优势地位，而不会轻易被其他竞争对手企业所替代。

我们发现，中小企业处理好经营特色与成本之间的关系是经营策略成功的关键，因为经营特色一般要以付出成本为代价，比方说支付研发人才的高薪酬，用高档的原材料加工制造高品质产品，准确快捷的物流服务，以及租用核心地段商业CBD经营场所等，都会让中小企业产品承担过高的成本，而这些成本最终都是由顾客来买单。所以，产品展示给顾客的高附加值就显得尤为重要，这是顾客购买产品和服务的关键理由。而顾客不认可或者不愿意付钱购买的成本，最终就是企业的经营失败。

成功的中小企业往往具备鲜明的特点，无论产品或者是服务都具有与众不同的独特魅力，而且都有比较深的护城河在护卫着企业的利润空间。优秀的中小企业具备非常高明的对外作战策略，也可以说它是在不断地自我攻击改善。中小企业明白外部市场存在着不确定性风险，当竞争对手发起攻击的时候，自己几乎来不及防御，所以他只能不断地自我迭代创新，他的触角时刻追随着顾客需求的变化。

3. 企业的三大战场

看过《三国演义》的人都知道这样一个以弱胜强的故事，那就是曹操与袁绍争夺北方霸主的关键一战，官渡之战。官渡之战是一场力量悬殊的战争，袁绍已经占据了北部中国的大半部，可谓人多势众兵强马壮，当时双方作战的力量对比是袁绍军有十万兵，曹操仅有二万兵。但是在两军对峙期间，由于袁绍刚愎自用不听谋臣良策，导致其核心谋士许攸投奔了曹操，给曹操献计偷袭火烧了袁绍的乌巢军粮，致使袁军军心大乱，曹操乘机击败袁绍并且吞并了其所有地盘。官渡之战是中国战史中以弱搏强的著名战例，曹操善于把握时机，在战役中采取了攻击竞争对手核心资源，从而取得了作战胜利。

任何一家企业都有其优势和劣势，两家企业在战斗中最终胜出的原因就是一方的优势击败了另一方的劣势。因此，企业在与对手的博弈中，也可以采取避其锋芒，避重就虚，寻找竞争对手最脆弱的地方发起攻击。俗语说得好，打蛇打七寸，攻击竞争对手核心的部分，用于瘫痪竞争对手的军团信心。而且，我们发现一等企业首先是自我纠错、自我攻击，找到自己的弱处进行创新强固，从而做到凤凰涅槃，如同鹤立鸡群一般引导行业方向赚取蓝海利润；二等企业则是深陷于红海中苦苦挣扎，与对手互相恶性竞争，彼此消耗，赚取微薄利润。集团企业之间作战与军事集团作战可以说是大同小异，可以借鉴曹操在官渡之战中采取的策略。当然，以弱胜强的战斗往往属于奇兵奇计或者是善恶因果的累积，而更多的作战胜利都是来自全方位的物质与精神层面的制胜因素。

（1）战场一：集团之间作战

集团企业之间作战首先考验的是其产品力，战斗开打的原因不外乎有了新的功能产品，或者是资本野心不再满足于过剩产能的势力范围。因此，当同行业中某家集团具有足够的产能和成本优势的时候，它可能会采取大规模的产品促销战，有时会从促销战直接转变为价格战，以期进一步提高其产品市场占有率。当年长虹电视就是发起了彩电行业价格战，从而引来了其他电视品牌的价格混战。尽管在1996年彩电行业的利润率较高，但是价格战拉低了彩电行业的毛利率。做营销的都明白长期保持较高的市场份额要承受很高的维护成本，而彩电行业几大集团的价格混战，使得彩电一再降价普及到了百姓家里，彩电产品消费形态也由此发生了变化，彩电不再是远离消费者的奢侈品，已经成为家庭必备的耐用消费品。长虹集团发起的彩电价格战贡献还是很明显的，价格战将日系等海外电视品牌的国内市场打没了。我们发现产品的价格战是国产品牌的神技，我们有理由相信在未来的若干年内，国产汽车品牌必将在国内的汽车行业占有重要地位。而未来汽车行业的盈利模式也必将发生重大的变化，新能源汽车将成为车企的一个血拼出路。车企的整车销售将会随着竞争加剧致使毛利降低，汽车行业的盈利模式将会聚焦在软件和关联科技信息的服务上。集团企业的产品价格战只能是一时的策略，企业长期生存更多要依靠过硬的产品品质以及成功的商业模式。通过分析发现集团之间的战争有两种，其一是价格战，其二则是产品创新战。产品创新就是不与对手打价格战，而是另辟蹊径突破红海，走产品创新升级之路。当众多家电集团在红海采取价格搏杀的时候，有一款家电产品开始了升级之路，海尔集团卡萨帝就是这样做的。

任何一个品牌塑造的成功都不是一蹴而就的，如同一棵小树苗，在幼年生长发育中面临着内外部的狂风暴雨，经历了无数次的生死考验。外部的大风来自竞争对手的疯狂进攻，内部的风暴则来自总部对树苗成长的焦急煎熬，以及随时要放弃的批判念头。所以每一个塑造品牌的人，必然是一个心灵的强者，唯有他才对这个品牌的前世今生有透彻的理解。卡萨帝的团队做到了，卡萨帝不仅从0到1创立了一个史无前例的高端品牌，也给家电的消费市场注入了一剂强心针。我将海尔集团走出红海打造卡萨帝的策略，称为"集团之间作战之卡萨帝红海突围"，我将在下文对卡萨帝营销策略进行简要的分析。

① 家电行业红海困境

在这个竞争激烈的年代，产品同质化成为不可避免的问题，品牌的独特性遇到了巨大的挑战。随着行业的竞争加剧，急于增加产品线改善经营特色成为共识，但是红海的竞争环境是歇斯底里的。然而，通过降价来保住市场占有率，或者为了维持价格而失去市场占有率都不是最佳选择。每家公司在经营之初都希望具有差异化的特色，但是随着更多的竞争对手进入行业，白热化的市场竞争最终将特色产品彻底大宗商品化了，我把这样的竞争结果叫作"红海拥挤陷阱"。也就是说，当市场挤满仅仅寻求产品外观差异化的竞争者时，公司落入"红海拥挤陷阱"的危险性就会增加。

据了解，2006年之前的家电市场产能严重过剩，深陷价格战的恶性竞争，整个行业开始比看谁的产品价格降得更狠，家电行业的毛利率已经降到了1%～2%这样一个程度，何去何从？这是家电企业都在思考的艰难课题。所有人都明白降价容易涨价难，消费者购买的低价家电产品，你要是想涨价那是很难的，甚至是不可能的。跳出竞争看竞争，如何从红海恶战中突围而出，让思维走出红海市场寻找蓝海的利润生存空间，卡萨帝开始了创新行动。

② 卡萨帝品牌满足消费者需求升级

古语说得好，千军万马厮杀，总有勇者能突出重围；世间事烟雾缭绕，总有智者能看透彼岸。2006年，卡萨帝诞生的时候，是在国家政策实施家电下乡的时代，当时卡萨帝团队意识到家电用户不可能一直都买低端家电，现阶段的家电产品没法满足高端消费者的需求，消费升级的那一天肯定会到来，他们下定决心打造一个国际高端品牌。可是高端品牌应该怎么打造呢？该如何做才能满足消费者的需求升级？实施的关键点在于什么呢？当经历了在市场上艰辛地摸爬滚打体验以后，卡萨帝团队找到了打造高端产品的方法，那就是要做到自下而上。什么叫自下而上？用户要什么就生产什么，经销商要什么卡萨帝就做什么，说白了就是按照用户需求倒逼的原则，企业的市场作战策略是由用户需求来驱动的，这就是自下而上。

无论是红海还是在蓝海市场，企业成功最重要的一个战略就是努力实现专业化，无论是经营团队还是产品品质都要达到专业化。卡萨帝像做艺术品一样做家电，从卡萨帝产品品质和使用价值上做足了文章，从品质到品位到品格，卡萨帝引领高端生活方式，满足高端用户价值需求，成长为实至名归的高端品牌，这种策略方案是需要经过用户的体验来传达的。

打造高端品牌的目标清晰了，卡萨帝团队所有的人都为之努力，并且制订了卡萨帝行动的路径计划，叫作"1+N"，"1"是目标，"N"是实现这些目标的组织体系，他们明白一定要打破传统的部门，要拆除部门墙，构建实施卡萨帝战略的链群。卡萨帝团队清楚地知道，如果要用户愿意花高价钱来买卡萨帝，你的产品必须是好的，你的设计必须是新颖的，你的服务必须是解决问题的，你的物流必须是一次性到位。也就是说，"1+N"的体系是从用户的需求出发，而且要说到做到信守承诺。市场上有很多企业产品模仿高端品牌，他们觉得只要产品长得像高端品牌，起个好名字就可以卖上高价钱。它们没有想到即使做了美容，基因没有改变，原来的品质还在原地未动。真正高端品牌其产品的品质与服务是一体化的，卡萨帝有"1+N"体系的支撑，有技术的积累，有服务的能力，而且团队所有的人真正地把用户当回事。

卡萨帝销售靠的是产品品质和价值，不是靠价格战，是靠顾客体验好。卡萨帝交给用户的是一个家的解决方案，卡萨帝有全产业链、价值链和供应链的系统支持，这个优势是其他企业所不具备的。比方说用户计划买厨电、冰箱，他要的是油烟机还是灶具？要的是蒸箱还是烤箱？可能都不是，他真正要的是一个智慧的厨房。可是，现在全世界大多数企业都在研究怎么把冰箱变得更好，怎么把油烟机变得更好，怎么把灶具变得更好，恰恰就没有人思考，整个厨房怎么会变得更好，而卡萨帝在干这个事，只有卡萨帝这个品牌在研究，一个健康的、聪明的、智慧的、舒适的厨房应该是怎样的？一个舒服的卧室应该是怎样？这就是卡萨帝的核心能力。而且要做到这一切，一个产业是无法做到的，需要打破原有的组织架构才可以做到。

卡萨帝作为一个全新高端品牌，其产品定价与普通家电产品相比，平均要高出50%以上。以国美系统的销售价格为例，普通品牌550立升冰箱售价为9 000元，卡萨帝品牌551立升冰箱售价为14 000元，卡萨帝后期推出的一台售价10万元的"指挥家"冰箱，更是进入了奢侈品家电的界线。卡萨帝品牌和竞品不打价格战，打的是奢美艺术文化战和价值战。何为价值战？价值战的核心就是产品的品质战，是产品的品质、使用价值和服务全部得到了升级，就是要做有溢价的增值营销。这就是我在前面讲过的要用产品卖高价格，要突出产品的使用价值和社会价值，而不是用低价格卖产品。如何能在营销过程中更好体现溢价，源自卡萨帝品牌的"奢美艺术文化"，以"奢美艺术文化"做市场，保证对卡萨帝既定国际化高端品牌价值的坚守，也形成一种独特的体系，创造出属于卡萨帝高端品牌的高净值用户阶层，以阶层的"社会属性"规避了价格战的冲击，创造"卡萨帝艺术生活方式"，给家电的高端产品进行了标准定义。

③ 卡萨帝的经营数字

成功的经营最终都是用数字来体现的。据了解，自2006年创立以来，卡萨帝用10年达到高端家电市场榜首，且在2016—2020年期间连续5年高增长。具体来看，2017年增幅41%，2018年增幅44%，2019年和2020年均实现两位数增长。其中，2020年份额提升50%，稳居高端第一。从品类来看，中怡康第28周数据显示，卡萨帝冰箱整体份额为13.8%，排名行业第二；洗衣机整体份额为14.2%，排名行业第三；热水器整体份额为11.5%，排名行业第三；冰吧与酒柜份额分别为67.1%、90.0%，持续保持行业第一；空调、烟机、灶具等其他产业也分别跻身行业前十，卡萨帝已然从高端第一变成行业引领。塑造品牌的过程就是企业修建前进道路的过程。品牌之争，其实就是品质之争。通过卡萨帝销售成绩的不断创新高，我们相信，卡萨帝的未来将会更好。

④ 卡萨帝生态品牌

什么叫生态品牌？生态品牌就是企业不仅仅提供产品，还要满足用户的更多需求，要提高用户的生活品质，光靠一个品牌是完成不了的，需要借助更多的资源和合作伙伴。比方说你要给用户设计建设一个家，但是这个家涉及用户的衣食住娱，还需要更多的生活和健康关联的产品和服务。所以，当需要服务一个家需求的时候，你一家企业没有那么多产品，肯定没法满足用户的需求，在这种情况下，那你必须就是一个生态品牌，而只有平台才具备这个能力。比如说最早的时候用户对冰箱的要求就是能保鲜；如果上升到生态品牌的时候，就要有能力关注用户的健康，用户的身体素质是怎么样，生存的环境是怎么样，怎么能够为用户提供更好的菜谱、更好的食材、更好的身体调养方案，这些是卡萨帝一个品牌做不到的，但卡萨帝平台把拥有这些能力的资源方吸引上来就可以做到，这个服务远远超过一台产品本身的价值，平台可以解决一个品牌发展的天花板。

海尔智家总裁李华刚先生曾经说过："生态品牌也有它的1+N，这个'1'是什么？就是用户的美好生活，那么'N'是什么？所有提供服务的生态和资源方。卡萨帝不仅仅是一个高端品牌，也是一个场景品牌，未来也会是一个生态品牌，是没有天花板的。当消费升级来临的时候，高端品牌卡萨帝在等着；当5G进入千家万户的时候，场景品牌卡萨帝在等着；当用户未来生活再往上升级的时候，卡萨帝生态品牌也将做好准备。"

卡萨帝的成功之路是艰难曲折的，不是每一个家电品牌都能成为卡萨帝，卡萨帝品牌的成长离不开强大的研发能力，遍布全球的渠道，以及茂盛的生态系统，这些都给卡萨帝的现在和未来注入了强大的力量源泉，这是卡萨帝品牌天然的基因，是同行业竞争对手难以逾越的拒止能力。

没有长生不老的企业，历史经验证明大多数企业最终都要消亡，而能让企业持续存在下去的唯一理由就是企业要不断持续地创新。所有古代伟大的帝国最终灭亡的原因不是因为外部敌人强大，而是因为自己帝国内部的腐朽。每个企业在其发展过程中，无论是自身因素还是外部的竞争对手，都会不断地给企业注入衰亡因子，核心领导者的胸怀格局也是企业面临困境的制约因素。而集团企业往往存在船大掉头难的困境，以及企业自身的既得利益往往蒙蔽了科技创新的双眼。苹果集团用一款平板产品摧毁了强大的诺基亚手机帝国，我们不禁要问，未来谁能够摧毁苹果集团呢？

企业董事长要牢记，如果你没有在一定时间内打败自己，当时机来临你的竞争对手会毫不犹豫地摧毁你的帝国。

（2）战场二：知名集团征战强势区域企业

所有业内龙头企业几乎都是区域品牌发展起来的，随着其财力、经营模式、人才储备以及品牌力的不断升级壮大，业内龙头企业的野心会驱使其统一某个市场，或者要在国内占据更大的疆土，他会对地方区域品牌发起收购兼并或者实施一系列的作战行动。俗语说得好，强龙难压地头蛇，即使是强大的业内龙头企业，要想在短时间内将区域强势品牌击败也是不可能的，有时甚至会遇到难以预料的对抗困局，但是强者一定会用各种策略去推行他的意志。当百年青岛啤酒实施扩张整合战略的时候，他的首要战略任务就是统一山东啤酒市场，青岛啤酒将打败并且收购济南啤酒作为统一鲁啤的第一场战役，而济南啤酒当时的实力并不弱。所以青岛啤酒发起对济南啤酒的攻击战役，我将其定性为"知名集团征战区域强势企业"，这是一场谋略与财力的较量，下面对青岛啤酒与济南啤酒的作战策略进行简要分析。

1998年以后的青岛啤酒集团，是由做大到做强转变的关键战略阶段。作为啤酒业内的龙头企业，青岛啤酒集团开启了他的南征北战，扩张兼并等一系列的作战行动。而青岛啤酒征战济南啤酒，也是青岛啤酒集团统一鲁啤的首战，其关键性不言而喻。

① 历史包袱。今天的青岛啤酒靠着品牌优势和雄厚资本在世界各地纵横疆场，而在其发展历程中，曾经有阵子也是接近破产倒闭。国内已经开始了市场经济的浪潮，然而青岛啤酒集团总部的观念落后没有跟上变化，有人曾经打过个比喻，说那个时候的青岛啤酒集团就像是一艘巨大的游轮，一下子很难调头，而且外边新鲜的知识和进步思想进不去，接近百年的企业机体和计划经济体制束缚了人们的梦想和创造力，对外部战火连天战场的感受有些迟缓，由此制定出来的销售策略没法跟市场接轨。1995年以前青岛啤酒的销售市场萎缩，很多银行也不给贷款，自身创新变革能力不足，加上老国企包袱负担严重，到了1996年仓库里存放的啤酒不少就要过期了，也没有经销商购买进货，青岛啤酒原有的销售模式大多是采取赊销的方式，几乎完全依靠各地的经销商来销售，于是造成了数量较大的应收账款，企业前行的步履蹒跚，危机重重。

② 营销模式创新。1998年是青岛啤酒集团的分水岭，也是青啤由计划经济转向市场经济运作模式关键性一年，新任青岛啤酒集团营销总公司总裁张学举果断实施止损策略，采取了一系列的销售政策变革，其中，四个地方最为显著：第一，停止给经销商欠款，要求业务部门实施现款现货，并且要求相关业务责任人催收历史欠款，这样就从源头上堵住了应收账款；第二，

在各地成立二级法人分公司，组建营销队伍，用自己的营销团队全力拓展市场，开始了产品终端的深度营销工作；第三，敢于启用年轻人才，通过公开竞聘上岗，让一些有能力敢担当的年轻人负责一线市场作战，因此取得了骄人的业绩；第四，进一步规范了营销总公司管理制度和机制模式的建设，进一步实施了营销市场的目标管理和绩效考核，让营销人员的奖金上不封顶，打破了原来的大锅饭奖金收入分配机制，极大地调动了一线作战人员的积极性，从而使得青啤公司从原来的啤酒卖不动到不够卖的营销局面转变，那时几乎所有的青啤工厂都开足了马力满负荷生产。

③ 聚焦济南市场。随着营销业务的全面开展，青啤集团营销总部也制定了聚焦几个市场的区域战役策略，济南市场成为首选目标。那时在啤酒业内流传着这样一句话"得济南市场者得山东，得山东市场者辐射省外市场"，这里面包含两方面意思。第一，济南是有名的火炉城市，市场的啤酒消费数量巨大，济南是青岛啤酒从沿海城市青岛进入陆地的首要市场。第二，在济南为中心的方圆200千米内，啤酒消费潜力巨大，是山东省内啤酒消费的核心区域，青岛啤酒要想统一鲁啤，拿下济南市场尤为重要，否则济南就是一座高高的山脉，是阻止青岛啤酒进入山东腹地的一个主要障碍。现在摆在青岛啤酒营销总部面前的一个课题就是必须打下济南市场，但是如何打呢？初步定下了两个方案，第一个方案就是派出投资收购代表跟济南啤酒公司沟通投资收购事宜，也就是说由青岛啤酒出资将济南啤酒工厂收购过来，就避免了市场战斗的两败俱伤，从而加快山东啤酒统一的局面；第二个方案就是如果投资谈判没法通过，那就采取作战行动打下济南市场。经过一系列的投资谈判斡旋，最终双方是剑拔弩张，只能在市场上看刀剑本事了。当时，济南啤酒市场年销量达20万吨，消费水平以中档酒为主，而且济南是山东省会城市，交通便利，外来的流动人口啤酒消费量也众多。据了解济南啤酒的质量和品质非常好，多年来济南市场的老百姓对其品质和口感非常认可，所以攻打济南啤酒市场是一个难关。

④ 锁定终端。青岛啤酒作为啤酒行业的龙头老大，已经有了一定的资金力量和资本积累，对济南市场可谓是志在必得。经过对济南啤酒公司的营销策略和财务情况做了分析以后，青啤公司最终决定采取锁定啤酒消费终端，对济南啤酒市场发起了总攻。通过买断啤酒终端餐饮酒店的啤酒经销权，采取排他的方式，就是说买断的餐饮酒店只能卖青岛啤酒一家啤酒产品。这个

阶段济南市场大街小巷很多著名的餐饮酒店终端，都主动找青岛啤酒签订了终端经销协议。买断餐饮酒店终端意味着锁定了啤酒终端，用一种类似于防火墙的方式，把济南啤酒挡在了终端门口，用当时口感最好的青岛啤酒产品，进入餐饮酒店终端与消费者见面，青岛啤酒用它醇厚的口感和良好的服务方式，以及与济南啤酒相当的亲民价格，拉近了与济南消费者的距离。不仅用买断终端的方式培养济南消费者的啤酒消费习惯和啤酒口感，并且用迅雷不及掩耳的速度对济南啤酒市场阵地发起了猛烈的进攻。

⑤ 战胜而收购。经过一段时间的苦战，青岛啤酒与济南啤酒是你来我往在战场上厮杀，甚至可以说战斗是异常激烈，双方在能量消耗战中都付出了一定的经济代价，而济南消费者则是乐见其成，享受了一段混战而又美好的啤酒消费时光。很多济南消费者的啤酒口感改变了，在同等价格下，他们更愿意消费青岛啤酒。当济南消费者开始远离济南啤酒的时候，意味着济南啤酒公司的盈利模式已经陷入了困境，战场硝烟即将散尽。作为山东的啤酒大哥青岛啤酒，和作为山东的啤酒二哥济南啤酒，经过了一系列的争吵和打仗，都开始思考应该在一起认真地协商对待了，总不能一直打下去。青岛啤酒适时把握住了投资收购谈判的时机，最后通过双方友好协商，青岛啤酒完成了对济南啤酒的投资兼并工作。产品的市场战争就是如此，在双方激烈战斗的时候，参战双方彼此都有一本账可以算，虽然会考虑眼前的盈亏平衡，但更会着眼于长远的战略目标。青岛啤酒虽然在济南市场的作战过程中投资了一定数量的资金，但是相比于拿下整个济南啤酒市场，又将济南啤酒厂整体资产收入囊中，这个账是非常划算的。

总之，青岛啤酒集团按照自己既定策略打下了济南市场，在进攻济南啤酒市场的策略上，用锁定终端的策略切断了济南啤酒与消费者见面的场所，采取了破坏济南啤酒的利润策略，造成了济南啤酒公司的盈利困局，这种作战进攻模式在当时是非常成功的。而且，青岛啤酒通过拿下济南啤酒市场，不仅积累了作战攻击的成功经验案例，也为以后的资本扩张和南征北战积累了丰富的实战经验。

（3）战场三：区域品牌企业与大集团作战

银麦啤酒公司在山东临沂，属于临沂的本土产品，销售市场主要是在临沂地区，属于区域性品牌。银麦啤酒的营销战略是以临沂为基地，向周边辐射，不断扩大市场规模，向市场要效益要生存空间。其市场规模在不断地扩大中，体现出了顽强的生存意志和作战能力。银麦啤酒在对外扩张上，市场能力先后辐射到了山东潍坊、日照和枣庄地区，在这些地区市场已经成了青岛啤酒的主要竞争对手，甚至对青岛啤酒的山东市场造成了极大的困扰。

① 银麦拒绝收购。青岛啤酒前面已经介绍过，是世界知名品牌，有着百年的历史。青岛啤酒的总部上下都有一个梦想，那就是要统一山东啤酒市场。而要统一山东啤酒市场，银麦啤酒就是青岛啤酒必须要彻底击败或者兼并的对象。针对银麦啤酒，青岛啤酒采取了两个措施，首先，派出资本投资兼并人员跟银麦啤酒集团总部沟通，洽谈全资收购事宜；其次，如果谈不妥，就向银麦啤酒的市场实施全面作战攻击行动，采取打败对手的方法迫其就范，然后卖给青啤集团。当青啤的资本负责人与银麦啤酒总部洽谈收购的时候，据说由于当时给出的收购价格没有满足银麦的期望，银麦啤酒拒绝了青岛啤酒的收购。这样一来，摆在青岛啤酒面前只有一条路，那就是攻打并占领银麦啤酒的市场，然后再对其进行投资收购。

② 青啤之忧。就在青岛啤酒集团计划统一鲁啤的战略实施期，当时的山东啤酒市场并不平静，青岛啤酒最大的对手华润雪花啤酒正虎视眈眈盯着山东啤酒市场，华润雪花啤酒挟资本实力到处疯狂投资并购，如果银麦啤酒被雪花收购，那么青岛啤酒的后院将永无宁日，而且直接会破坏青岛啤酒在山东省内的核心利润区，会带来很多不安定因素。青岛啤酒作为一个百年企业，明白重大的战略风险问题必须要尽快解决，于是青啤总部给营销团队下了作战命令，实施"割麦"计划，全力攻下银麦啤酒市场，把银麦啤酒的关键利润市场打没了，再采取谈判收购，那时的收购价格将会更低。

③ 银麦知己知彼。当济南啤酒被青岛啤酒"先打后买"的模式收购以后，银麦啤酒深知自己和青岛啤酒迟早有一场恶战，早就做好了作战心理准备。银麦啤酒当时的产能是40万吨，而青岛啤酒当时的产能接近550万吨，从产能来看是一个少年与巨人的战斗。在这种情况下银麦啤酒公司上下并没有放弃，他们对青岛啤酒进行了全方位的深度分析，终于找到了可以作战突破的地方，实施的营销策略就是用自身产品的优势来对抗青岛啤酒品牌的劣势。银麦啤酒作战团队清楚地意识到青岛啤酒虽然是世界知名品牌，但是其产品价格体系透明，各个经销商的利润微薄，当时产品老化迹象明显，还有个关键问题就是他们营销团队当时的士气不足。

④ 产品战品牌。银麦啤酒也明白自己作为区域产品，其品牌力严重不

足，靠品牌取胜百年青啤势必比登天还难，如果要用产品利润策略对抗青岛啤酒的品牌，实施的关键就是锁定和固化餐饮终端，给消费者提供高品质口感好的产品，用精准设计的经销商高利润来阻击青岛啤酒产品的低利润。银麦啤酒聚焦经销渠道战开始实施，作战团队严格确保作战策略执行落地，要在经销渠道里保证银麦啤酒能见得到，并且喝得好。银麦啤酒有效地把经销商与驻外作战机构整合为一体，通过实施目标管理和深度分销模式，在市场作战推进中实施了时间管理，掌控了经销商和餐饮终端每天的产品销售信息，形成固若金汤的阵地，把青岛啤酒拒之于核心餐饮酒店终端的大门外。此外，两军作战的士气方面，银麦啤酒明显比青岛啤酒略胜一筹，由于青啤团队没有把银麦啤酒放在眼里，思想上有些轻敌，而银麦啤酒所有人可谓是同仇敌忾，因为他们只有这一个市场，而且这个市场是赖以养家糊口的生存阵地。银麦啤酒的销售人员都是在银麦啤酒厂附近出生长大的，可谓是真正的子弟兵，所以银麦啤酒的营销人员都互相告诫鼓励彼此，如果他们把自己的市场丢掉了，那么他们的老人和老婆孩子就没有饭吃了，银麦啤酒的将士们有一种悲壮的情绪，作战胜利是他们的唯一目标，双方员工的心态也决定了战斗的结果。最终，银麦啤酒的将士们堵住了青岛啤酒的进攻，取得了一个以小博大，本土产品战胜世界品牌的短暂性艰难胜利，创造了一个区域品牌战胜世界知名品牌的奇迹。青啤这场"割麦"战斗结果出乎很多人的预料，很多青啤人本以为银麦啤酒是一帮散兵游勇，银麦啤酒市场也不是一块难啃的骨头，没有想到战斗结果恰恰相反。

⑤ 赢得尊重。经过这场战斗之后，青岛啤酒又开始重新思考是继续打下去，还是坐下来谈合作？对于青岛啤酒而言打下去是可以的，此时的青岛啤酒既不缺钱也不缺战将，并且一场战斗决定不了输赢。但是继续打仗一定会消耗更多的时间和资金，而且战斗会积累仇恨，当把银麦啤酒彻底打得趴在地上大喘气的时候，以后谈收购可能因为仇恨情绪导致门槛很高，更可怕的是银麦啤酒随时可能会投入对手华润雪花的怀抱里，那对于青啤而言就得不偿失了。对于银麦啤酒来说，如果战斗长期打下去，对自己也是非常不利的，会把自己捉襟见肘的家底全部拼光了，毕竟对手是资本实力雄厚的百年品牌青岛啤酒。于是，双方化干戈为玉帛，一起静下心来沟通谈判投资兼并价格。打仗前青岛啤酒希望付出较低的价格来收购银麦啤酒，而打仗以后银麦啤酒将士们赢得了青岛啤酒总部的尊重认可，青啤公司愿意付出较高一点

的价格来收购银麦啤酒，并且提出把银麦啤酒的营销团队一起并入青岛啤酒队伍里，这就是百年青岛啤酒博大的胸怀，也体现了青岛啤酒总部领导的格局和视野，于是完成并购，皆大欢喜。

尽管资本属性永远都是逐利的，但是资本更愿意为那些勇猛精进，能打硬仗的团队支付更多的收购成本，因为只有这样的团队才能敢于啃硬骨头，在未来的战斗中，能够为公司南征北战，无往而不胜。

在企业的三大战场里，无论是成功者还是失败者，都有其不同的胜败因果，我们所看到的往往是挑战者与被挑战者之间的激烈厮杀，但胜败的表象背后往往隐藏了更深的因果道理。大集团企业往往有着足够的财力物力和各种各样的资源，包括各种社会力量为其市场统治服务。中小企业面对大集团发起的战斗，需要更多的智慧与谋略，如同官渡之战的曹操与袁绍的博弈一样，必须具备天时地利与人和。而且，即使再腐朽的大集团也不可能一下子就被击垮，他们具有先天的优势和历史积累的各种能量，要彻底战胜他们相当艰难。因此，可以说中小企业与大集团的战斗中，大集团基本都获得了一定的胜利，只有少数中小企业能够在细分市场里得以生存，抑或是创新壮大，前提是中小企业要有一颗坚韧的心，和一双善于捕捉细分市场成功之处的慧眼。

三、企业首先要攻击自己

企业因为生存压力，总是在想着防御与攻击别人，只要攻击别人，总会被人家反攻击，有时得不偿失，甚至会危及存亡。其实最好的攻击就是首先攻击自己，最好的胜利就是战胜自己。因此，企业内部要倡导员工批评与自我批评，要打造攻击自己短板问题的企业文化，董事会成员要毫不客气地攻击董事长的一些投资计划，企业员工也要勇敢地攻击企业的管理和经营问题。同样的，企业要清楚地知道一点，那就是最好的防御就是进攻，而进攻的根本就是对自己的进攻永不停止，逼迫自己不断进行创新变革，自我反思永无止境。这个世界是竞争的世界，无论自己是否会攻击自己，竞争对手都会攻击我们。所以说企业的自我批评，总比被竞争对手批评教训要好，自我攻击总比被竞争对手攻击要好，自我反思的地方也许正是竞争对手进攻最理想的地方。企业要具备军队里红军和蓝军的运作思维，要塑造一种红军和蓝军的对抗文化，蓝军的使命只有一个，那就是千方百计地找到红军的漏洞，甚至可以说蓝军以打败红军为自己存在的唯一理由。企业要让每个员工都像蓝军一样以发现内部错误为光荣，同时企业要在制度和机制上给予奖惩，提拔那些敢于纠错，勇于作战的蓝军人才。

1. 企业董事长的自省

纵观历史上的各个朝代，出现了很多伟大的帝王，在其发展历程里曾经一度太平盛世，民富国强。各个朝代的辉煌源于开明的帝王，国家灭亡则因为昏庸的帝王。在历史的演变中先后出现了商汤讨伐夏桀，武王征讨殷纣等以正义讨伐不义的战争，最终朝代更迭，历史车轮不断前进。各个历史朝代兴替如此，企业发展兴衰也是如此。企业的重大决策问题有不少是董事长造成的，要么投资决策失败，要么用人失误。当董事长身边缺乏专业且敢于直言的高管，企业将是一言堂，都是董事长一人说了算，企业高管岗位形同虚设。以至于企业的高管都会向董事长学习，独断专行，不愿接受部下的批评建议。有人专门研究了限制董事长盲目投资决策管理制度，就是为了限制一人专权的不专业性。如果一个企业的董事长不能做到自省，不能主动听取下属的反对意见，必将导致优秀杰出的人才离职出走。失去了杰出人才的企业董事长，如同失去了范增的项羽，最终必将是困难重重。

贞观之治是历史上君臣合作的最佳典范，唐太宗的胸怀宽广是魏徵敢于直谏的重要原因。魏徵曾经对唐太宗说："陛下导之使言，臣所以敢谏，若陛下不受臣谏，岂敢数犯龙鳞？"魏徵对朝政失误的批评，对贞观政治纠谬补缺，做出了重大贡献。企业董事长要向唐太宗李世民学习纳谏能力，只有董事长管住了自己，让企业员工能够做到建言献计，尤其要充分调动高管的积极性，发挥员工参与企业经营的热情，企业事业才能蒸蒸日上。当然，企业董事长要具备自我反省的能力，企业内部不仅要建立让高管们反省的机制模式，还要有能够提醒董事长反省的人。能够敢于给董事长提出尖锐而且专业的反对意见，这才是至关重要的。然而不幸的是，一些企业随着规模的发展壮大，企业董事长对自我能力的认可也达到了一个顶峰，他对企业的决策事无巨细逐个过问，甚至逐个干涉，企业的财务领导和经营制度往往形同虚设。更为重要的是，民营企业的接班人欠缺问题非常严重，很多民营集团没有合适的接班人，或者说民营企业没有打造接班人平台。而企业的接班人平台是企业培养阶梯人才的黄埔军校，也是企业每个中高层干部培养下属接班人的制度要求和机制模式，亦是企业考查各级干部是否胜任的领导力考核指标。因此，民营企业董事长要从古代帝国兴衰的历史中汲取营养，要清楚自己不是万能的，尽管自己有着异于企业员工的天赋，但是过往成功的阅历更多的是时代赋予的机遇。企业董事长是企业最大的打工者，承受着企业最大的压力，那么董事长就要想办法将自己承担的压力变成目标来分担到其他高管的身上。所以，企业董事长的自省能力很重要，往往代表了企业的战略纠错能力，董事长要在企业内部建立员工敢于纠错的机制模式。董事长不仅要思考与反思自己的投资经营行为，更要为企业的资产安全和持续发展打造一个机制平台。

历史学家们往往会感慨朝代更迭之频繁，有一个说法是"成也帝王，败也帝王"；而个别企业集团由于投资不善轰然倒地，或者官商勾结东窗事发，以及个别董事长生活奢靡荒废经营的时候，我们也不禁感慨"成也董事长，败也董事长"。所以，董事长是企业最辛苦的岗位，却也是企业航船的风险灯塔，董事长的知识技能与视野格局从一定程度上决定着企业的未来。诗云：

莫学胡雪岩，此路最天险。
官商东窗破，冰雪路艰难。

2. 企业首先要攻击自己

企业都想拥有更多的市场，获取更多的利润。而在努力开发市场的过程中就会影响到他人的利益，于是企业在有意无意中攻击着别人，却也在被别人攻击着。当企业经营者静下心来思考得失的时候，就会发现在经营过程中已经给竞争对手提供了攻击机会，那些被竞争对手抢走的市场利益正是自己暴露的经营漏洞。企业经营者一直在努力开发着外部市场，有时会忽视思考企业自身存在的问题，因此要改变一下思路，不要总是想着去攻击别人市场，先找一找自己市场问题和经营管理漏洞，思考一下如何向自己存在的问题发动攻击。攻击自己就要寻找可以被攻击的漏洞，包括经营战略漏洞、产品工艺技术漏洞、产业布局的漏洞、供应链的漏洞以及研发设计程序等问题。发现这些漏洞难度很大，要站在市场需求的角度，用竞争对手的"鹰眼"视角来发现自己的问题。要走出去向竞争对手的产品学习，向最终用户学习，要发动员工们一起来寻找发现企业的问题，也可以跟外部智囊顾问或管理咨询伙伴合作，让他们帮着寻找企业自身的漏洞问题。我经常告诫我的合作伙伴，自我批评总比被竞争对手批评好，自我教训总比被竞争对手教训好。有时企业反思的地方也许恰恰就是竞争对手计划攻击的地方，而那些还没有解决的漏洞问题，竞争对手正好从那边攻了进来。因此企业要认真地思考如何攻击自己，如何打败自己，只要企业存在一天，不断地否定和自我攻击活动就一定要存在下去。

攻击是相互的，只要企业存在着，被别的企业攻击那是很正常的，因为同类产品的市场容量就那么大，而且跨界的产品有时会突然冒出来向你攻击，甚至会把你的市场打没了，比方说手机照相功能就把数码相机给打败了。所有的企业都在市场里边寻找生机，除各国政府限制的垄断性行业外，其他所有的产业市场都存在着竞争。产品功能技术的同质化，以及各种技术的被模仿，甚至是被超越颠覆，在每个产业里随时都在发生着你死我活的争夺。所以企业高管和董事会要经常问自己一个问题：竞争对手将会攻击我们哪里？竞争对手将会用什么样的方式对我们发起攻击？我们需要用什么样的方法来预防被攻击？那就赶快把漏洞堵住！只有自己强大了，竞争对手才不敢攻击你，因为你没给竞争对手机会。

每年的第4季度，很多企业会做下个年度战略目标预算，包括制定年度产品营销作战方案，制定企业的年度经营管理预算方案等，很多企业通过分析最近3年的经营数据来制定下一个年度的经营目标。我的建议是经营班子要对前3个季度的得失进行分析复盘，找到企业自身存在的问题和创新机遇，以及可能被竞争对手攻击的机会。

无论是企业还是职业经理人，都要像哲学家一样不断反省反思并且问自己，我和我的企业都有哪些问题？我个人的职业能力不足会给企业带来哪些问题？我如何改变自己？自我攻击往往是痛苦的，有时意味着要放弃一些既得利益；自我攻击也往往是最为彻底的，是一种真正意义上的自我涅槃。诗云：

> 世间利益无天险，众生身陷名利关。
> 财富如链锁翅膀，欲念放下飞蓝天。

3. 自我攻击需要文化支撑

企业的自我攻击需要内部文化支撑，需要打造一个内部交流平台，企业成员之间需要相互信任，尤其是企业高管要做到内心阳光坦率，都能够主动给对方提供一些建设性意见。在企业里，当某个员工的经营管理优化建议被理解成了挖苦讽刺，变成了过后的怀恨在心打击报复，这个企业必将失去活力。如果高管认为手下的建议是瞧不起他，下级认为上级的批评指正是挖苦自己，平级之间的沟通被认为是不安好心，善言善行在企业里没有滋生的土壤，企业内部矛盾重重，内斗不断，必将给企业带来灾难。所以说企业自我攻击与其说是攻击自己，更不如说是董事长带头的一种自我反省和复盘文化。企业员工发自内心的自我觉悟，以及企业成员的自觉优化提升能力，这种自我否定一开始是艰难的，但是随着企业成员之间彼此的信任增加，企业内部会焕发一种朝气蓬勃的精神，良性沟通互动将会填平所有的异见鸿沟，追求真知灼见将成为企业的工作习惯。企业要对员工忠诚的定义重新给出解释，那些敢于指出上级和企业问题的员工，才是真正地对企业忠诚；那些对上级唯唯诺诺，胆小怕事，不具备责任担当的员工，就是对企业的不忠诚，企业应坚决辞退。

企业里的自我攻击需要文化支撑，首先，企业董事长要以身作则，身体力行，善于接纳下属给他提出的批评建议。其次，董事长要带动企业干部们开展批评与自我批评，形成一种工作习惯。要在整个公司范围内提倡互相帮助，互相找问题、提建议，打造一种互帮互助的工作文化氛围，企业要在制度与机制层面予以保障，要从物质激励和价值激励两个层面，对献计献策者予以激励，形成一种对事不对人的批评与自我批评的文化习惯。每个人在这样的文化氛围里边，都可以积极主动地帮其他人寻找工作中存在的问题，努力优化提升企业的机制模式和工作效率，人心齐泰山移，大概就是这个道理。诗云：

纳谏须胸怀，清月照千载。

晨曦穿迷雾，自渡有船来。

四、博弈利润区

企业的发展进化，其根本就是企业产品品质和使用价值的进化，在产品成长进化的每一步，无不存在着攻击与被攻击，每个事物在其生态系统里边都存在着博弈问题。可以说企业的成长史就是博弈史，博弈贯穿了每个企业的生命周期，企业的博弈有内博弈和外博弈，内博弈是企业自身各种利益力量的博弈，参与博弈的有股东，企业的中高层员工和供应链合作伙伴；而外博弈则是与竞争对手进行的生死博弈。无论哪一种博弈，企业一般都会选择有利于自己的策略，择优而用，对竞争对手发起攻击，并且攻击策略是各种各样的。有人可能认为攻击两个字充满了战争与恶意，事实上，世间万物都是在攻击的环境中成长进化，攻击无所不在。

做企业就像解数学题一样，企业生存发展的答案只有一个，那就是足够的利润。企业经常会遇到各种难题，但是每道题都必须要找到答案。企业做市场营销工作有时就像两军对阵打仗，一线作战将军需要到阵地上去踩点，深入前线战场去了解敌情，要去找到攻击竞争对手的突破口，赢得每一块阵地的胜利都是要流汗的，真正的军事战略家总是付出最小的代价赢得最大的胜利。所以在研究竞争对手的时候，我们要采取什么样的方式对竞争对手发起进攻？从哪个角度发起进攻？企业要从自己的实际情况和目标市场着手，找到竞争对手市场最脆弱的并且有意义的地方予以攻击。有时候做市场营销拓展，当作战将军在研究市场作战沙盘的时候，就像下一盘围棋一样，发现目标市场上的竞争对手已经到处落子了，几乎找不到空白处落子。于是后来的产品想要进入某个市场，就成了一个挑战市场既得利益者的身份，必然遭遇到各种抵抗。新兴产品挑战者遭遇的抵抗来自两个方面，其一是顾客消费习惯的抵抗，其二是竞争对手巩固利益地盘的抵抗。要进入市场那就只有一个办法，发起攻击，从市场既得利益者手里抢得一块市场份额，或者将其彻底击溃。从哪里开始进攻呢？

1.攻击竞争对手核心利润区

每个朝代的更迭都是因为出现了新的挑战者，挑战者总能寻找到老旧势力最薄弱的地方，然后建立根据地组织颠覆战斗。做企业也是如此，同类产品在市场上都有一个强大的领导者，市场统治者是不会允许挑战者存在的，对于力量相当、能力接近的两个对手，他们在争夺市场时就会你死我活地拼杀战斗。所以当企业打算对一个市场发起进攻的时候，就要去研究竞争对手的特点，尤其是竞争对手的核心能力都有哪些。一般来说每个企业都会有好几块区域市场，这些市场销售了企业的产品，同时也给企业提供了足够的利润，我把给企业提供最多利润的这一类市场叫作核心利润区市场，而核心利润区市场一般都是企业的基地市场。企业在基地市场上，投入了太多的资源，并且派有"重兵"把守。所以，当研究竞争对手市场的时候，要清楚竞争对手的利润区分布和核心利润区都在哪个区域？只有知道了竞争对手的利润区分布在哪些城市，以及给竞争对手获取利润的产品都有哪些，对竞争对手的获利产品进行详细的分类分析，才能够真正掌握竞争对手的市场获利策略，以及竞争对手在核心利润区市场上都采取了那些营销措施，知己知彼，百战不殆，只有这样企业才能找到竞争对手利润区市场的攻击机会，也就明白应该采取什么样的作战攻击手段。企业的利润区市场必然是由产品的忠诚消费者撑起来的，也往往会有足够大的产品销量，以及可观的销售额和利润。当然，竞争对手在其利润区市场经过了多年的开发培育，它的产品在这个市场上已经得到了广大消费者的认可，利润区市场一定是竞争对手产品的主导市场，有的甚至是垄断性市场。所以攻打竞争对手的利润区市场，一定是一个极其艰难的战斗。因此，我们要从竞争对手的利润区市场里边获得灵感，寻找到最脆弱和最容易攻击的一环，也能够对竞争对手造成影响最大的地方。我们除了要打掉竞争对手的利润产品，破坏竞争对手的利润源泉外，更为重要的是要培育自己的利润区市场，要用自己产品差异化策略挤占对手一定的市场份额，形成自己的利润区，继而通过精心的培育发展成为核心利润区，这才是企业攻击作战的主要目的方向。

在与竞争对手的博弈中，企业对中低端产品利润市场的防护也很重要，中低端市场是企业核心利润区的沃土和屏障。企业中低端的产品一定要保证高质量低成本，把企业的利润区市场外围保护起来，并且形成一定的市场规模。这样的话，中低端产品就在企业利润区外围给竞争对手入侵设下了一道防火墙，或者说为企业的利润区市场打造了一条护城河。所以说当企业在争夺高端利润市场的时候，也要守护好中低端产品市场。大多数企业是从中低端产品市场积聚能量以后进入了高端市场的，所以对中低端产品市场的防御是至关重要的，否则任由竞争对手在中低端市场做大做强，对企业的高端核心利润区市场就会形成一个合围之势，最终将会釜底抽薪动摇企业市场的根基，对企业核心利润区发起总攻，侵蚀并占领企业的利润区。

当然，两军对峙，攻击竞争对手最有价值的薄弱之处为上上之选，至于选择攻击竞争对手的哪一块利润区市场，要结合企业自己的资源力量以及战略方向来定，有时也可以采取退而求其次的策略，对竞争对手的非核心利润区发起攻击可能成功率更高。

对竞争对手的核心利润区发起攻击，无异于对统治王国的首都发起的进攻，其难度可想而知。因此在发起攻击前要深思熟虑，做好各种预案。任何一款取代竞争对手核心利润区的主打产品，其使用价值和品质都必须优于原来的产品。当然，企业攻击对手前要有一个清晰的作战目的，对竞争对手的核心利润区发起的攻击要达到什么样的结果？是由我方产品来取代它的核心利润区产品，还是仅仅破坏它的利润产品？目的不同，攻击策略也就不一样。深思熟虑，谋定而后动，往往是作战制胜最好的谋略。

2. 攻击竞争对手的利润产品

两个企业之间的战争博弈如同两个军队作战一样，企业产品在市场上所占领的阵地，如同军队所驻守的阵地一样。所以我们要用军事思想来研究竞争对手的阵地市场，尤其要研究竞争对手各个产品是如何排兵布阵的，明确竞争对手在目标市场上都有哪些产品，要清楚竞争对手的核心利润产品都有哪些，是用什么样的方式给它们营利，而竞争对手其他的产品又是怎么样一个组合，它们又在细分市场上起到什么样的影响力。因此要对竞争对手发起攻击，要确定一下究竟攻击竞争对手的那个产品，最为关键的是需要用我方什么产品来攻打？以及我方产品的价格体系该如何设定？作战产品的确定以及攻击方案的选择至关重要。我一直坚信一个理念，那就是产品价格就是企业战略的关键组成部分，产品价格也是企业对竞争对手的市场作战方案。

我们发现在一个产业里一定有几个产品是品类市场领袖，要么在某个区域市场有着强势地位，要么在整个国内市场占据着领导者地位。但是无论是什么样的企业，不管是在国内领先的企业，还是某个区域市场的龙头老大，所有这些企业大多会有三类产品，我在前面说过，这三类产品就是摊销成本产品、战略性攻击产品和高利润产品，业内龙头企业这三类产品在一个成熟的市场上几乎都有。但是对于挑战者来说，就需要对竞品这三类产品进行详细的研究分析，要清楚如果要对竞争对手发起攻击，首先要对竞争对手的高利润产品发起攻击。俗语说得好，打蛇打七寸，擒贼先擒王，竞争对手的高利润产品一定在某个细分市场里存在，而且一定存在于产品金字塔的顶端。

那么我方就要结合竞争对手高利润产品的营销策略，及其最终顾客在终端的消费特点，还有它的经销商分布进行分析，找到可以发起攻击的机会。

企业挑战对手要有一个清晰的目的，那就是努力破坏竞争对手的核心高利润产品，让它在利润区市场上日子不好过，要减少其市场份额或者扰乱其价格体系。企业可以专门设计一款用于发起攻击的产品，专门为竞争对手的高利润产品而设计，只要打击了竞争对手的核心利润产品，就等于破坏了竞争对手的后勤粮草供应，切断了竞争对手的利润来源。

企业主动出击的前提是与竞争对手的综合实力要旗鼓相当，或者我方背后有强大的资本和一定的社会资源支持，也就是说对任何一个竞争对手发起的攻击，尤其是对竞争对手的高利润产品发起的攻击，必然会引来竞争对手疯狂的反扑和报复性攻击，因此企业要做好预判性的准备。要在与对手关联的各个战线、各个经销渠道和终端都制定我方的作战策略，以及应对策略。当然，战斗不是一天就能结束的，要做好作战准备，战场每天瞬息万变的情报信息都是决定胜利的关键因素。对于企业来说，永远不要去挑战一个不可能实现的梦想，要深思熟虑，谋定而后动，才能取得想要的作战结果。

攻击竞争对手利润产品，无异于要摘掉竞争对手头上的皇冠，企业能否取得最终的胜利，取决于企业自己的内功和强大的市场作战能力。竞争对手的利润区产品不是一天两天打造出来的，是长年累月由消费者使用体验最终认可的，如果发起挑战的企业仅仅是一个产品功能的模仿者，那它取得攻击成功的可能性微乎其微。而另辟蹊径在产品的差异化和创新模块上有所突破，才可能像苹果平板一样，对诺基亚手机帝国发起致命性的摧毁打击。诺基亚手机帝国的败亡，其根本就在于诺基亚手机在市场上有着庞大的份额，给诺基亚集团带来了数量庞大的既得利益。因此，高利润产品有时是竞争对手企业的既得利益贡献者，却也会最大限度地阻止竞争对手企业的产品创新。因为创新产品功能意味着要放弃原来的产品既得利益，这对于老牌企业董事会来说有时是难以接受的，毕竟新产品能否让消费者接受，还是一个未知数。这也是大多数知名品牌产品的致命弱点，却也正是挑战者的攻击机会。因此，类似于这样的老牌企业之所以被智能手机击败，就是因为它对原来老旧产品的既得利益市场难以取舍，也就没有去研究顾客对产品功能的新的需求。所以，对竞争对手的利润产品发起的攻击能否取得胜利，取决于自己产品的否定能力，是靠自己产品的差异化功能、去物质化的模块设计，还是更高的品质？要对竞争对手核心利润区产品进行深刻的剖析，找到一个让最终顾客抛弃它的理由，这个理由就是我方产品要打造的核心卖点。而企业对顾客需求持续地深刻剖析与满足，则是产品攻击制胜的关键要素。

3. 策反竞争对手的核心经销商

在汉高祖刘邦与项羽的第一场竞赛博弈中，当时的楚怀王给他们两人定了目标，谁先进入关中谁就可以当王。项羽这一路是逢山开山，遇城攻城，一路披荆斩棘勇往直前，克服种种艰难险阻，全都是靠战斗打下来的，所以项羽用了很多的时间。而刘邦则不是靠武力，他除了偶尔打一两次仗，更多的是靠着他仁义的人格魅力，调动他手下几个谋臣用三寸不烂之舌把挡在面前一些守城将军给劝降了，好几座挡路的城池不费一兵一卒就拿下来了。诚如兵法所言，攻城为下，攻心为上。刘邦采取一路劝降的手段，让竞争对手的将士都过来投降了，于是刘邦就比项羽用更快的速度进了咸阳城，因此才有了后续的精彩历史典故鸿门宴。

在企业的市场作战方面，当对竞争对手的市场情况进行了充分研究，准备调兵遣将攻打竞争对手市场的时候，作为一个外来的挑战者，需要思考，应该从哪些地方进攻呢？首先，要有适合于市场的产品，产品不仅要有卓越的功能，要符合市场消费者的兴趣偏好，还要符合市场的价格体系；其次，要对目标市场的经销商进行设计开发，要盘点分析市场上现有的同类产品经销商的经营业绩，以及经营利润情况。要对本公司产品利润体系有针对性地进行设计，要确保经销商比经营竞争对手产品具有更多的利润。如果企业自身的产品力很强的话，也就是说企业对自己产品的功能特点，以及产品对市场的适应能力方面很自信的话，可以考虑有选择性地"策反"竞争对手经销商的方式。选择市场上具有一定影响力的竞品经销商，策反他们加盟到我方阵营，这是最快的一种借路借力方法，可以用最快的速度把企业产品嫁接到经销商的渠道里，用最快的速度完成产品的布局和布点。但前提是企业要做好经销商的沟通工作，让一个经销商接受新的产品难度非常大，经销商所经销的竞品产品有稳定的利润。企业如果要策反经销商起义，如何才能确保他有更多的利润呢？不仅要保证他有当年的利润，还要保证他有持续的利润。要让经销商顶着背叛的骂名，那就要给他足够的理由和足够高的利润，尤其重要的是不能让经销商承担太多的道义指责，因此打消经销商的顾虑非常关键。

　　企业一线作战将军要对目标市场有个长期的规划，要明白市场产品的总量究竟有多少，自家企业的各个品类产品的目标销售量和毛利率能有多少。企业总部还要明白，如果要打下目标市场，需要投入多大的费用成本。尤其要策反竞争对手的核心经销商为我所用，那更是一笔巨大的前期市场投入。当然，要策反竞争对手的大经销商，一线作战将军就要掌握目标经销商的年度经营利润情况，还有该经销商的各种顾虑问题，重要的是掌握了经销商与合作的竞品企业长期存在的利益矛盾冲突。企业一线作战将军要提前制定好目标经销商的顾虑解决方案，然后找个合适时机去说服沟通。策反竞争对手的重要经销商，需要跨越的第一个关口就是经销商的利润关，企业一线作战将军需要给经销商认真算经济账，要告诉他只要经销我方的产品，我方保证带来不低于经销竞品的利润，甚至还会有更多的利润。而且，我方不仅给经销商做市场投资，帮经销商铺货，帮经销商做营销推广，我们甚至可以解决经销商的部分员工工资，包括保证经销商未来数年内的产品经销权和利润。大多数经销商都是为利润而生存的，当然除了个别的例外，一般的经销商在选择产品合作的时候，只要我们的产品和竞争对手的产品不相上下，我们的企业实力比竞争对手更有潜力，更为重要的是我们选择的经销商与竞争对手存在着很深的矛盾，多年的经销合作导致了双方的积怨很深，只要时机合适，很有可能会毅然决然地投奔我们。策反竞争对手的经销商，这是一种非常高明的方法，但也存在着一定的风险，竞争对手肯定会疯狂反扑，所以要想好各种应对的策略。

　　当企业确定了要策反竞争对手某个经销商的时候，务必慎重，要在隐秘中进行，谋事不密，害人误己，此所谓兵法之大忌。策反一个重要的经销商，也可以说是在帮助经销商让其弃暗投明。他在和原来的企业合作过程中充满了痛苦，自己看不到未来的希望了，可以将多年积累的能量在我们这里得到发挥，何乐而不为呢？

　　成大事者不拘小节，往往在前途最困顿的时候，如同夜晚在漆黑的大海上划船，远处的灯塔会让人豁然开朗，正所谓山重水复疑无路，柳暗花明又一村。当然，企业要明白，竞争对手做得好的经销商，一般在信义和个人品质方面是非常出众的，若非有特别的原因，以及更高明的说服策略，千万不要去碰这类经销商，如同曹操说服关羽来降他一样，那是徒费时间精力。

4. 挖走竞争对手的核心人才

古语云，"得人才者得天下"，古代圣贤帝王几乎都有求贤若渴的故事，我们发现凡是卓越的帝王都爱才如命，得才惜才并且重用人才。如汉高祖刘邦重用四杰：张良、萧何、韩信和陈平。这四位人杰在刘邦与项羽的争霸中或治国有方，或筹粮有策，或逢战必胜，或屡出奇谋，他们帮助汉高祖刘邦无论征战疆土，或者是治理国家，都贡献了卓越的才智。而企业董事长要成就一番事业，就需要向汉高祖刘邦学习，尽其所能网罗天下英才，为己所用。

企业成功最好的证明就是产品在市场上的成功，能长期统治一个市场的企业有着强大的内功，这个企业一般有几个杰出人才和稳定的经营机制。如果要把这类企业作为博弈对手，对其市场阵地发动攻击的话，找到合适的攻击点将是很难的。要知道强大的企业其市场根基深厚，多年深耕细作培育的市场如同铜墙铁壁一般，不仅有着忠诚的顾客群体，也有着经验丰富的一线作战部队。因此，我一般不建议将这类企业作为自己的对手，而是要向其取经学习。如果企业必须要去挑战一个强大的对手，就要从两个方面寻找攻击的机会：其一就是从竞品身上寻找攻击点对其发起进攻；其二就是研究该企业的优势领域人才，设法挖来一个为我所用，弥补我方在经营管理或设计研发方面的短板。挖人的困难在于对方关键人才要有离职的必然理由，同时我方要给他足够的薪酬和价值平台。作为一个有着资深猎头行业经历的人，我曾经不止一次告诉猎头顾问，我说只要理由充足，可以挖走想挖的顶级人才，因为每个人都在内心深处有一个未曾实现的梦想，每个人内心深处都有一个渴望到达的彼岸。因此，当发现对方高管人才适合我方需求的时候，就要给他量身打造一个符合他价值期待的岗位平台，并且打消他的职业发展疑虑以及同行业跳槽的法律顾虑。

当然，经营企业就是择时择势进行一系列的市场作战，企业前进路途上所缺的人才，往往是企业的核心制约瓶颈，企业董事长很难如同刘备那样遇到诸葛亮，而挖走竞争对手的核心人才往往存在着现实的问题和法律上的风险。当然，企业在挖来顶级人才之前，要做好一系列的机制安排，只有种下梧桐树，才能引得金凤凰。当发现目标企业里有我方急需的人才，要对他现有的薪酬结构进行详细的了解和分析，也许对方没有给他高薪和股份，我方可以给他量身设计一个股权薪酬结构，并且给高端人才一个安心的职业周期，让他放心前来加盟。

引进高端人才有时也是一把双刃剑，操作不好会给企业带来内部分裂矛盾。企业不仅要引进高端人才，还要安抚好原来的企业元老们，否则元老们造反捣乱不配合，空降CEO就有可能一直没法落地，对人才和企业最终都造成了伤害。所以企业在引进高端人才的时候，要制定详细的人才入职落地方案，企业董事长要妥善解决好创业元老的顾虑，可以借鉴赵匡胤"杯酒释兵权"的故事，让创业元老们能够放心地以大局为重。企业董事长要牢记，没有创业元老的拼搏，何来企业今天的事业！

每个企业的发展阶段是不一样的，不同发展阶段企业的经营管理模式、产品模式、资本模式以及战略模式是不一样的，不同发展阶段企业需要不同知识结构的人才来经营。有的企业负责人经常问我应该用什么样的人才来帮他经营企业，我的回答是量体裁衣，合适最好。因为不同发展阶段的企业，所遇到的问题是不一样的，有时需要专才来解决，有时需要一个通才来制定策略方案。我在第一章里说到的企业四类核心人才，在企业的发展过程中这四类人才不是一下子都具有的，如果一个企业同时具备了四类人才，那它已经是一个强大的行业头部企业了，要攻打这样的企业帝国，其难度可想而知。

对于企业来说，无论是从内部培养人才，还是在发展瓶颈阶段从外部挖掘人才，只要涉及高管层人才的问题，都归属于董事长的亲力亲为工程，董事长的任务就是定战略和寻找培育人才。董事长要有足够的胸怀和格局，要给企业的未来一个清晰的定位，还要有包容顶级人才的器量。当我沟通过800多个高端人才以后，我发现顶级人才几乎都有鲜明的个性气质特点，如果董事长不是刘备那样的人，就不要去拜访诸葛亮，因为有些顶级人才不是用金钱就能吸引来的。所有企业的成功只能是阶段性的，而得到一个真正的帅才，则可以成就董事长的伟大梦想。诗云：

> 辅国奇才隐民间，落魄管仲说流年。
> 奴隶伊尹圣贤事，求贤成汤好慧眼。
> 刘备殷勤卧龙岗，韬略满腹鲁仲连。
> 治企治国拜良将，突破瓶颈克天险。

5.领先竞争对手的研发能力

攻击竞争对手不仅仅攻击其现有产品，重要的是有能力攻击其未来产品的技术能力，这是企业所具备的一种防患于未然的博弈能力。要了解竞争对手在尖端技术创新方面的能力，在研发专利技术上的投入，这种前端技术投入往往是同类企业将来最致命的。所以，如果没有充分研究竞争对手未来技术研发策略，以及他的产品创新思路，主要竞争对手很可能会在未来一鸣惊人，竞争对手的新技术可能就是颠覆行业的技术。所以，要及时创新提高自己的技术能力，要对竞争对手的生产线进行技术对标研究，发现其最新的科研技术变化。

真正的顶级高手比武过招时往往会在前面招数上等着你，如同两人对弈一局中国象棋，甲方棋手能看到乙方棋手的两步棋变化，而乙方棋手完全明白对方的棋路意图，并且设计了自己的三步棋变化，那胜败就很清楚了。最好的研发人才一定是靠近顾客需求的，甚至会超前引领需求，能够给顾客提供方便安全的产品使用价值。所以，研发人员经常到市场终端去感受，与最终用户进行对话获得产品创新灵感，从各种经销渠道那里了解最终用户的需求信息，从而找到产品未来设计方向。要领先竞争对手的技术就必须在研发方面有足够的投入，而且在研发人才的引进上要有非常好的方法。我有时会建议合作企业的董事长，我说如果想要在研发能力上领先竞争对手，生产卓越的产品，就要引进优秀的研发人才，并且要给其设计一个高薪和股权激励计划，让其真正成为企业的主人。高端研发人才聚焦产业技术创新趋势，掌握竞争对手的核心技术优势和劣势，及其下一步技术变革和升级的趋势，在研发技术能力方面领先于竞争对手。当技术领先了，企业必将一骑绝尘，可以尽享领先以后的各种红利，并且由此站在了价值链的顶端，控制了整个生态。

当然，如果要领先竞争对手的核心技术，企业自身要有过硬的科研本领，企业要放下某些既得利益，并且有否定自己现有技术的能力。世界上任何一个伟大的企业，包括世界500强企业，之所以能一直延续生存发展下来，并不是因为他们的经营管理一直多么好，而是他们的技术创新一直进行着，他们在不断地聆听着最终顾客的诉求，他们的产品总是在不断地追随着顾客的梦想。他们不会等着竞争对手来攻击自己产品技术缺陷，他们在不断地否定着自己的产品技术。而且，我们发现那些存续至今的生物界物种，都在与时俱进地进化着，否定自己，不断进化升级是唯一让物种和企业活下去的能力，我称之为自我的攻击变革。科学技术的进步决定了产品在行业里的领先程度，尤其是生产性的企业是以技术立企，如果要有别于竞争对手的产品，那就必须要做领先的技术创新。企业也不能盲目地否定自己现有的技术，要用市场倒逼的原则去发现顾客的真实需求。在竞争对手惩罚我们之前，企业要用最快的速度提前发现事情的真相，也就是说企业要清楚产品技术未来会在哪里出问题，这就要求技术研发人员具备前端营销的思维，或者说企业要将营销与研发进行整合，将研发人员与营销人员统一放在一个平台上进行工作，让研发部门具备识别顾客需求的能力。企业要给研发部门赋能，让其具备某种攻击能力，不能在家里静坐等待一线作战人员提供的产品需求，而要将自己的触角主动伸到终端和顾客那里，去发现和捕捉真正的产品需求，让研发人员具备主动作战的能力。

领先竞争对手的技术，企业要有能力改善自己现有的技术，改善现有技术的措施有三个方面。首先，要发现企业现有技术与竞争对手技术的差距，清楚以现有的技术条件如何改善产品品质，制定优化技术瓶颈的策略；其次，要引进外部的技术和专业人才，这是很多企业采取的嫁接外部技术资源的捷径策略；再次，企业要打造人才创新技术的机制模式，要从人性的需求角度唤醒和激发人才的工作主动性，这是很多企业所不具备的。我发现很多企业擅长引进技术人才，也擅长引进专利技术，但是并不擅长打造人才工作的机制模式，而机制模式往往是人才展示才华和技术得以变现的关键保障。

没有卖点的产品是没有市场生命力的，产品卖点的关键就是企业的研发技术，因此领先的技术能力无疑是企业制胜的关键原因，是树立在竞争对手前行路上的一座山峰，它能使产品有更高的附加值，能给企业带来更多的利润，可以让企业的产品处在营销战略制高点。随着技术的发展，若干年以后每个产业经过频繁的攻击战争，最后剩下几家具有知识产权的综合大集团，由它们控制着产业的上下游。同样的，职业经理人也一样，如果一个职业经理人没有自己的核心知识能力，没有很好的职业经历，那么他在与其他高端人才的竞争中就会被打败。因此知识产权不仅是企业的核心能力，对每一个高端人才来说同样是核心能力。知识决定一个人才的价值变现的能力，而领先竞争对手的研发能力，决定一个企业站在利润金字塔的位置高度。

6. 攻击竞争对手的战略漏洞

我们一直说防患于未然，这"未然"究竟是什么？要如何做才能更好地防范呢？我想起古典故事中神医扁鹊赞扬他的大哥医术高明可以防病于未然，能够在疾病伤害人的身体前预防消灭它。《黄帝内经》中提出"上医治未病，中医治欲病，下医治已病"，就是说医术最高明的医生是能够提前预防疾病的人，如同扁鹊的大哥给人治未病的高超医术。世间的万物都会生病，无论是国家、企业或者是个人，都可能在悄无声息的情况下生病。职业经理人要能防范并且治好企业的未病，那就要具备足够的战略预测和洞察能力。企业的战略、战役、战斗和战术各有其功能和特点，而战略最重要的一环莫过于在前期的内容设计上，设计者就要具备防患于未然的能力，顶级战略制定者往往具备很好的战略预测能力。

智者千虑，必有一失，世间万物没有完美的，企业战略如同千里之堤，往往会毁于蚁穴。战略漏洞就是企业的蚁穴，当然这类战略漏洞不是谁都能敏锐发现的。企业的战略漏洞如同金钟罩铁布衫一样，总会将最脆弱的地方隐藏在最不易攻击的角落。而且，最脆弱的地方一定是戒备森严，也是最容易防备的地方。所以，竞争对手的战略漏洞不会被轻易发现，除非他是故意暴露破绽引诱你来攻击上当。发现竞争对手的战略漏洞时，可以从两个方面来着手，首先，是研究竞争对手的文字性战略内容，如战略文案、战略框架等，从这些方面去寻找一个最容易攻击的地方；其次，竞争对手的战略漏洞也会来自它在生态系统里的核心构成要素，包括价值链和供应链的构成要素等，在这些构成要素里往往有一部分是外部的资源，而这些外部的资源大多是为了利益而来，与企业组建的松散合作联盟，往往是比较容易发起攻击的地方。

企业的战略是个系统，有很多构成要素，可以说在战略链上会有很多构成节点，企业的战略组成部分往往就是潜在竞争对手计划攻击的地方。企业的战略漏洞有时是物质方面的设计失败，有时则是精神层面的失败。每一个战略家都是博弈高手，但往往在思考全局以及落子的时候会产生犹豫，在聚集资源与分散力量方面判断不准确，有时会忽视一个整体作战实力问题，这往往给竞争对手提供了在博弈中翻身的机会。

《老子》在三十六章指出："将欲歙之，必固张之；将欲弱之，必固强之；将欲废之，必固兴之；将欲夺之，必固与之。"后世的人们将老子这段话称为"老子兵法"，很多军事家对老子这段话应用自如，并且取得了不俗的战绩。老子这段话体现了军事战略思想的奥妙无比，在政治领域或者指挥打仗时来去自由，伸缩自如，风起云涌，变化无常。往往让对方琢磨不透其战略漏洞的真假，因而出其不意取得战场的胜利，是道家"无为而治"思想的精彩演绎。

企业的战略失败往往由于前期分析判断不准确，比如投资损失巨大致使企业陷入经济困境难以自拔。而军事战略的失败往往是不可逆的。如，有的政党不在乎民心民意，没有从根本上解决民心民意的痛楚，失去了民心。而这样的军事战略漏洞一旦被对手发觉利用，那失败是不可逆的。再如，在二战中著名的法国马其诺防线，看起来固若金汤坚不可摧，法国本以为建立起了马其诺防线就可以阻止德军的进攻，但是德国军队却发现了马其诺防线的军事战略漏洞，那就是军事力量脆弱的法国邻居比利时。德军并没有直接进攻法国，而是攻陷了比利时绕到马其诺防线后边，使得马其诺防线阵地形同虚设，致使法军溃败。德军法西斯虽然看到了马其诺防线的军事战略漏洞，并且因此取得了攻击法军的阶段性胜利，但是法西斯德军的侵略行为不得人心，激起了全世界人民的坚强反抗，最终导致了彻底的失败。

因此，无论是企业对竞争对手战略漏洞发起攻击，还是军队对其敌人战略漏洞发起的攻击，某场战争的胜利并不意味着全局的胜利，而真正的胜利则是得民心的胜利。尽管在两军对垒中所采取的手段往往无所不用其极，但是我更欣赏那些靠阳谋制胜的策略，阳谋策略的胜利往往让对手心服口服，对手会从内心深处臣服于你，如同诸葛亮七擒孟获那样，让蜀国的后方长期稳定下去。诗云：

韬略往往最难全，孙膑马陵斩庞涓。

漏洞塞满朝代史，千人周易说千般。

7. 攻击竞争对手的供应链

一般来说，企业有一条闭环的供应链，这条供应链可以分成内外两个部分，供应链的外部属于企业对外采购合作的部分，诸如采购原材料、产品、专家咨询、专利知识、技术服务等合作的模块；内部供应链则存在于企业内部的闭环系统里，是企业基于顾客需求开展的一系列经营管理、财务预算、生产制作和营销过程，直至将产品交付给最终用户实现价值变现。企业内部供应链的运转基于企业的制度和流程，而且每个节点都向着同一个方向，那就是企业的价值诉求。然而，企业外部供应链合作是松散的，合作伙伴是各有利益所求的松散合作体，是一种合作与博弈的关系；企业内部的供应链，有着明确的供应链节点分工，虽然说博弈关系不强，也存在着一定的竞争关系，尽管主要任务是聚焦的，但仍然因为各自的利益诉求没有完全统一，难以避免地存在着个人的私心和部门墙障碍，以及制度滞后性的一些问题。因此，企业内外部供应链的每个节点都可能是竞争对手攻击的机会，而往往供应链节点上最重要的一环，会成为竞争对手攻击的靶心。营销是一个系统，供应链是营销体系里的后勤保障，也是作战体系里克敌制胜的法宝，是企业结合生存发展和竞争对手的情况，将企业内外部的资源整合到一起，从而搭建的闭环运营体系。

在攻击竞争对手的时候，竞争对手的整个系统看起来是强大不可摧毁的，但是其供应链节点一定会有漏洞，关键在于作战人员去寻找攻击点，尤其是从竞争对手优势的地方寻找可攻击机会，这是最能显示出一个将军作战能力的地方。当然，要攻击竞争对手的供应链，竞争对手同样也在寻找着我方供应链的脆弱之处，攻击与被攻击都是同时存在着。

《中庸》指出，"预则立，不预则废"。就是说在应对外部复杂多变的环境方面，要提前做好准备，到时应对外部不确定性就显得游刃有余了。企业之间供应链的争夺其核心在于科技的制高点，而科技的制高点往往意味着价值链利益的最高点，这一切取决于企业的首席技术官，以及企业是否有技术领先的战略。而具备规划事业蓝图的企业技术官如同诸葛亮之于刘备。刘备在没有遇到诸葛亮之前是疲于奔命没有战略的，诸葛亮在《隆中对》里帮刘备清晰地规划设计了帝国宏图。任何一个产品的供应链都是一个系统的概念，一个企业如果不整合外部资源，要去打造一个供应链是非常艰难的，可以说是不可能实现的。任何一个庞大的集团企业，几乎都有外部的供应链合作伙伴，也就是说企业的供应链几乎都有外部资源参与。每个供应链都是一个技术知识集成的链系统，对于供应链未来的不确定性以及对手的恶意攻击，同一产业内供应链节点伙伴形成科技联盟将是重要的生存策略。以国家之力去攻关供应链核心知识技术，将成为未来有科技研发实力国家的战略选择，从而增加本国企业的国际竞争力。

企业供应链短板被竞争对手攻击是可怕的，能够提前做出战略防御并且能做好供应链储备才是高明的，"备胎战略"必将是华为等杰出企业继续领先世界的重要战略。备胎战略不仅仅是企业要应用在供应链技术上的顶层设计，顶级人才在技能知识方面同样要有备胎知识，以备企业竞争环境变化时所需。

古人说，得人才者得天下，而今天则是得科技人才者方可让供应链安全。相对于企业之间的竞争，我不建议上升到对供应链发起攻击，这是一种釜底抽薪式的竞争，或者说是一种你死我活的空间争夺。我更倾向于企业自身建立一种攻守平衡型的供应链，有实力的企业可以打造一个均衡供应链利润的模式，使得供应链节点的合作伙伴都围绕着企业的战略目标去努力。供应链的得失关乎企业的生死，有时甚至关乎民族的大义和国家的核心利益。而打造一个安全的供应链需要些时日，因为这不仅仅是制度和机制的建设，企业要从长治久安的战略出发，积累和储备更多的技术专利，为供应链打造一个深深的技术护城河。攻击竞争对手的供应链只能是一种战略恫吓行为，优秀的企业可以借力国家的科技和军事力量，来打造自己的国际供应链防火墙，从而形成对海外竞争对手的谈判能力和拒止能力。

企业供应链的空间争夺，犹如围棋的对弈，弱者谋子，强者谋势。两军对垒，不是勇者胜，而是智者胜。无为而治，不战而屈人之兵，此所谓战胜于朝廷。

8. 资本暴力收购

外资企业进入中国市场，需要解决产品经销渠道的问题，摆在他们面前有两个选择，要么打造自己的产品经销渠道，要么收购同行业企业的经销渠道。有的外资品牌选择在目标市场国内建生产工厂，组建自己的销售团队，通过销售团队开发市场建立产品渠道，他们发现这样运作周期较长而且付出的渠道建设成本较高。基于快速占领中国市场的战略需要，有的外资企业会在中国收购一家实力靠前的同类产品工厂，用来生产和销售他们的产品，他们一般会瞄准中国市场同行业排在前三名的生产企业。这样的企业不仅有很好的品质控制，还有完善的国内经销渠道。国产品牌在前些年对资本的认知是比较低的，当外资跟他谈投资兼并那是很开心的事，有的很快就会达成合作意向，外资品牌会把目标企业的工厂设备、经销渠道和品牌全部收购。外资品牌利用国产品牌的既有经销渠道，用最快的速度营销布局它的品牌产品，时机成熟外资企业大多会把原来的国产品牌束之高阁，甚至彻底抛弃。

所以说，在强大的资本面前，很多营销手段大多都要失灵。当很多中小企业营销将士在攻城略地的厮杀中不分胜负的时候，总部却被资本暴力袭击了，甚至一夜之间城头变换了"大王旗"，整个企业已经被资本完成兼并了，前方战场作战方向也发生了改变，甚至竞争对手都变成自己人了。因此企业在战场上通过资本兼并的方式，用最快的速度扩张疆土，不战而屈人之兵，这就是资本并购运作的魅力。如果说攻城拔寨是企业的阵地战持久战，那么资本收购就是闪电战。企业实施战略性目标收购，可以迅速获得以省为单位的基地市场。基地市场是企业的核心利润区，也是品牌的塑造基地。

这些年市场营销的地盘争夺战与资本并购的闪电战，贯穿了整个中国传统产业的发展历程，很多民族品牌被外资强势收购以后，大多已是日落西山，甚至在市场上很少见到了。外资收购国产品牌的目的就是其经销渠道和产能，外资要借助经销渠道来推进他自己的品牌。但是在竞争白热化的今天，可以争夺的空白地盘越来越少了，可以收购的对象也少之又少了，甚至可以投资参股的优质企业也很难找到了。资本暴力收购在各个行业都始终存在着，而大集团并购的对象往往都是优质资产，计划收购的目标企业有着良好的盈利能力和品牌影响力。而在实际操作中某些并购业务并不顺利，甚至是失败的。因此，收购成功只是开始，整合成功才是真正的成功。

9. 中小企业的"合纵"作战策略

春秋战国末期七雄割据，唯有秦国最强，其余六国都惧强秦，但是又各有私心互不相助，于是眼睁睁地看着秦国不断地侵蚀他们的边界疆土，六国都有亡国之危。就在这个时候纵横家苏秦把握时局，挺身而出，组建六国合纵力量一致对付秦国，形成了对抗秦国的力量均衡。苏秦"合纵"建立起来后，当秦国攻击任何一国，六国都群起而攻秦，秦国因此惧六国合力而不敢妄动。每当我想起苏秦合纵的策略就会想到一个课题，今天很多集团企业在同行业市场中到处开疆扩土，在他们拓展的市场范围内，很多同行业中小企业都在不断地丢失市场，生存艰难。可否借鉴苏秦"合纵"抗秦策略，将国内区域市场的同行业中小企业有选择性地"合纵"起来，对大集团公司的国内市场实施作战策略，我们称其为苏秦"合纵"抗秦策略之古为今用。

每个行业的中小企业，其经营活动局限在一个特定的区域范围内，每个中小企业都有自身优点，也有其不可克服的弱点，如果把这些各具特色的中小企业用机制模式合纵整合起来，就可以取长补短，克服很多资源短缺困难，形成中小企业一定程度的整合规模效益，可以更有效地利用他们各自有限的资源和技术力量，从而形成资源、资金和作战的合力，形成一个资源"合纵"联合集团，其战力是单个中小企业所无法比拟的。因此非常需要加强各企业之间在战略、技术、市场、经销渠道、作战经验等方面的交流合作。参加合纵的中小企业能成为命运共同体，从而可以提高其市场竞争力，成为行业集团企业的有力竞争对手。

俗话说强龙难压地头蛇，当一家集团企业四处出击，开始在国内区域市场到处布局的时候，他的对手就是当地的中小企业，有很多都是区域品牌，而且作战实力并不弱。北极熊也惧怕群狼，如果群狼战术运用得当，一头北极熊也许会毙命。

因此，实施中小企业的"合纵"作战策略，某个智囊公司可以起到"苏秦"的作用，组织各地的中小企业达成某种"合纵"经营共识，从而对共同对手的集团企业产品、利润区、终端及其经销商进行有策略性的攻击，让其腹背受敌四面楚歌，可以最大限度地消耗其资源和利润，中小企业"合纵"力量可以对集团企业形成饱和攻击。

当然，每个中小企业的生存环境都是极其恶劣的，大多数都是自身难保，要形成对集团企业的合纵式攻击作战，往往难度极大。但是，当某个既有资本优势又有智囊优势的机构有兴趣于此，那么实施中小企业的"合纵"策略攻击某个集团也许会创造一个奇迹。我一直认为企业市场作战的策略就是脚踏实地，异想天开，任何一个策略只要去尝试，未尝不是一个奇谋。

对于企业而言，品牌的最直接作用就是营利，企业能否持久地发展不仅仅是产品销量有多大，而是要通过企业运营获取持久的盈利发展能力。因此，企业在增加产品销量和增加经营利润的选择上，以及如何做大企业与做强企业，就成了企业决策者在不同发展阶段的战略选择。前面已经讲过，在企业的三大战场里，无论是集团企业之间的对决，还是集团与中小型企业的作战，以及中小型企业与大集团之间的市场对决，都为了同一个目的，那就是占领更多的市场份额。所有的企业只有占据了一定的市场份额才能吃饱，才能带来利润，生存下去。现在完全化的市场竞争格局，更多的企业存在着生存的威胁，越来越多的企业面临着收购与被收购的结局。被竞争对手攻击是痛苦的，而世间万物莫不在攻击与被攻击的环境里生存与发展，自然界亿万年的进化史验证了一个问题，那就是被攻击是迟早的事，唯有让自己持续强大或者做好了备胎计划才有可能幸存下来。

进攻有时是最好的防御，尤其进攻自己是企业真正实力的体现，进攻永远是企业生存的主题。历史上处于防御态势的国家和企业基本上都消失不见了，甚至曾经的巨无霸诺基亚等企业也无一幸免成为了历史。防御是静止的被动的，是等着别人来进攻，即使你所设计的防御体系是多么的固若金汤，进攻方总会用不可思议的方式来攻击你，甚至是击败你、摧毁你。古代那些杰出的军事家们，创造了无数个经典的传奇战例，至今人们仍然传颂着那些"明修栈道，暗度陈仓"的伟大军事韬略。万事万物的存在都是一个被攻击的过程，人类的进化史就是一部被攻击史，各个朝代的兴盛灭亡也是一部攻击史。大海里的浪花后浪搏击着前浪，人的生命历程也是通过时间的前进自我攻击着逐渐衰老。大自然的车轮在不断进化着前进着，万物所表现的迭代创新与变革，包括新陈代谢也都在印证着攻击与被攻击的进程，生命的每个阶段都会有喜怒哀乐，都是一个轮回。正如四季有春、夏、秋、冬，互相攻击形成了四季的轮回；人有幼年、青年、壮年、老年，人生的不断更迭进化完成了生命的积累；职业生涯有学生时代、基层、中层、高层，每个阶段的知识技能都在外界的攻击与自我的攻击优化中完成沉淀。大自然的万事万物都是从无到有逐渐地发展壮大起来的，所有的生命机体都在各自的周期内鲜花盛开，果实累累。做企业如做人，在不断地拿起与放下，在不断地迭代与创新，唯有直指内心深处的坦诚，才能照亮员工内心深处的迷茫，照亮企业前行的道路。

擅弈者谋局，无论是国家还是企业，在其生命周期里都在道与术上进行博弈和谋略设计，都在名与利上追求卓越与平衡，而名与利是天下的公器，尤其古代帝王宝座是天下公器之极致之物，是历代王朝所博弈追逐的，也是战争博弈的源头，亦是民众苦难的源头，历史证明很多名利都要面对反面的结果。而唯有努力推倒无知和"我慢"的墙，才能让灵魂走向更加宽广的至善前方，成人达己。每家企业都是一个棋手，结合自己企业的天时地利人和落子布局，同行业企业之间比的就是弈局者的胸怀视野。攻击作战揭示了同行业企业博弈利润区的本质问题，企业之间的争夺核心目标就是利润区的市场份额，最终按照各自占有的市场份额多少来决定彼此的生存质量。黄石公在《三略》中提到，圣王用兵并不是好战，而是用它来讨伐暴乱。用正义来消灭非正义，就像决开江河的水来浇灭火炬，胜利一定会取得。圣王之所以悠闲恬静而不积极出兵，是因为把损害人和物看得很重要。战争不是吉利的事，天道也讨厌战争。在迫不得已的时候利用它，是符合天道的。人符合天道，就像鱼在水中，得水便生，失水便死。所以君子常常警惕自己而不敢违背天道。做企业就是修行，企业如同一艘永远无法靠岸的船，一直在大海里搏击风浪，只要心安，有仁，有爱，利他，即可。诗云：

厚德生慧眼，企业重修行。

万物争觅食，蚕丝困己身。

朝代频更迭，城市证永恒。

匆匆世间客，名利苦相争。

智慧须唯善，博弈不可阴。

治己又治国，读易畏贪嗔。

阳光千载暖，流水润众生。

悟透道与术，如是亦无尘。